我将无我　不负人民

刘润为　陈继安　编著

红旗出版社

图书在版编目（CIP）数据

我将无我　不负人民 / 刘润为，陈继安编著. -- 北京：红旗出版社，2019.12

ISBN 978-7-5051-4886-4

Ⅰ. ①我… Ⅱ. ①刘… ②陈… Ⅲ. ①中国共产党—党员—思想政治教育—学习参考资料 Ⅳ. ①D261.42

中国版本图书馆CIP数据核字（2019）第131080号

书　　名　我将无我　不负人民

编　　著　刘润为　陈继安

出 品 人	唐中祥	总 监 制	褚定华
选题策划	朱小玲	责任编辑	朱小玲
封面设计	李　妍		
出版发行	红旗出版社	地　　址	北京市沙滩北街2号
邮政编码	100727	编 辑 部	010–57274497
发 行 部	010–57270296		
印　　刷	浙江全能工艺美术印刷有限公司		
开　　本	710毫米 × 1000毫米　1/16		
字　　数	350千字	印　　张	21
版　　次	2020年1月北京第1版　2020年4月杭州第2次印刷		
ISBN	978-7-5051-4886-4	定　　价	58.00元

凡购本书，如有缺页、倒页、脱页，本社发行部负责调换

序

2019年3月22日，在意大利众议院，习近平主席同众议长菲科举行会见。临近结束时，这位“70后”众议长突然问了一个自己认为很好奇的问题：“您当选中国国家主席的时候，是一种什么样的心情？”这时众人发出了笑声。菲科不失礼貌地补充道：“因为我本人当选众议长已经很激动了，而中国这么大，您作为世界上如此重要国家的一位领袖，您是怎么想的？”

习近平主席的目光沉静而充满力量，他说：“这么大一个国家，责任非常重、工作非常艰巨。我将无我，不负人民。我愿意做到一个‘无我’的状态，为中国的发展奉献自己。”

稍作停顿，他继续讲道：“一个举重运动员，最开始只能举起50公斤的杠铃，经过训练，最后可以举起250公斤。我相信可以通过我的努力、通过全中国13亿多人民勠力同心来担起这副重担，把国家建设好。我有这份自信，中国人民有这份自信。”

习近平主席的这段话对“我将无我，不负人民”作了生动的解释。“民唯邦本，本固邦宁。”习近平总书记在党的十九大报告中指出，中国共产党人的初心和使命，就是为中国人民谋幸福，为中华民族谋复兴。回顾我们党的奋斗历程，可以看到，一代又一代优秀中国共产党人，为了祖国和人民，心怀“无我”的赤诚，秉持“不负”的信念，以百姓心为己心，以全心全意为人民服务为根本宗旨，谱写了一曲曲感人肺腑的篇章，铸造了一座座巍然屹立的精神丰碑。

在党的一大会址纪念馆里，有一幅一大代表董必武撰写的条幅：“作始也简，将毕也钜。”中国共产党从创始时的50多名成员，发展到今天拥有9000多万名党员的世界第一大党，领导着世界上人口最多的国家，实现了中华民族从站起来到富起来、强起来的历史飞跃，推进着建设社会主义现代化强国的伟大事业，可以说，从古以来，中国没有一个政治组织像中国共产党这样，干成了这样的大事。为了理想和使命，中国共产党人尝尽了艰难困苦，不惜牺牲一切，前赴后继地奋斗。多少优秀儿女把自己的一切都献给了人民，献给了党的事业。正是因为如此，我党才赢得了广大人民群众的爱戴和拥护，才凝聚起了前所未有的革命力量。在新时代里，我们党员干部就更应该树立群众观点，时刻把人民放在心上，把群众当朋友、当亲人，用真心聆听人民心声，始终为人民服务。

“我将无我，不负人民”，短短八个字，言简意赅地道出了中国共产党人精神世界的辩证法，提纲挈领地诠释了全心全意为人民服务的根本宗旨，鲜明体现了党性和人民性的高度统一。

人民是历史的创造者，是决定党和国家前途命运的根本力量，是社会精神财富和物质财富的创造者。党和干部都来自群众，要始终以人民为靠山。人民群众就是我们力量的源泉，只要我们万众一心、众志成城，就没有克服不了的困难。在历史的轨迹里，人民群众的理论始终在推动着历史车轮的转动。要实现中华民族的伟大复兴，我们必须坚持人民的主体地位，坚持把党的群众路线贯彻到治国理政全部活动中，依靠人民群众创造历史伟业。

共产党人的“我将无我”与“不负人民”是紧紧连在一起的。人民立场是中国共产党的根本政治立场，是中国共产党先进性的集中体现，也是中国共产党区别于其他政党的显著标志。《中国共产党章程》里明确规定：“党除了工人阶级和最广大人民群众的利益，没有自己特殊的利益。”正是这一点保证了我们党始终成为民族脊梁、时代先锋，行近百年依然风华正茂。

陈继安

2019年5月27日于北京香山

目 录
Contents

目 录
Contents

目 录
Contents

目 录
Contents

目 录
Contents

目 录
Contents

| 第一篇 |

只有社会主义才能救中国

习近平总书记在纪念马克思诞辰200周年大会上指出：中国共产党诞生后，中国共产党人把马克思主义基本原理同中国革命和建设的具体实际结合起来，团结带领人民经过长期奋斗，完成新民主主义革命和社会主义革命，建立起中华人民共和国和社会主义基本制度，进行了社会主义建设的艰辛探索，实现了中华民族从“东亚病夫”到站起来的伟大飞跃。这一伟大飞跃以铁一般的事实证明，只有社会主义才能救中国！中国近代史及近代中国人民奋斗的历史进程，证明中国必须走社会主义道路。

中国沦为半殖民地半封建社会

仅仅百年，中国就与列强签订了1100多项条约和章程。中国181万平方公里的土地被侵占，这相当于当时国土面积的7%，分别等于3个法国、5个德国、7个英国的面积。

大家都知道，我们伟大的祖国——中国，是一个历史悠久的东方大国，在经济、政治、文化上都曾长期处于世界领先地位。例如，我国元朝的GDP占世界的30%—35%；明朝万历时期，中国GDP约占世界的80%；到清朝前期，我国GDP仍占全球的35%。但是，自1840年鸦片战争以后，昔日的强大与骄傲便逐渐褪去，而被无情地代之以羸弱和屈辱。通常，我们称这一段历史中的社会形态为半殖民地半封建社会。

为什么叫半殖民地半封建社会呢？这就是说，那时的中国既不是完整的殖民地，也不是完整的封建社会，而是这两种货色掺和在一起的畸形社会结构。说中国是一个半殖民地，是指尽管中国已基本丧失主权，但还不是彻底丧失，在某些方面还有一点点主权，至少还保留着独立国家的名义，而不是像印度那样被彻底殖民化了；说中国是一个半封建社会，是指地主支配农民的封建生产关系虽然占据明显优势，但中国经济已被卷入世界市场，自给自足的自然经济已被破坏，资本主义的生产关系已经出现并得到发展，中国已经不是一个完整的封建社会。

我国古代有一个叫“为虎作伥”的成语故事，讲的是一个人被老虎吃掉以后变成伥鬼，这个鬼非但不记前世之仇，反而变得轻贱起来，干起了专门为老虎找人吃的营生。用这个故事来形容近代中国的社会秩序大概是十分贴切的。

老虎是谁呢？就是国际资本主义，即西方列强。它张开血盆大口，要吞掉中国人民创造的一切财富。伥是谁呢？就是中国的封建势力。它们自从被国际资本主义征服以后，便扮演起帮助主子坑害中国人民的角色。用慈禧太后的话说，就是“量中华之物力，结与国之欢心”。那个被吞噬的对象就是包括民族资产阶级在内的中国最广大人民群众。

在这样一种畸形的社会形态中，中国社会没有发展可言，中国人民没有自由、民主和人权可言。仅仅百年，中国就与列强签订了1100多项条约和章程。这些条约和章程涉及经济、政治、军事、司法、文化教育等各个方面，其中绝大部分是不平等性质的。正如第二次鸦片战争时期英国侵华军的全权专使额尔金谈到《天津条约》时所说的那样，这个条约是“用手枪抵在咽喉上逼勒而成的”。通过一系列不平等条约，列强割去了中国的香港、台湾全岛及所有附属各岛屿和澎湖列岛，抢走了我国东北、西北的大片领土，同时又以“永远租借”为借口，占据了澳门。据统计，中国181万平方公里的土地被侵占，这相当于当时国土面积的7%，分别等于3个法国、5个德国、7个英国的面积。通过一系列不平等条约，列强掠夺了中国的大批财富。1901年9月7日，在八国联军的刺刀之下，清政府与俄、英、美、日、德、法、意、奥8国，以及比利时、西班牙和荷兰，共11国签订丧权辱国的《辛丑条约》。条约规定，中国须付赔款4.5亿两白银，分39年还清，本息合计约10亿两白银，这至少相当于清政府12年财政收入的总和。沙俄外交大臣拉姆斯多夫骄横得意地说："这是最够本儿的战争。"通过一系列不平等条约，清政府"将中国的兵权、利权、制造权、用人权、行政权一一授之以敌，可谓藩篱尽撤，一网俱尽"（谭嗣同语）。比如，英国人赫德任中国海关总税务司竟达45年之久。

更为骇人听闻的是明火执仗的抢劫和疯狂的屠杀。1860年10月，英法联军抢劫并焚烧圆明园，演出了世界近代史上破坏文明的最为惨不忍睹的一幕。事后，强盗戈登竟然厚颜无耻地说："我们就这样以最野蛮的方式摧毁了世界上最宝贵的财富。"八国联军统帅瓦德西也公开供认，1900年8月八国联军侵入北京以后，"曾特许军队公开抢劫三日，其后更继以私人抢劫"。"抢劫时所发生之强奸妇女，残忍行为，随意杀人放火等事，为数极属不少。"史载，仅在庄王府一个地方，八国联军就火烧、枪杀义和团团员和平民百姓1700多人。

从未有过的灾变，从未有过的伤痛！在西方侵略势力和国内封建势力的蹂躏下，锦绣中华一时间变得满目疮痍、遍体鳞伤，万户萧疏、百业凋敝，骨肉流离、饿殍遍野。中华民族到了亡国灭种的边缘！伟大的爱国主义者谭嗣同在他的著名诗篇《有感一章》中悲愤地写道："世间无物抵春愁，合向苍冥一哭休。四万万人齐下泪，天涯何处是神州？"中国的出路在哪里？怎样才能实现中华民族的伟大复兴？危厄的现实要求中国人民去回答这些决定中国命运的严峻历史课题。于是，我们的先辈们踏上了异常艰难、坎坷、漫长的道路：太平天国建立资本主义国家的设想；洋务派学习资本主义"长技"的尝试；维新派对于君主立宪资本主义道路的探索；孙中山等领导的资产阶级民主革命；中国共产党早期领导人在五四运动之前对于资本主义的追求。

太平天国建立资本主义国家的设想。太平天国早期提出的纲领是

“有田同耕，有饭同食，有衣同穿，有钱同使，无处不均匀，无人不饱暖”。这一纲领集中反映了受压迫、受剥夺的农民阶级的利益诉求，与资本主义完全不搭界，是一种小农平均主义的空想，但是到了太平天国后期，事情却有了变化。1859年，洪秀全的族弟洪仁玕来到太平天国的首都天京（现在的南京）。他推崇美国的选举制度，称赞英国的法治。在总理太平天国朝政期间，洪仁玕提出了一个系统的社会发展方案，并由洪秀全下令刊刻颁布，这就是著名的《资政新篇》。

新在哪里呢？在政治建设上，主张制定法律、制度；在经济建设上，主张发展交通运输业，制造火车轮船，兴办邮政，创立银行，发行纸币，鼓励民间开矿、办企业，“准许富者请人雇工”；在文化建设上，主张崇信上帝教，设立新闻官、新闻馆，兴办学校。尽管这个方案没有条件也没有时间实施，但是它毋庸置疑地表明：在太平天国后期，其领导集团有过向西方学习、在中国发展资本主义的打算。然而，扼杀太平天国、剥夺其发展资本主义权利的，除了国内封建主义，恰恰还有国际资本主义。众所周知，太平军的拜上帝会实际上就是经过改造的基督教组织。西方列强起初以为，信仰的同一性会使太平军成为他们那一伙儿的人。于是，他们支持太平军造清政府的反。

《北华捷报》在1854年1月7日的社论中曾经报道：“我们把他（指洪秀全）看作是以快速步伐推进中国真正开放的动力，他能促进与西方世界的联系，我们相信在他的更开明的统治下，我们的商人将能迅速摆脱目前的困难，赢得自由、互惠、清白无瑕的贸易的一切好处。”但是为时不久，他们便发觉这个如意算盘打得不对。太平军不但反对清政府，也反对他们入侵中国。1860年签订的《北京条约》，使他们在中国获得很多特权，可是在太平军的根据地内，这些特权都不算数。

太平军非但不与他们进行鸦片这个“清白无瑕的贸易”，而且还焚烧鸦片。于是，他们便转而支持清政府镇压太平军。曾经夸奖太平军的《北华捷报》翻脸就破口大骂太平军是“打家劫舍”的“盗匪”，并且扬言道：“为了尽快结束这场长期不止的动乱，无论采取什么手段几乎都无人计较，因为叛乱正在使贸易受到损害。”英国全权公使约翰·包令向伦敦报告说：“现存的帝国政府，尽管它可能是很恶劣、腐败、愚昧的”，但是总要比太平军好。美国专员列卫廉也以同样的腔调向华盛顿报告：“一度认为有巨大影响的叛乱，现在却被视作应予结束的有害的灾变。对帝国政府应予支持。”从此，他们不但为清政府提供洋枪、洋炮和洋钱，而且还直接组织雇佣兵去杀太平军。美国流氓华尔、英国兵痞戈登，就是在这一极不光彩的勾当中出尽风头的。

洋务派学习资本主义“长技”的尝试。早在1842年，即鸦片战争失败以后，“睁眼看世界”的魏源等人就看到了中国在生产力发展水平上与西方的巨大差距，因而提出“师夷长技以制夷”的思想。第二次鸦片战争失败以后，在内忧外患中，清政府中的一些大员，如曾国藩、李鸿章、左宗棠、张之洞等，将魏源的主张付诸行动，近代洋务运动就此拉开序幕。

魏源

这一运动的宗旨是引进西方近代科技和工业，尤其是军事工业，为风雨飘摇中的封建王朝提供全新的物质技术支撑。为此，他们兴办近代企业，建立新式海军，创办新式学堂，派遣留学生，一时间搞得红红火火、热热闹闹。这场运动在一定程度上推动了中国近代工业和民族资本主义的发展。但是它有两个不可逾越的障碍：一个来自内部，即“中学为体，西学为用”。科学技术是生产力。一定阶段的生产力发展，需要与之相适应的特定的生产关系和上层建筑。资本主义世界的先进生产力与封建主义的生产关系和上层建筑是根本不相容的。也就是说，在“中学”这个“体”下，很难应用“西学”。另一个来自外部，即国际资本主义。尽管洋务派异常小心地奉行“外敦和好”的妥协路线，但是西方列强并不允许他们去“稍分洋商之利”。19世纪70年代，英国的太古、怡和与美国的旗昌三家轮船公司企图联手挤垮中国的轮船招商局就是明证。在半殖民地的中国，国际资本主义留给洋务派的“取利”空间实在可怜得很。在这一小得可怜的空间翻转腾挪，根本就不可能实现“自强”“求富”的目标。甲午一战，威海卫失守，北洋水师全军覆没，宣告了持续30多年的洋务运动的失败。

维新派对于君主立宪资本主义道路的探索。与洋务派比较，维新派要显得高明一些。他们不再将目光仅仅局限于坚船利炮和声光化电，而尝试效法日本明治维新，对国家政治制度进行改良。在给光绪皇帝的上书中，康有为明确提出了“君主立宪”的政治纲领。他的得意门生梁启超，则将批判的矛头直指历代帝王，断言“君权日益尊，民权日益衰，为中国致弱之根源”。严复在他的译作《天演论》中，用“物竞天择，适者生存”的竞争意识和危机意识唤醒国人。新思想的传播，使维新运动成为一场伟大的思想启蒙运动，恰如梁启超所说：一时间，“旧藩顿决，泉涌涛奔”。然而，变法仅仅持续了103天便遭到了封建保守势力的血腥镇压。维新运动兴起之时，正是英美日与沙俄矛盾尖锐之秋。为了各自的利益，沙俄支持以慈禧太后为首的守旧派，英美日则试图利用维新派扩大在华的势力。

英国传教士李提摩太向光绪皇帝提出《新政策》意见书，要求成立由8人组成的“新政部”，其中“半用华官，半用西人”，而西人又必须是英国人和美国人。这就再明显不过地暴露了他们要把中国变成英美独占的殖民地的险恶居心。不错，英美日确实对维新派表示过同情，维新失败后也确实为康梁等人的出逃提供了一定程度的帮助，但是对于中国问题的实用主义态度，决定了它们根本不可能给维新派以任何实质性的支持。戊戌政变前夕，维新派试图通过伊藤博文、李提摩太等乞求英美日的支持，结果无一不是竹篮打水一场空，而日本前首相伊藤博文对于维新派的批评，还为那些反对变法的守旧派提供了“炮弹”。

孙中山等领导的资产阶级民主革命。1900年八国联军入侵北京，打掉了清王朝的最后一点儿骨气。此时，清王朝已经成为“洋人的朝廷”。

日益深重的民族危机和社会矛盾，催生出孙中山领导的资产阶级民主革命。这场革命是中华民族实现伟大复兴的一座重要里程碑，它推翻了统治中国2000多年的封建君主专制制度，重创了在中国为非作歹的中外反动势力，带来了中国社会的思想解放，开辟了民族资本主义发展的空间，推动了亚洲被压迫民族的解放运动，所以列宁称赞它“具有世界意义”。

但是它的历史局限性也是显而易见的。孙中山曾真诚地认为，美国“主持人道”，法国“尊重主权”，英国“主持公理”。1911年，武昌起义爆发。当时正在美国筹款的孙中山并未立即直接回国，而是特意取道欧洲，去寻求各国的政治支持和经济援助，结果是一无所获。资产阶级革命派在按照西方的政治模式建立政权以后，多次致电欧美各国恳请外交承认，为此甚至作出承认清政府与列强签订的一系列不平等条约的巨大妥协，不料均遭拒绝。相反，帝国主义却看中了一个反对共和、复辟帝制的人物，这个人就是袁世凯。1912年，袁世凯刚一就任中华民国临时大总统，各国公使便立即登门道贺。正是在屡屡受挫之后，孙中山才终于认识到：帝国主义不仅是中国实现民族独立的主要障碍，而且是最强大的反革命势力，进而明确提出了反帝主张。“必须唤起民众，联合世界上以平等待我之民族，共同奋斗。”从一定意义上说，这一遗嘱是对他领导的革命的经验总结，其间包含着多少辛酸、多少感慨！

中国共产党早期领导人在五四运动之前对于资本主义的追求。建立资产阶级共和国，自主发展资本主义，也曾是中国共产党早期领导人在五四运动之前的共同理想。陈独秀在题为《抵抗力》的文章中说：“美利坚力战八年而独立，法兰西流血数十载而成共和，此皆吾民之师资。”俄历1917年2月，俄国发生资产阶级民主革命。消息传来，李大钊立即著文给予热情称颂，并兴奋地表示：“今吾更将依俄国革命成功之影响，以厚我共和政治之势力。”

从太平天国、洋务运动、维新运动、辛亥革命一直到五四运动之前，中国人民在备受国际资本主义蹂躏的背景下，一直虔诚地前赴后继地从资本主义那里探索挽救危亡、实现复兴的道路。可以说，为了在中国发展资本主义，中国人民付出了一切可能付出的努力，真可谓“既余心之所善兮，虽九死其犹未悔！”

然而落花有意，流水无情。回报这份虔诚的，是“先生”抽出的一记记无情的耳光；反馈这种探索的，是一口口美丽的陷阱。皇帝倒了，封建专制没有变，又涌现出袁世凯、段祺瑞、蒋介石等一个个无冕或硬要加冕的皇帝；朝代改了，西方列强没有走，“二十一条”、巴黎和会、九一八事变、卢沟桥事变、南京大屠杀，豺狼入室、瓜分豆剖，乱哄哄你方唱罢我登场。而封建主义和国际资本主义的联姻，又滋生出一个官僚买办资产阶级。中国依旧是半殖民地半封建社会，中国人民依旧挣扎在苦难的深渊。

1914年夏季，第一次世界大战爆发。11月7日，日军攻占青岛，在青岛的德国人向日本投降。1915年日本政府向中国政府提出旨在灭亡中国的“二十一条”。不仅这个条约是丧权辱国的，就连谈判的形式也是丧权辱国的。据谈判代表、北京政府外交次长曹汝霖回忆，“适日使坠马受伤，会议停了三次，小幡来部告我，公使伤未愈，脚涂石膏，不能下床，就在床前设桌会议”。这就是有名的“床前外交”——世界外交史上的丑闻！

第一次世界大战给日本提供了在华扩张的机会。1919年，国际资本主义对华投资额（包括中外合资）占全国投资总额的60%强，日资（包括中日合资）就占了35.5%。日资比重不仅显著增加，而且渗透到中国经济的各个部门，甚至偏远地区和不少中小企业。

例如，四川泸县和湖南洪江的电厂都受到日资的控制。美国虽后起，但后起直追。到第一次世界大战爆发的时候，美国在华产业已达5929.9万美元。第一次世界大战即将结束的时候，美国加紧对华进行经济侵略，1918年5—6月，36家（后来又有7家加入）银行在政府授意下对华投资。同年7月，美国政府又向日、英、法提议合组对华的国际银行，以打破日本独占的格局。英国对中国的经济侵略年深日久，尽管日、美咄咄逼人，除东北之外，中国大部分通商口岸的商行仍然掌握在英国人手里。第一次世界大战期间，英国福公司和中原公司合并成福中总公司，控制焦作煤矿。1915—1920年，英国还霸占了门头沟煤矿。

第二次世界大战以后，美国成了帝国主义中的最大霸主。于是，独吞帝国主义各国在华的经济利益就成了它的既定战略。美国战时生产局局长、蒋介石政府高级经济顾问纳尔逊说："美国商人必须将中国视为美国之工业边界，其重要纵不比20世纪美国西部之边界更大，至少亦与之相同。"也就是说，要把中国变成发展美国工业服务的几个不发达的州。

打着三民主义旗号、自诩为孙中山"忠实追随者"的蒋介石，在政治上则是专制、独裁得可怕。他的职务，从上级兼到下级，从军事兼到党政，从前方兼到后方，从官方兼到民间团体。到1935年底，他的官衔竟然达21个之多。由于他是国民政府主席兼陆海空军总司令、行政院院长兼教育部部长，所以在有关教育文化方面的公文中，就有了"蒋中正呈蒋中正，蒋中正再呈蒋中正"；"蒋中正训令蒋中正，蒋中正再训令蒋中正"这类令人匪夷所思、啼笑皆非的咄咄怪事。

以蒋家为首的蒋（介石）、宋（子文）、孔（祥熙）、陈（果夫、立夫）四大家族，是中国历史上最大的官僚买办资本集团。他们与美国大财团勾结，控制了全国经济命脉，进而贪婪盗窃国家财产，中饱私囊。早在1939年，四大家族及其他政府要员一共18人，仅在上海外国银行的存款就达到6918万美元，相当于政府预算收入的77%、外汇储备的28%。1949年，据美国中央情报局和财政部调查，"四大家族"在美来历不明的财产达20亿美元。看了这份报告之后，美国总统杜鲁门在议会上气得大骂："贼！他们是一群贼！一群可恶的贼！"

四大家族是国际垄断资本的忠实买办。这从他们炮制的"新公司法"中就可以看出端倪。著名经济学家马寅初在当时一针见血地指出："新近政府公布的'新公司法'中第1条和第192条中没有规定外国公司在他们本国的总公司必须'营业'……这是一个可怕的错误，因为照'新公司法'的规定，外国在华设立的分公司既不必呈报资本额，那么他们可以随便增加资本额而逃避中国政府的所得税，另一方面，他们可以在本国向自己的政府说，总公司既未营业，当然也不必纳股东所得税。这样他们可以逃避一切的征税。试问在这种情况之下，中国的工商界如何能够和这种‘外国公司’竞争。这是外国资本家剥削中国老百姓的一种可怕的手段。”

让我们看一看北洋军阀统治时期3个煤矿的经营情况。一个是山西阳曲保晋公司，系民族资本；一个是山东枣庄中兴公司，系官僚资本；还有一个是河北唐山开滦公司，系国际垄断资本。每生产1吨煤，阳曲保晋的成本为202.1元，税捐为173.1元，占成本的86%；枣庄中兴的成本为202.5元，税捐为20元，占成本的10%；唐山开滦的成本为150元，税捐为26.75元，占成本的18%。悬殊的税捐，正是国际垄断资本和官僚资本挤压民族资本的重要手段。在这样一种极端不公平的竞争环境中，民族资本还有什么生路可走么？采煤业如此，其他经济领域也是如此。北洋军阀统治时期如此，蒋家王朝统治时期也是如此。民族资本为肉，国际垄断资本、官僚资本食之，这就是半殖民地半封建经济的逻辑。

南通的张謇是中国唯一一位由状元“下海”的实业家，从1896年创办大生纱厂开始，为实现实业救国的梦想，含辛茹苦奋斗近30年，然而在帝国主义和封建主义的压迫下，毕生心血付之东流。1925年，大生各厂纷纷破产。暮年晚景，回首往事，他不禁对天长叹：“太平在何时？今年待明年。呜呼！覆巢之下无完卵，野老洒泪江风前。”

穆藕初

穆藕初是中国近代棉纺织史上第一位受过西方高等教育的实业家、留美硕士。他最早翻译了美国泰勒的《科学管理法》，是一位懂技术、懂管理并富有进取精神的新型企业家。即使个人才质如此优秀，在半殖民地半封建的社会环境中也难逃失败的命运。他曾大声疾呼："对内急应铲除建设之各种障碍，对外则应解除帝国主义对中国之束缚。"你看，这位当过国民政府工商部次长、明确主张反共的民族资本家，最终得出的认识竟然与中国共产党如此接近！

几代人筚路蓝缕，多少人心血耗尽，然而一直到1949年，中国却仅仅积累了占经济总量17%的近代工业。

安格斯·麦迪森是英国国家人文与社会科学院院士。他在《中国经济的长期表现》一书中说："早在10世纪时，中国在人均收入上就已经是世界经济中的领先国家，而且这个地位一直延续至15世纪。"世界经济从1820年以后的130年间，取得了巨大的进步。"世界生产提高了8倍以上，世界人均收入提高了3倍。美国人均收入提高了将近9倍，欧洲提高了4倍，日本提高了3倍以上。"但是，由于"内部动荡和帝国主义侵略的影响"，"中国在世界GDP中的份额从1/3降到了1/20。它的实际人均收入从世界平均水平的90%降到了它的1/4"。

中国新民主主义革命的开端

"茫茫大陆起风云，举国昏沉岂足云。最是伤心秋又到，虫声唧唧不堪闻。"这是青年学子周恩来在1916年与朋友唱和的一首诗，它充分表现了五四运动前夕中国青年知识分子伤时忧国的情怀。青年是整个社会力量中最积极、最有生气的力量，国家的希望在青年，民族的未来在青年。五四运动是中国青年对中国命运和前途发出的呐喊。

1919年1月18日，第一次世界大战获胜的27个协约国，在巴黎凡尔赛宫召开和平会议。中国作为战胜国之一，派出了陆征祥、顾维钧等5

位代表参加会议。巴黎和会不顾中国提出的维护国家领土主权的三项提案，背信弃义，把德国在青岛及山东的特权全部转让给了日本。

5月初，巴黎和会上中国外交失败的消息传到国内，激起各界人士的强烈义愤。5月4日下午2时，北京大学、北京高等师范以及工业、农业、医学、政法等十几所专科以上学校的3000余名学生，高呼“还我青岛”“取消21条”“外争主权，内除国贼”等口号，冲破反动军警的阻挠，从四面八方汇聚到天安门前，举行抗议集会，并火烧签订“二十一条”时的外交次长、卖国贼曹汝霖的家——赵家楼。一场震惊中外的反帝爱国运动在北京爆发了。

反动军警当场逮捕32名爱国学生。反动政府的倒行逆施更激起了社会各界义愤，纷纷支持学生的爱国行动。5日，北京各大专学校开始总罢课。6日，天津、上海等20多所院校行动起来，声援北京学生。社会名流和各界人士也纷纷谴责反动当局。6月1日，反动政府接连发出两道命令：一道为卖国贼曹汝霖、章宗祥、陆宗舆辩护；另一道诬蔑学生爱

五四运动时，学生们被关押在北大法科的教室里

国斗争为非法行为。卖国竟然有功，爱国反而有罪，反动当局的罪恶行径，刺痛了爱国学生和民众的心，一场更大规模的反帝爱国运动兴起了。

6月3日，北京各校学生2000余人走上街头，展开反帝爱国演讲，当天有170名学生被捕。4日，4000多名学生上街演讲，又有700余人被捕。消息传到上海，具有光荣革命传统的工人阶级挺身而出，投入反帝爱国斗争的行列，发起影响深远的“六五”政治大罢工。五四运动进入了第二阶段。

6月5日上午，上海日商第三、四、五纱厂5000多名工人在“不替仇人做工”的口号声中首先宣布罢工。下午，陆家嘴、杨树浦一带多家工厂的2万余名工人投入反帝爱国大罢工。随后几天，上海各行业的工人积极响应，10日，形成全市总罢工，并发出誓言：“不达惩办曹、章、陆目的，誓不开工。”在此前后，学生罢课，商人罢市，出现了声势浩大的“三罢”高潮。

北京、上海的反帝爱国运动迅速波及全国各地，济南、青岛、天津、南京、杭州、宁波、武汉、南昌、扬州、安庆、厦门、广州、西安、沈阳、成都、昆明等100多个大中城市，万众一心，同仇敌忾，形成前所未有的反帝爱国浪潮，充分显示了中国人民维护民族尊严、捍卫领土主权的坚强决心。

此时，五四运动的性质已经发生了重大变化，中心由北京转到了上海，主力由学生转变为工人。尤其值得重视的是以这次大罢工为标志，中国工人运动已从经济斗争转向政治斗争，中国工人阶级以独立的姿态登上政治舞台，为中国共产党的建立奠定了阶级基础。

中国人民的爱国热情和顽强斗争精神，极大地震撼了反动统治集团和帝国主义。北洋政府迫于压力，不得不宣布罢免曹、章、陆的职务，五四运动取得了初步胜利。

6月28日是巴黎和会的签字日。此前，北洋政府曾电令中国专使，要求其如期在严重损害中国主权的巴黎和约上签字。消息传出，再次引起全国人民的义愤，一场拒签和约的运动又在全国开展起来。驻巴黎的中国使团收到要求拒签和约的电报7000余份，旅法华侨和留学生1万多人于28日凌晨包围中国使团寓所，警告专使如与会签字，当即扑杀，并列出偿命名单。中国专使最终拒绝赴会签字，五四运动取得了重大胜利。

五四运动是中国近代史上划时代的里程碑，它以辛亥革命所不曾有的姿态，展开了彻底地反对帝国主义和封建主义的斗争，标志着中国新民主主义革命的开端，也为中国共产党的建立作了思想上干部上的准备。

习近平总书记在纪念五四运动100周年大会上的讲话中指出："五四运动，爆发于民族危难之际，是一场以先进青年知识分子为先锋、广大人民群众参加的彻底反帝反封建的伟大爱国革命运动，是一场中国人民为拯救民族危亡、捍卫民族尊严、凝聚民族力量而掀起的伟大社会革命运动，是一场传播新思想新文化新知识的伟大思想启蒙运动和新文化运动，以磅礴之力鼓动了中国人民和中华民族实现民族复兴的志向和信心。

"五四运动，以彻底反帝反封建的革命性、追求救国强国真理的进步性、各族各界群众积极参与的广泛性，推动了中国社会进步，促进了马克思主义在中国的传播，促进了马克思主义同中国工人运动的结合，为中国共产党成立做了思想上干部上的准备，为新的革命力量、革命文化、革命斗争登上历史舞台创造了条件，是中国旧民主主义革命走向新民主主义革命的转折点，在近代以来中华民族追求民族独立和发展进步的历史进程中具有里程碑意义。"

社会主义是中国人民的最终抉择

从一定意义上说，一部中国近代史，就是国际资本主义反对中国发展资本主义的历史。

从1840年到1921年，80年长夜，80年求索，80年不屈不挠！在追求资本主义的道路上，中国人民领受了太多的失败，付出了太多的牺牲。那么，我们为什么总是失败和牺牲呢？其根本的世界历史原因就是资本主义已经形成一个世界体系。

在这里，要提到美国的一位著名历史学家，即加州大学圣地亚哥分校历史系教授斯塔夫里亚诺斯。他在《全球分裂》一书中，详细描述了世界资本主义体系形成的过程。第一阶段是商业资本主义的扩张。它将美洲地区和非洲外缘地区变成西方资本主义的边缘，形成了一个洲际性的资本主义秩序。但是在这个时候，非洲内陆和亚洲还处在世界经济体系之外，资本主义还不能构成一个全球体系。19世纪上半期，随着工业革命的基本完成，西方的工业资本主义越来越强烈地要求开辟更广阔的世界市场。这个时候，发生了苏格兰传教士大卫·利文斯通横跨非洲的故事。利文斯通本来想到中国行医并传教，鸦片战争的爆发使他转到了非洲。1849年，他穿过非洲西南部的卡拉哈里沙漠，到达恩加米湖；1851年，他发现赞西比河；1855年，他发现维多利亚瀑布；1866年，他找到了尼罗河的源头。利文斯通作为一名虔诚的基督徒，也许不曾料到，随着他的探险结果不断公之于世，非洲内陆的图景便像200年前的美洲内陆那样在欧洲人的眼前展开，那些财欲熏心的商人们仿佛看到了又一个堆满黄金和白银的世界。于是，欧洲列强的魔爪纷纷伸向非洲内陆。到19世纪末，它们便完成了对非洲内陆的征服。在亚洲，英国首先占领印度，并入侵阿富汗、新加坡和缅甸等国家和地区，然后将矛头指向中国。1840年6月，英国舰队入侵，用大炮轰开了中国门户。正是这场鸦片战争导致英国及其他列强将中国这个最大的亚洲国家的征服了。到了这个时候，西方列强已经基本控制了全球，资本主义成了一个名副其实的世界体系。

在这个体系中，国际资本主义居于中心位置，而广大第三世界则处于边缘地带。中心与边缘的关系，是主宰与从属的关系、剥削与被剥削的关系、压迫与被压迫的关系、刀俎与鱼肉的关系。这种关系的形成，标志着人类历史进入了世界历史的阶段。

正是资本主义世界体系的形成，改变了近代中国的历史走向。也就是说，阻挠中国走上自主资本主义道路的，正是国际资本主义。资本的逻辑是弱肉强食，是其不知餍足的扩张。这种逻辑决定它们绝对不可能放弃在中国既得的经济利益，更不容许再出现一个独立富强的资本主义国家来与之争夺国际市场。你要进入资本主义的世界体系吗？可以，但是对不起，你只能站在这个体系的边缘地带，充当“中心”的商品市场与廉价资源的供应基地。20世纪初的美国总统顾问亨利·亚当姆斯曾经不加任何掩饰地说：“决不能容许中国和亚洲实现工业化和政治上的独立”，“如果容许中国和亚洲独立自主地开发自己的资源”，如果容许中国“以无尽藏的黄河流域的生产资料为供应的民族工业的体系成功地组织起来，对西方文明来说，将是不可思议的罪行”。

然而，就在中国人民追求资本主义屡屡失败的时候，国际资本主义体系却在欧亚大陆之间被撕开了一个巨大的缺口。1917年，列宁领导的俄国十月革命爆发。阿芙乐尔号巡洋舰上发出的隆隆炮声，是对一次壮丽日出的礼赞，是科学社会主义胜利的盛大庆典，是启发中国人民觉悟的暮鼓晨钟。

一边让我们屡屡碰壁而极度失望，一边则送来了新的希望，于是中国人民的思想天平开始向俄国倾斜。到了五四运动前后，资本主义在中国已经声名狼藉，而社会主义（尽管理解不同、种类不同）却成了热词。流风所及，研究系的梁启超、张东荪，安福系的王揖唐，直至投机政客江亢虎都大谈起社会主义。

“搬起石头砸自己的脚。”国际资本主义在中国投资开矿办厂，掠夺了中国的财富，同时也在中国造就了一支产业工人阶级队伍。到1919年，以外资企业为主，包括合资和民族企业中的中国产业工人已达200

万。在偌大的中国，200万人为数并不算多，但是他们非常集中。在上海、天津、青岛、武汉等大城市，都分别集中了十几万到几十万的产业工人。这些产业工人除了劳动力一无所有，又备受欺压，沦落在社会底层，所以特别能战斗。

中国工人阶级和科学社会主义一旦对接，势必迸发出排山倒海般的铲除霸权、扫荡黑暗的力量。在这种对接中，先进知识分子发挥了十分重要的作用。早在1918年初，李大钊就向友人宣传介绍十月革命。1918年7月至1919年1月，他连续发表《法俄革命比较观》《庶民的胜利》《布尔什维主义的胜利》《新纪元》等文章或演说，热情称赞十月革命是“立于社会主义上之革命”，是“世界人类全体的新曙光”，大声呼吁中国沿着十月革命照亮的道路前进。1919年2月，陈独秀也在李大钊的影响下挺身而出，在《每周评论》第8号上发表《公理何在》一文，驳斥了帝国主义诬蔑十月革命的谰言。

除了知识界，关于俄国“穷人党”胜利的消息在劳苦大众中也不胫而走。传播这一消息的，是从俄国归来的中国工人。旅俄的中国工人是保卫十月革命的重要生力军。1920年12月1日，旅俄华工联合会在致苏俄外交人民委员会的信中说：“拿起武器保卫十月革命的号召一传出，数以万计的中国工人就志愿加入了先进战士的行列。他们在所有的战线上，经受了国内战争的艰苦考验，他们忠诚地捍卫了第三国际的口号和旗帜。”1918年12月15日，旅俄华工联合会通过《真理报》向祖国的工人兄弟发出呼吁：“中国工人应该记住：中国革命的命运与俄国工人革命的命运休戚相关。只有同俄国工人阶级紧密团结起来，才能在被压迫的中国取得革命的胜利。”

高举科学社会主义的旗帜，走俄国人的路，是当时中国工人阶级和先进知识分子共同的激越昂扬的呐喊！

1919年冬，蔡和森全家和向警予一同乘船赴法国。在颠簸的海轮上，在漫长的旅途中，蔡和森和向警予这一对有志青年有了更多的交流。他们面对着初升的太阳描画新中国的蓝图，他们沐浴着夜晚的灯光探讨中国解放的道路。1920年6月，两人在法国蒙达尼由爱情而结合，结婚照为两人同读一本打开的《资本论》。人们把他们的结合称为“蔡向同盟”。很明显，维系这种“同盟”的，是对科学社会主义的共同信仰。

蔡和森和向警予在赴法的邮船上

1920年初的一天，在故乡浙江义乌自家的茅草房里，陈望道焚膏继晷，奋力翻译《共产党宣言》。母亲心疼儿子，送进粽子和红糖。陈望道一边吃一边推敲词句。一会儿，母亲在门外喊：“红糖不够，给你再添些。”儿子回答：“够甜，够甜的了。”当母亲进来收拾碗筷时，见儿子满嘴墨汁，红糖一点儿没动，原来陈望道竟是蘸着墨汁吃了粽子。2012年11月29日，习近平总书记在参观《复兴之路》展览时讲述了这个故事，并说：“于是由此就说了一句话：真理的味道非常甜。”

真理的味道是甜的，但探索真理的过程是艰辛的。为了探索科学社

青年陈望道

会主义的真理，我们的前辈们不辞辛劳、辗转万里，不舍昼夜、凝神忘我！

高举科学社会主义的旗帜，走俄国人的路，就是跳到国际资本主义的体系和制度之外去寻求民族解放的道路，就是把争取民族独立和人民解放的伟大斗争融合到全世界无产阶级争取解放的伟大斗争中去。一句话，就是在推动世界社会主义运动的历史进程中解决中国的民族独立和人民解放的问题。这是半殖民地半封建的中国的唯一出路，这是无数优秀中华儿女用鲜血换来的宝贵结论，也是国际资本主义逼迫中国人民作出的最后抉择。

领导中国人民沿着这条道路走向复兴彼岸的，则是由中国工人运动和科学社会主义相结合而产生的先进政治组织——中国共产党。

在灾难深重的半殖民地半封建的东方大国，开展革命斗争迫切需要先进的无产阶级政党领导，到20世纪20年代初在中国建立无产阶级政党的条件已基本成熟，正是这种必要性和可能性的同时具备，才构成了中国共产党诞生的历史必然性。中国共产党的诞生是历史的选择，人民的选择。争取民族独立、人民解放、国家富强的艰巨使命，历史地落在了无产阶级及其政党的肩上。这是总结近代中国革命斗争的经验教训所得出的基本结论。

中国共产党人追求的共产主义最高理想，只有在社会主义社会充分发展和高度发达的基础上才能实现。社会主义制度的发展和完善是一个长期的历史过程。经历太多屈辱又拥有今日骄傲的中国人民，不能不形成这样一种不可动摇的共识：只有社会主义才能救中国！只有中国特色社会主义才能发展中国！

| 第二篇 |

中国共产党的宗旨

全心全意为人民服务

全心全意为人民服务是中国共产党的根本宗旨，也是马克思主义的基本思想。

中国共产党自成立起就把人民的利益作为自己的最高利益，始终为人民谋幸福。1939年2月20日，毛泽东在致张闻天的一封信中，首次提及“为人民服务”。

1942年5月，毛泽东在延安文艺座谈会上的讲话中明确提出了文艺应该为人民服务的思想。他说：“我们的文艺应当‘为千千万万劳动人民服务’。一切共产党员，一切革命家，一切革命的文艺工作者，都应该

正在和战友烧炭的张思德（左）。这是他生前留下的唯一一张照片

学鲁迅的榜样，做无产阶级和人民大众的‘牛’，鞠躬尽瘁，死而后已。”在这里提到的“为人民服务”，不仅解决了革命文艺为谁服务的问题，而且表明了党员的世界观和人生观，明确了党所必须坚持的根本宗旨问题。

1944年9月8日，毛泽东在张思德追悼会上发表了著名的《为人民服务》讲话。他说：“我们的共产党和共产党所领导的八路军、新四军，是革命的队伍。我们这个队伍完全是为着解放人民的，是彻底地为人民的利益工作的。……因为我们是为人民服务的，所以，我们如果有缺点，就不怕别人批评指出。不管是什么人，谁向我们指出都行。只要你说得对，我们就改正。你说的办法对人民有好处，我们就照你的办。……只要我们为人民的利益坚持好的，为人民的利益改正错的，我们这个队伍就一定会兴旺起来。”在此一年之内，毛泽东连续五次强调为人民服务的思想，实现了“为人民服务”的思想的理论化转型。

1945年4月24日，毛泽东在中国共产党第七次全国代表大会上作《论联合政府》政治报告，对为人民服务的理论从更深层次上作了更系统

党的七大会场

完整的论述。他说:“我们共产党人区别于其他任何政党的又一个显著的标志，就是和最广大的人民群众取得最密切的联系。全心全意地为人民服务，一刻也不脱离群众；一切从人民的利益出发，而不是从个人或小集团的利益出发；向人民负责和向党的领导机关负责的一致性；这些就是我们的出发点。共产党人必须随时准备坚持真理，因为任何真理都是符合于人民利益的；共产党人必须随时准备修正错误，因为任何错误都是不符合于人民利益的。”党的七大将“全心全意为人民服务”正式载入党章，以后历次党代表大会都坚持把全心全意为人民服务的要求写入党章，使之成为我们党的唯一宗旨，成为我们党始终高扬的一面旗帜。

中国共产党的根基在人民、血脉在人民、力量在人民。党始终保持同人民群众的血肉联系，善于从人民群众中汲取战胜各种困难和风险的智慧和力量，这是中国共产党战无不胜的根本法宝。任何时候任何情况下，共产党人都牢记这一宗旨，并把它贯彻和体现到全部工作之中。

人民主体思想

一心一意为人民服务，扎根于人民群众，以人民为主体的思想是邓小平同志一生所奉行的，是邓小平理论的重要内容和实质核心。

新中国成立后，邓小平同志领导西南全区的政权建设、社会改造和经济恢复，不久就参加中央领导工作，并成为以毛泽东为核心的第一代中央领导集体的重要成员。他提出共产党员要有“一心一意为人民服务不计其他的工作态度”；做好工作“唯一正确的办法是走群众路线”；要克服党内的官僚主义、命令主义等错误倾向。在党的八大上，邓小平同志作了《关于修改党的章程的报告》，对群众路线进行了全面的概括，强调我们党已经是在全国执政的党，因而“在全党认真地宣传和贯彻执行群众路线，也就有特别重大的意义”。

党的十一届三中全会以后，以邓小平同志为核心的党中央强调恢复和发扬密切联系群众的优良传统和作风，实行改革开放调动人民群众的积极性，推动社会主义制度的自我完善和发展。正因为邓小平同志坚持实事求是和群众路线，善于从人民群众创造历史的伟大实践中汲取思想营养和前进力量，才领导党和人民在改革开放的新征程中，成功开辟马克思主义理论新境界和中国特色社会主义事业新局面。

在长期领导革命、建设和改革的过程中，邓小平将马克思主义关于人民是历史创造者的基本原理与中国具体实际、不同时代特征和人民群众意愿相结合，创造性地运用和发展了人民主体思想，为推进马克思主义中国化时代化大众化作出了巨大贡献。

在党与人民的关系问题上，邓小平认为：“人民群众必须自己解放自己；党的全部任务就是全心全意地为人民群众服务”；“党必须密切联系群众和依靠群众，而不能脱离群众，不能站在群众之上”；党离不开人民，人民也离不开党，党的组织、党员和干部，必须同群众打成一片，绝对不能同群众相对立。不断加强党同人民群众的血肉联系，是我们党成熟、有战斗力的重要标志和前提条件。

在人民与国家的关系问题上，邓小平主张：人民是国家的主人，“政府是人民的，也是为人民的”；国家的权力属于人民，国家工作人员是“人民的公仆”，而不是“人民的主人”；我们的国家政权对“人民来说就是社会主义民主，是工人、农民、知识分子和其他劳动者所共同享受的民主，是历史上最广泛的民主”。政治体制改革的目标是巩固社会主义制度，发展社会生产力，发扬社会主义民主，调动广大人民的积极性。

在建设中国特色社会主义的根本原则和方法问题上，邓小平强调：“群众是我们力量的源泉，群众路线和群众观点是我们的传家宝。”党的领导工作能否保持正确，决定于它能否采取“从群众中来，到群众中去”的方法。要把人民拥护不拥护、赞成不赞成、高兴不高兴作为制定方针政策的根本尺度，以是否有利于发展社会主义社会的生产力、增强社会主义国家的综合国力、提高人民的生活水平作为衡量工作得失的判断标准。

人民主体思想是马克思主义的理论精髓，是中国共产党人的立场、观点和方法的集中体现。人民主体思想体现了邓小平同志对人民群众在党和国家事业中主体地位和决定作用的理论自觉和政治自信，构成了邓小平理论乃至中国特色社会主义理论体系的核心内容。

以人民为中心

“人民对美好生活的向往就是我们的奋斗目标”接续“为人民服务”“人民主体思想”的初心与宗旨。

党的十八大以来，习近平总书记重塑中国共产党一以贯之的初心与宗旨——为人民服务，正如他在十九届中共中央政治局常委同中外记者见面时的讲话所言：“我们要牢记人民对美好生活的向往就是我们的奋斗目标。”习近平总书记始终让全党铭记“中国共产党人的初心和使命，就是为中国人民谋幸福，为中华民族谋复兴”。

坚持以人民为中心，是习近平新时代中国特色社会主义思想的核心内容，是马克思主义唯物史观的历史传承和创新发展，是我们党领导中国革命、建设和改革发展实践的经验总结，是中国共产党人不忘初心和使命的时代要求。

习近平总书记在党的十九大报告中，把“坚持以人民为中心”作为新时代中国特色社会主义思想的核心内容加以阐述。他强调指出，人民是历史的创造者，是决定党和国家前途命运的根本力量。必须坚持人民主体地位，坚持立党为公、执政为民，践行全心全意为人民服务的根本宗旨，把党的群众路线贯彻到治国理政全部活动之中，把人民对美好生活的向往作为奋斗目标，依靠人民创造历史伟业。

这些重要思想鲜明提出了我们党治国理政的根本要求。当前，深刻理解和准确把握坚持以人民为中心的思想精髓，对于深入学习习近平新时代中国特色社会主义思想，全面贯彻落实党的十九大精神，不忘初心，牢记使命，夺取新时代中国特色社会主义伟大胜利，具有重要意义。

以人民为中心，集中体现了我们党服务人民的根本宗旨。

中国共产党是工人阶级的先锋队，也是中国人民和中华民族的先锋队。中国共产党是人民利益的忠实代表，除了人民的利益，没有自己的特殊利益。以人民为中心，彰显了中国共产党的人民性特质，集中体现了中国共产党全心全意为人民服务的根本宗旨。我们党在不同历史时期有不同的任务，也有不同的挑战，但是为中国人民谋幸福、为中华民族谋复兴的初心和使命始终没有变。党的一切工作都是围绕实现人民利益而展开的，以人民为中心、为人民服务的工作导向也是始终不渝、坚定不移的。中国共产党近百年为广大人民群众谋利益的奋斗历史充分证明了这一点。1921年7月，中国共产党在嘉兴南湖红船上完成了历史性的中共一大会

嘉兴南湖红船

议，开启了中国人民通往幸福、中华民族走向复兴的伟大征程。

在革命战争年代，我们党领导人民军队和人民群众浴血奋战，打败了日本侵略者，推翻“三座大山”的压迫，建立了新中国，实现了广大人民群众谋求翻身解放这一最直接最根本的利益。在新中国社会主义建设时期，我们党带领全国人民自力更生、艰苦奋斗，改变了国家一穷二白的落后面貌，打牢了社会主义建设和发展的坚实基础，实现了广大人民群众谋求生活改善这一最直接最根本的利益。改革开放后，我们党团结带领人民群众聚精会神搞建设、一心一意谋发展，实施全面建设小康社会的伟大工程，综合国力显著增强，人民生活水平不断提高，实现了广大人民群众谋求生活富裕这一最直接最根本的利益。特别是党的十八大以来，我们党统筹推进“五位一体”总体布局，协调推进“四个全面”战略布局，深入贯彻以人民为中心的发展思想，改革开放和社会主义现代化建设取得新的历史性成就，广大群众生活更加美好，实现了中国人民从站起来到富起来，再到强起来的伟大飞跃。

以人民为中心，集中体现了我们党坚持人民主体地位的唯物史观。

毛泽东同志多次强调，“人民、只有人民，才是创造世界历史的动力”。党的十八大以来，习近平总书记站在新的历史起点上进一步强调人民的主体地位。他指出：“人民是创造历史的动力，我们共产党人任何时候都不要忘记这个历史唯物主义最基本的道理。”在党的十九大报告中又强调，必须坚持人民主体地位，依靠人民创造历史伟业。

坚持人民主体地位，坚持人民群众是历史的创造者，坚持依靠人民群众推动社会发展进步，是我们党一贯坚持的唯物史观，也是作为马克思主义政党的中国共产党区别于其他政党的显著标志。以人民为中心，正是源于并集中体现了马克思主义唯物史观。党的根基在人民，血脉在人民。无论是革命战争年代还是和平时期，人民始终是我们党的力量之源和胜利之本。没有广大人民群众的真心拥护和大力支持，没有广大人民群众自觉投身革命和建设实践，我们党就不可能从小到大、由弱变强，

在抗日战争的艰苦岁月里，平山人民积极参军参战，支援前线

也就不可能夺取革命、建设和改革的伟大胜利。

习近平主席在庆祝中国人民解放军建军90周年大会上指出：“哪里有危难，哪里就有人民子弟兵。谁把人民放在心上，人民就把谁放在心上。‘最后一碗米送去做军粮，最后一尺布送去做军装，最后一件老棉袄盖在担架上，最后一个亲骨肉送去上战场’。这首战争年代广为传唱的民谣，就是军民团结如一人的生动体现。”

正是因为中国共产党深深扎根于人民群众之中，紧紧依靠人民群众，才能战胜任何强敌和艰难困苦，才能永远立于不败之地。中国特色社会主义进入新时代，人民日益增长的美好生活需要和不平衡不充分的发展之间的矛盾已经成为我国社会主要矛盾。我们党只有牢牢坚持人民的主体地位，紧紧依靠人民群众，充分调动广大人民群众的积极性主动性创造性，才能解决发展难题，推动建设和改革取得胜利，促进社会全面进步，谱写社会主义现代化新征程的壮丽篇章。

以人民为中心，集中体现了我们党坚持人民共享的价值追求。

坚持人民共享，是以人民为中心的应有之义。人民群众既是社会革命、建设和改革发展成果的创造者，也是社会革命、建设和改革发展成果的享有者。带领广大人民群众谋求民族独立和人民解放，让人民共享革命成果；带领广大人民群众建设中国特色社会主义，让人民共享建设和改革发展成果，是我们党始终不渝的奋斗目标和价值追求。

中国共产党一经成立就以实现共产主义作为党的最高理想和最终目标，就把实现人民共有共享这一共产主义的核心理念镌刻在自己的旗帜上。早在红军初创时期，我们党在井冈山根据地就开展了轰轰烈烈的以“打土豪分田地”为重要内容的土地革命，让穷苦的百姓共享革命成果，实现了拥有土地的愿望。

新中国成立后，我们党把实现共同富裕作为建设社会主义的根本目标。毛泽东同志指出，现在我们要实行这么一种制度，是可以一年一年走向更富更强的，而这个富是共同的富，这个强是共同的强。改革开放时期，邓小平同志强调，社会主义最大的优越性是共同富裕，我们党领导的社会主义事业，就是要在解放生产力、发展生产力的基础上使全体人民最终实现共同富裕。

党的十八大以来，习近平总书记多次强调，“广大人民群众共享改革

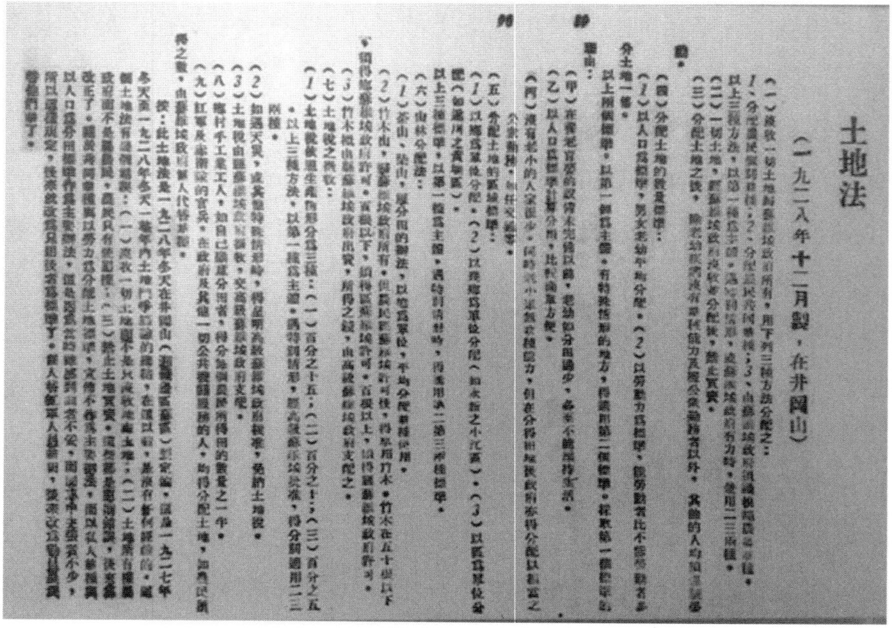
土地法

（一九二八年十二月製，在井岡山）

1928年12月，毛泽东制定的井冈山《土地法》

发展成果，是社会主义的本质要求”，并把共享作为发展的出发点和落脚点。党的十八大以来，我们党在落实人民共享发展成果、促进人民共同富裕这一发展要求上，采取了一大批惠民举措，做了扎扎实实的工作，取得了实实在在的成就。特别是脱贫攻坚战取得决定性进展、就业状况持续改善、城乡居民收入快速增长、社会保障体系基本建立、医疗卫生和健康水平大幅提高，使广大人民群众有了更多更强的获得感。

以人民为中心，集中体现了我们党密切联系群众的优良作风。

作为来自人民、植根于人民的中国共产党，融入人民、不脱离人民是其政治本色。密切联系群众是我们党一以贯之的优良作风。从井冈山时期的“三大纪律六项注意”，到党的七届二中全会上提出的“两个务必”，再到党的十八大以来出台的“六条禁令”“八项规定”等，都集中体现了我们党密切联系群众、不脱离人民的光荣传统和优良作风。

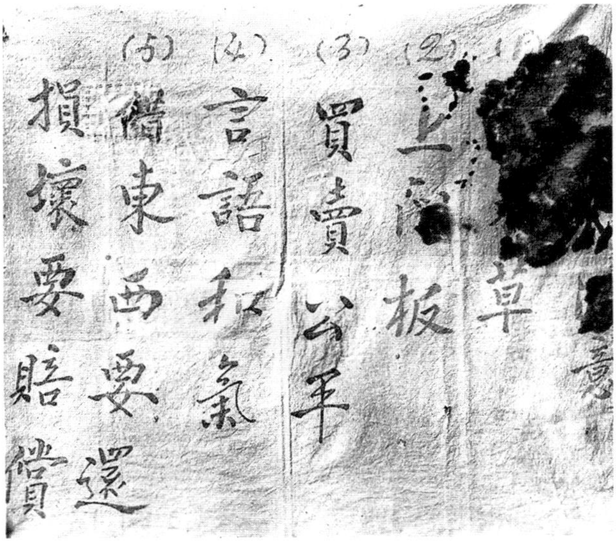

中国人民解放军自建军之日起，就非常重视加强革命纪律，并严格执行统一的纪律，这是人民军队区别于一切旧式军队的显著标志。图为在中国人民革命军事博物馆第二次国内革命战争馆里，陈列的一幅写着红军“三大纪律六项注意”的包袱皮。由于年月已久，白布已发黄，但上面的字迹隐约可辨

习近平总书记强调，我们党要更加自觉地维护人民利益，坚决反对一切损害人民利益、脱离群众的行为。苏联解体的一个重要原因就是执政党长期脱离人民群众，失去了执政根基，最终被人民所抛弃。以史为鉴，党的十八大以来，党中央全面加强从严治党，尤其是面对人民群众反映强烈的腐败问题，坚持反腐败无禁区、全覆盖、零容忍，形成了反腐败斗争压倒性态势，巩固了党的执政基础和群众基础，赢得了党心民心。

党的十九大通过的新党章指出："我们党的最大政治优势是密切联系群众，党执政后的最大危险是脱离群众。党风问题、党同人民群众联系问题是关系党生死存亡的问题。"而今，中国特色社会主义进入了新时代，在顺应人民群众对美好生活向往的前进道路上，我们党要始终坚持以人民为中心的执政理念，与人民心心相印，与人民同甘共苦，与人民团结奋斗，凝聚亿万人民的磅礴力量，决胜全面建成小康社会，夺取新时代中国特色社会主义伟大胜利，实现中华民族伟大复兴的中国梦。

不忘初心方得始终

习近平总书记在庆祝中国共产党成立95周年大会上的讲话中指出："我们党已经走过了95年的历程，但我们要永远保持建党时中国共产党人的奋斗精神，永远保持对人民的赤子之心。一切向前走，都不能忘记走过的路；走得再远、走到再光辉的未来，也不能忘记走过的过去，不能忘记为什么出发。面向未来，面对挑战，全党同志一定要不忘初心、继续前进。"

中国共产党人的初心和使命，就是为中国人民谋幸福，为中华民族谋复兴。中国共产党是在一穷二白的基础上，带领全国人民，集中力量推动社会主义现代化建设的。经过新中国成立后70年，尤其是改革开放后40多年的发展，中国经济取得世界瞩目的成就，2018年中国经济总量突破90万亿元，按现行汇率计算约占世界的16%。按照党中央的战略安排，到2035年基本实现社会主义现代化，到21世纪中叶建成富强民主文明和谐美丽的社会主义现代化强国。要实现这一宏伟目标，必须要在中国共产党的领导下，始终坚持中国特色社会主义道路，在发展的现实中不断探索、大胆创新。

唯有不忘初心，才能在前进的道路上守正方向，得以始终。坚持和发展中国特色社会主义是一项长期而艰巨的历史任务，必须准备进行具有许多新的历史特点的伟大斗争。共产党人要时刻准备应对重大挑战、抵御重大风险、克服重大阻力、解决重大矛盾，坚持和发展中国特色社会主义，坚持和巩固党的领导地位和执政地位，使我们的党、我们的国家、我们的人民永远立于不败之地。

| 第三篇 |

要做人民的勤务员

在社会主义建设的伟大事业中，人民群众是事业建设的主体，党员干部是人民公仆、人民的勤务员，是为人民服务的。一切事业建设的目的都是为了人民群众能够过上更美好、更高水平、更加幸福的生活，在此之中，党员干部需要扮演的就是"人民勤务员"这个角色，要做的事情就是把人民群众生产生活中的问题和困难解决好，把人民群众交代的事情办好。广大党员干部在扮演"人民勤务员"的角色过程中，务必要兢兢业业，回应人民心声、顺应群众期盼，切实把人民群众满不满意、高不高兴当成衡量自己工作成绩的绝对标准。

"我是人民的勤务员"

人民是习近平总书记心中最深的牵挂。在纪念刘少奇同志诞辰120周年座谈会上，习近平总书记号召全党同志以刘少奇同志为自己的光辉榜样，并强调："我们学习刘少奇同志，就要始终坚守人民立场，把人民群众放在心中最高位置，始终保持同人民群众的血肉联系，把为人民谋幸福作为根本职责。"党的十八大以来，习近平总书记的足迹遍及大江南北，嘘寒问暖，访贫问苦，与人民群众心心相印，以行动彰显人民勤务员的本色。

"您是我们的好领袖，中国人民的福星。"

"谢谢，我是人民的勤务员，是为人民服务的。"

——这是四川一位普通老人和习近平总书记的对话 。

“怎么称呼您？”

“我是人民的勤务员。”

——这是湖南一位苗族大妈和习近平总书记的问答。

每逢新春佳节，到人民群众当中送祝福、问冷暖、听民声、解民忧，已经成为习近平总书记的工作惯例：从曾经“瘠苦甲于天下”的甘肃定西，到冰天雪地的内蒙古阿尔山；从陕北高原上的梁家河黄土地，到红色圣地井冈山革命老区；从“堆银砌玉”的张北草原，到坡急沟深的四川大凉山……

“人民对美好生活的向往就是我们的奋斗目标”，这铿锵振奋的话语，是习近平总书记治国理政的逻辑起点，也是激励中国共产党人接续奋斗的不变初心。“中国梦归根到底是人民的梦”；“小康不小康，关键看老乡”；“一个都不能掉队”；“让人民群众有更多获得感”；……习近平总书记的重要论述，充分彰显了以人民为中心的发展思想，是新时代推动改革发展的动力源泉。

2013年2月3日，习近平总书记来到海拔2400多米、人均纯收入1400多元的定西市渭源县田家河乡元古堆村看望困难群众。图为习近平总书记和八旬老党员马岗亲切交谈，了解生产生活情况

这张照片是马岗老人的宝贝

党的十八大以来，我国经济社会发展产生的历史性变革、取得的历史性成就，源于以习近平同志为核心的党中央始终践行以人民为中心的发展思想，源于党领导近14亿人民的团结奋斗。

2018年2月10日至13日，习近平总书记到凉山彝族自治州、阿坝藏族羌族自治州、成都市等地，深入村镇、企业、社区，考察脱贫攻坚和经济社会发展工作，在汶川考察灾后恢复重建发展情况。这是党的十九大以后，习近平总书记的首次考察调研活动。

考察调研期间，为了能够深入大凉山腹地的昭觉县三岔河乡三河村和解放乡火普村看望贫困群众，习近平总书记乘车沿着坡急沟深的盘山公路，往返4个多小时。

三河村平均海拔2500多米，是一个彝族贫困村。习近平总书记沿着石板小路步行进村，察看村容村貌和周边自然环境。他先后走进村民吉好也求、节列俄阿木2户贫困家庭看望，详细观看门前的扶贫联系卡，同主人亲切拉家常，询问生活过得怎么样，发展什么产业，收入有多少，孩子有没有学上。他饶有兴趣地听10岁小女孩吉好有果唱《国旗国旗真美丽》，并带头鼓掌。在村民节列俄阿木家，习近平总书记同村民代表、驻村扶贫工作队员围坐在火塘边，一起分析当地贫困发生的原因，谋划精准脱贫之策。习近平总书记饱含深情地说："我一直牵挂着彝族群众，很高兴来到这里，看到大家日子一天天好起来，心里十分欣慰。"得知近年来村里大力发展种养业，引进优良品种的牛猪羊，家家户户种植了马铃薯、核桃、花椒，农民收入持续增加，习近平总书记十分高兴。他强调，发展特色产业、长期稳定致富，都需要人才。要培养本地人才，引导广大村民学文化、学技能，提高本领，还要移风易俗，通过辛勤劳动脱贫致富。习近平总书记指出，我们搞社会主义，就是要让各族人民都过上幸福美好的生活。全面建成小康社会最艰巨最繁重的任务在贫困地区，特别是在深度贫困地区，无论这块硬骨头有多硬都必须啃下，无论这场攻坚战有多难打都必须打赢，全面小康路上不能忘记每一个民族、每一个家庭。

解放乡火普村是易地扶贫搬迁的新村，搬迁新房沿公路依山而建。习近平总书记走进贫困户吉地尔子家的新居，在院内平台远眺火普村全貌，听取该村推进易地扶贫搬迁、彝家新寨新村建设、产业扶贫和公共服务保障等情况介绍，随后进屋察看住房功能布局，了解一家人生产生活情况。习近平总书记指出，这里的实践证明，易地扶贫搬迁是实现精准脱贫的有效途径，一定要把这项工作做好做实。搬迁安置要同发展产业、安排就业紧密结合，让搬迁群众能住下、可就业、可发展。

2018年2月11日，习近平总书记在四川考察。图为习近平总书记在凉山彝族自治州昭觉县解放乡火普村了解易地扶贫情况

在映秀镇，蒋维明一家经营着“茶祥子”制茶坊，并带动了当地一批群众靠采茶制茶脱贫致富。一家人热情邀请总书记到店里看一看。习近平总书记察看了传统黑茶制茶工序，亲自体验酥油茶制作流程。听说店里的窝窝茶远销“一带一路”沿线，习近平总书记希望他们精益求精、创造名牌，为“一带一路”建设多作贡献。

离开映秀镇，习近平总书记又来到率先推行农村集体产权制度改革的成都市郫都区战旗村考察。该村是全国文明单位、四川集体经济十强村，村集体资产达到4600万元，集体经济年收入超过460万元，村民人均可支配收入超过2.6万元。习近平总书记进入“精彩战旗”特色产业在线服务大厅，察看特色农副产品和蜀绣等手工艺品展示，观摩人人耘“互联网＋共享农业”互动种养平台操作，还自己花钱买下一双当地群众做的布鞋。习近平总书记强调，党的十九大提出实施乡村振兴战略，这是加快农村发展、改善农民生活、推动城乡一体化的重大战略，要把发展现代农业作为实施乡村振兴战略的重中之重，把生活富裕作为实施乡村振兴战略的中心任务，扎扎实实把乡村振兴战略实施好。

春节在即，成都市郫都区战旗村里喜气洋洋，村民们正在村里布设的春节一条街上照全家福、写春联、做汤圆。看到习近平总书记来了，大家兴高采烈地向总书记问好。正在照全家福的一位老人握着总书记的手，激动地说：“您是我们的好领袖，中国人民的福星。”习近平总书记答道：“谢谢，我是人民的勤务员，是为人民服务的。”

多么感人的场景，多么亲切而又熟悉的话语，使人们不由得想起，毛泽东在《一九四五年的任务》一文中所强调的，“我们一切工作干部，不论职位高低，都是人民的勤务员，我们所做的一切，都是为人民服务”。这里强调党员干部要摆正勤务员这个位置，实践全心全意为人民服务的宗旨。这句话不仅成为老一辈革命家终身实践的准则，也成为毛泽东时代党员干部的行为准则。

“为人民服务”是毛泽东终生铭记的宗旨。毛泽东1944年9月8日在追悼张思德同志的大会上，作了题为《为人民服务》的演讲。一是强调我们共产党和共产党领导的军队是革命的队伍；二是强调为人民利益而死，比泰山还重；三是强调我们如果有缺点，就不怕别人批评；四是强调为人民的利益坚持好的，改正错的；五是强调“我们都是来自五湖四海，为了一个共同的革命目标，走到一起来了”。毛泽东在这里阐述的为人民服务，为中国共产党人指明了为共产主义事业奋斗的人生观，确立了以辩证唯物主义和历史唯物主义的观点来认识世界和改造世界的世界观，形成了以全心全意为人民服务为宗旨的价值观。

今天，习近平总书记重提“我是人民的勤务员”，他在用自己的言行为各级党员干部作出了示范，告诉全党，什么是做好工作的“基本准则”。

“我是人民的勤务员，是为人民服务的”，体现了习近平总书记对人民群众的深厚感情，体现了他对党员干部践行党的宗旨的要求，也体现着习近平总书记要继承革命传统的决心和意志。我们党的宗旨是全心全意为人民服务，任何时候都不能丢；全体党员干部都是人民的勤务员的角色意识，任何时候都不能忘；时刻牢记自己是人民的公仆，唯有如此，才能真正成为一个“人民的勤务员”。

习近平总书记的人民情怀，为广大党员领导干部立起了高山仰止的时代高峰和精神旗帜。我们要自觉向习近平总书记看齐，树牢“四个意识”，坚定“四个自信”，做到“两个维护”，永远与人民在一起，做人民的勤务员。

作为“人民的勤务员”，党员领导干部必须经常性地深入基层、深入实际、深入群众，将工作做到群众的家门口，做到百姓的心坎上。要能够一头扎进群众之中，与群众拉起家常，一点架子都没有。与群众平等相待、平起平坐，不要官腔，不拿调子，不摆谱子。切忌与群众没有感情，不会说老百姓听得懂能落实的大白话，更不能自以为是，自我感觉良好，高高在上当官做老爷。

不做官，要做公仆

邓中夏

共产党人是为人民谋幸福的，要有一颗公仆心。

邓中夏1894年10月5日出生于湖南省宜章县邓家湾村，是我党早期的一位卓越领导人和杰出的工人运动领袖，也是我党的一位重要理论家和学者。

邓中夏曾说："我不做官，我要做公仆。"

邓中夏的父亲是个清朝的举人，辛亥革命后，当过省参议员、县长。他几经辛苦，在北洋军政府农商部给邓中夏找到了一个待遇优厚的美差。委任状送来了，他非常高兴，但被邓中夏退了回去。

父亲质问他："为什么把委任状退了？"

邓中夏说："我不做官。"

"这些年来，我供你上小学、中学，还供你进京上大学，指望你长大混个一官半职，继承父业。现在，你却把好不容易才弄到手的委任状退了，究竟想干什么？"

"做官的人都是对老百姓敲骨吸髓的。当这个官有什么意思！"

邓中夏还和乡亲们说："我要做公仆，我要联合同志，做到人人有饭食，个个过富裕生活。我的目的就是要为广大群众谋福利，绝不为个人私利，单独谋财。"

1933年5月15日，在上海法租界的邓中夏被叛徒供出了真实身份，不幸被捕。在狱中，他以一个共产党员的钢铁意志挺住了敌人的残酷摧残。监狱地下党支部通过难友对邓中夏说："同志们很关心你，你有什么打算？"邓中夏听后激动地说："请你告诉大家，就是把邓中夏的骨头烧成灰，邓中夏还是共产党员。”

他给同志们上党课，讲马列主义，讲共产党员的理想和气节，讲工人运动。他在自己生命的最后时刻，给党中央写了一封信，深情地说：“同志们，我快要到雨花台去了，你们继续努力奋斗吧！最后胜利终究是我们的！”

1933年9月21日的黎明，邓中夏从容地穿好衣服，向刑场走去，他大声高呼“打倒国民党！”“中国共产党万岁！”“全世界无产阶级联合起来！”临刑前，宪兵问：“你还有话吗？”邓中夏回答：“对你们当兵的人，我有一句话说，请你们睡到半夜三更时好好想一想，杀死了为工农兵谋福利的人，对你们自己有什么好处？！”敌人害怕邓中夏进行革命宣传，命令立即开枪。就这样，在雨花台下，邓中夏为共产主义事业英勇地献出了年仅39岁的生命。

为有牺牲多壮志，直立挺拔傲霜雪。许多革命先烈如邓中夏一般，为了人民的利益，用最硬的骨头抗拒魔鬼，用淌出的鲜血染红党旗，用英雄的美名光照人间。瞿秋白在牢房怒斥敌人“不要撕破我的历史”；恽代英在被敌人杀害时，坚持不下跪；向警予为人民而死毫不畏惧；夏明翰在生命的最后时刻写下“砍头不要紧，只要主义真”的就义诗句；林育南以“荣华富贵如粪土，共产主义值千金”的豪言壮语，回击了敌人用功名利禄来劝降。他们所追求的就是人民大众的解放，体现了共产党人为人民利益而死的崇高精神。

全心全意为人民服务的一生

张思德，1915年4月出生在四川省仪陇县一个贫苦佃农家庭。他出生仅7个月，母亲就因病无钱医治而离开人间。父亲被迫把他抱给叔父收养。

1933年2月，中国工农红军第四方面军创建了川陕革命根据地。同年10月，四川军阀刘湘纠集20万反动军队向红军发动了六路围攻。这时张思德被批准参加了红军。他多次机智地完成了侦察敌情的任务，不顾长途艰险传送红军和地方党组织的重要军事情报，为红军取得胜利创造了条件。1935年3月，张思德随红四方面军参加了二万五千里长征。他勇敢机智，曾只身泅水过江，夺得敌人的渡船，为红军强渡嘉陵江创造了条件。在川西茂洲地区，他神奇般地一人夺得敌人两挺机枪，一时传为佳话。1936年10月，他到达陕北，次年加入中国共产党。

张思德在其短暂的一生中，不论在什么时候，始终严格要求自己，总是把党和人民的利益放在高于一切的位置，坚持一切为人民服务的宗旨，并在实践中一丝不苟地贯彻下去。

长征期间，他就经常奋不顾身地帮助同志们。在一段常有毒蛇出没的水路里，他英勇地把女同志和小孩一个一个地背过去。长征路上经常要吃野菜，为了同志们的安全，他好几次冒着生命危险口嚼检验野菜是否能够食用，并因此多次负伤。

1941年至1942年，抗战到了最艰难的时刻。节约每一粒粮食、每一份资源，都是极其重要的。张思德以自己的实际行动起到了模范带头作用。他的棉衣早已破烂不堪，但每次轮到他换新棉衣，他总是坚持不肯，每次都是把旧棉衣拆补好再穿上。

张思德对身边的同志始终充满关心。他经常主动帮助炊事员挑水、烧火，帮助饲料班锄草、喂马。春天易发病症，他就上山采来草药，为同志们预防疾病。冬天天冷，他就主动进山烧制木炭，为同志们取暖。上级发下来的奖品，他舍不得用，都送给了同志们。有的同志生病，他就用自己的津贴买些鸡蛋，给生病的同志送到床前。

张思德也非常关心老百姓，和老百姓结成鱼水相依的亲密友谊。他经常抽时间到驻地附近老百姓家帮他们收割庄稼、修路、挑水。一次，一只狼叼走了一个小孩，他提枪就追出门外，为了防止开枪伤了孩子，他就赶上去一把抓住狼尾巴，打死了恶狼，救回了孩子。还有一次，外出值勤途中，他看到一个老大娘背着一大捆柴，非常吃力，就立即上前帮大娘把柴背回家。此后，他就把大娘当作自己的亲娘，常去看望，帮大娘种庄稼、做家务。

张思德 邬海佳作

1944年初，张思德积极响应党中央提出的大生产运动号召，主动到安塞县石硖谷办生产农场，担任副队长。秋天来临之时，他带领同志们进入林区，为中央机关烧制冬天取暖的木炭。烧炭是个技术要求很高的活，火要烧得均匀，压火要到火候。为了掌握好火候，张思德吃住在窑旁。白天，他巡回各窑，掌握火候。晚上他要起来好几次，爬上各个窑顶，观察烟色。窑里温度很高，有的木炭出窑还有火星。但每次出炭，他都是抢先钻到窑的最里边捡木炭，手上包的破布着火了，他就用手弄熄后继续干。同志们要和他换位置，他总是不肯。在他的带领下，大家仅用一个月时间就烧炭5万多斤，超额完成了任务。

当年9月5日，张思德和战友小白决定再挖几个窑，多烧些木炭。当挖到中午时，突然窑顶掉下几块碎土，出现险情。张思德眼疾手快，一掌将小白推出洞口。厚厚的窑顶坍塌下来，把张思德埋在下边。战士们和老百姓从四面赶来，拼命刨土。小白得救了，张思德却没能抢救过来。他牺牲时年仅29岁。

为了悼念张思德，中央机关和中央警卫团在延安凤凰山下枣园沟口的操场上为张思德举行追悼大会。毛泽东同志参加了追悼会，亲笔题写了“向为人民利益而牺牲的张思德同志致敬”的挽词，并发表了《为人民服务》的演讲，高度赞扬了张思德完全、彻底为人民服务的崇高思想境界和革命精神。

革命的成功，需要有人在敌人的残暴统治下英勇抗争，需要有人在枪林弹雨中冒死冲锋。同时，也需要有人在平凡的岗位上默默奉献。张思德就是这样一个无私的奉献者。今天，他的光辉事迹不仅让我们深深景仰，也让我们深刻反思。在中国特色社会主义进入新时代的今天，我们面临全面建成小康社会的重任，面临“两个一百年”的奋斗目标，仍须大力提倡为人民服务、无私奉献的精神。

雷锋精神具有鲜明的人民立场

人民是历史的创造者，是社会物质财富和精神财富的创造者，是历史发展和社会变革的决定力量，为人民服务是我们党的根本宗旨和自觉

雷锋在火车站遇见一位探亲的大娘，帮助她找到了儿子的家

雷锋利用休息时间帮助战友洗衣服

价值选择。对于这一点，雷锋时刻牢记并在自己的工作生活中始终自觉践行。

全心全意为人民服务是雷锋精神的实质，是贯穿雷锋精神全部内涵的一条主线。

雷锋始终站在人民的立场思考问题，“凡是脑子里只有人民、没有自己的人，就一定能得到崇高的荣誉和威信。反之，如果脑子里只有个人、没有人民的人，他们迟早会被人民唾弃”。

全心全意为人民服务，就是要把人民放在心中最高位置。党的事业与人民利益的关系具有内在一致性，服务人民、让人民满意是党的事业的本质属性。

全心全意为人民服务、实现最广大人民群众根本利益，是党的事业的根本目的和力量源泉，不仅共产党员和先进分子要有这样的意识，全社会每个公民都要有这样的觉悟。

在社会主义革命、建设和改革的实践中，雷锋精神感染着无数普通公民，使个人价值在为人民服务中实现了永恒价值的升华。

雷锋说：“人的生命是有限的，可是，为人民服务是无限的，我要把有限的生命，投入到无限的为人民服务之中去。”在自然性的“有限生命”与“无限的为人民服务”精神追求的内在交互辩证运动的进程中，人才能够使自己短暂的生命焕发出永恒的灿烂光辉，实现有限生命的无限价值。

1963年，毛泽东亲笔题词：“向雷锋同志学习。”向雷锋学习什么？

关于雷锋精神的实质，周总理曾作出过精辟、科学的概括，那就是：“憎爱分明的阶级立场，言行一致的革命精神，公而忘私的共产主义风格，奋不顾身的无产阶级斗志。”

周总理概括的四种精神因素，是中华民族优秀道德传统的合乎逻辑的发展，是无数无产阶级革命战士优秀品格的集中体现，是解放全人类的历史使命向它的承担者提出的精神指标，是每一位维护民族尊严、推动祖国前进的先进分子所要主动采取的精神形式。雷锋精神不仅属于20世纪60年代，而且属于一个相当长的历史阶段。每一位对国家和民族怀有善意的人都能感觉得到：今天我们不仅需要雷锋精神，而且比当年更为迫切。

新中国成立70年来，我党我军涌现出了很多先进典型，他们以各自的风采，为我们树立了学习的榜样。媒体调查和多方面的社会反响告诉我们，雷锋是社会认可度最高、影响最为广泛、最受人民群众欢迎的先进典型。雷锋作为全军挂像英模，像一颗划过夜空的流星，因短暂的绚烂而成为永恒，因崇高伟大的精神境界而万众敬仰，因可感可亲可学的生动形象而经久不衰。无论何时何地，人们都希望有“雷锋”在自己身边，都盼望像雷锋这样的人再多一些。尽管并非人人都能做到像雷锋那样，但是人们向善、向美、向上的愿望始终存在。

雷锋精神蕴含着中华民族优良美德，展现了忠诚、敬业、友爱、助人等优秀的品质和高尚的情感。回望历史，《论语》中的“见贤思齐焉，见不贤而内自省也”强调要自省善学，立下拼搏目标;《老子》中的“上善若水”，苏辙的“凡克己以济民，皆力行而不悔”劝导从善修德、服务人民;《诗经》中的“夙夜在公”，贾谊《治安策》中的“国而忘家，公而忘私”强调公义胜私欲，报效国家;《墨子》中强调“兼相爱，交互利”，主张“天下之人皆相爱”的理想境界。这些引导历代人民群众言行的准则，都融化渗透在雷锋的思想和行为中。

雷锋精神体现了社会主义核心价值观的本质要求。雷锋多次立功受奖，1960年参加抢险救灾，带病连续奋战七天七夜，团党委为雷锋记二等功一次。雷锋的日记里有这样一段话:“我的一切都是党给的，光荣应该归于党，归于热情帮助我的同志……”雷锋短暂的一生，用行动诠释了一名革命军人、一名共产党员的初心誓言。牢记党恩、报答党恩，报效国家、服务人民，这也正是革命军人、共产党员的应尽本分，正是我党有别于其他政党的鲜明特征，正是我党引领中国人民站起来、富起来、强起来的重要基础。助人为乐、艰苦奋斗、勤俭节约、无私奉献……时至今日，人们想起雷锋，这些词汇就是对雷锋精神臻美的诠释，也是践行社会主义核心价值观有效的载体，这些优秀品德完美地体现在了雷锋的身上。

“谁愿当一个真正的共产主义者，就应该向雷锋同志的品德和风格学习。”邓小平为雷锋的这一题词，揭示了雷锋精神的深厚底蕴和重要意义。数十年来，在雷锋精神感召下，涌现出无数雷锋式的先进典型。从见义勇为的爱民模范欧阳海，到舍身抗洪的优秀团员谢臣；从头部受伤依然奋战的战斗英雄麦贤得，到为了保护群众扑向即将爆炸的炸药包的共产主义战士王杰；还有“当代雷锋”孙茂芳，邓州编外雷锋团和郭明义爱心团队；等等。可以说，雷锋精神已经融入中华民族的骨髓和血脉，成为一种社会风尚和精神象征。

习近平主席接见十二届全国人大二次会议解放军代表团部分基层代表时，对“雷锋连”指导员谢正谊说:“雷锋精神是永恒的，是社会主义核心价值观的生动体现。你们要做雷锋精神的种子，把雷锋精神广播在祖国大地。”

今天，迈入中国特色社会主义新时代，传递雷锋精神的接力棒不能在我们手中掉落，发扬雷锋精神是我们义不容辞的责任。我们要深刻把握雷锋精神的丰富内涵，紧扣时代脉搏，持续宣传雷锋的先进事迹，大力弘扬雷锋的崇高精神。

永不忘为民服务

杨善洲担任保山地委书记时期，促进粮食生产，稳定农业，解决群众吃饭问题，是他花费心思最多的事情。“我们是党的干部，如果老百姓饿肚子，我们就失职了。”杨善洲经常这样说。

1977年，杨善洲到龙陵县平达公社河尾村去考察农业生产情况，看到有个年轻人栽秧很不规范，就走上前去说："要想搞得饭吃，就要好好栽。"看到忽然冒出一个头戴竹叶帽、脚穿草鞋的陌生人对自己说三道四，小伙子很不高兴："你会栽你来栽给我看看，不要站着说话不腰疼。"杨善洲二话不说，挽起裤脚，把鞋子一脱，跨进田里，接过秧苗就开始栽，几分钟就插出长长一溜秧来，而且栽得均匀整齐，周围群众一阵叫好，小伙子也佩服得低下了头。

杨善洲说过："凡是农田建设上得快的单位，都有一条重要经验，就是领导上前线，亲自带着干，这是无声的命令，有效的指挥。"当时，杨善洲在保山县板桥公社、施甸县保场公社都有水稻样板田，在施甸县姚关公社、腾冲县明光公社都有苞谷样板地。在保场公社的样板田上，他采用"三岔九垄"式插秧，使亩产量提高了三四百斤，直到今天，当地群众还在采用杨书记摸索出的"三岔九垄"方法插秧。

杨善洲从来没有忘记过自己来自农村，从来没有忘记是党把他从一个农民的儿子一步一步培养成为党的领导干部。他始终怀着一颗关心群

杨善洲放弃安享晚年的机会，义无反顾地扛起了锄头种起了树

众生产生活的善良心，这颗善良心使他永葆人民公仆的本色，永远把群众的利益放在第一位。

担任地委书记的时候，因为杨善洲同志大力发展农业，和老百姓一起种田种地，着力解决群众的温饱问题，群众感激他，就编了一首民谣："家乡有个小石匠，参加土改入了党，头戴竹叶帽，身穿中山装，穿起草鞋搞农业，开渠引水当龙王。一身泥一身汗，大官儿不当，当什么？当种田郎。"

杨善洲退休后，带领群众把荒山变成了林海。群众感激他为子孙后代造福的大恩大德，又编了一首民谣："家乡有个小石匠，当官退休福不享，栽树二十年，荒山披绿装，道福子孙千万代，为民服务永不忘。活到老干到老，大富翁不当，当什么？当共产党！"

老百姓这朴素的心声，表达出的正是杨善洲一辈子都没有改变过的公仆本色。

| 第四篇 |

心中时刻想着人民

人是社会的主体。人的解放和自由是社会进步的最高目标。中国共产党要做到执政为民，必须心中时刻想着人民。中国特色社会主义事业是全国各族人民实现自己利益、创造美好生活的共同事业，是亿万人民群众广泛参与的创造性事业。党的一切奋斗和工作都是为了造福人民。为人民服务是党的根本宗旨，以人为本、执政为民是检验党一切执政活动的最高标准。任何时候都要把人民利益放在第一位，始终与人民心连心、同呼吸、共命运，始终依靠人民推动历史前进。为人民服务既是一种政治概念，是共产党人的宗旨，也是一个道德概念，是社会主义人际关系中的一个准则。我们的干部特别是党员领导干部都是为人民服务的，都是人民的公仆，要在工作上诚心帮助群众、指导群众，在生活上关心群众、体贴群众，做群众的“贴心人”。时刻把群众的疾苦、冷暖挂在心上，这是共产党员和党员领导干部应尽的职责。

党的关怀，党的温暖并不是看不见、摸不着的。它具体地体现在党和政府、党的领导干部关心群众生活的行动之中。焦裕禄、孔繁森、郑培民、任长霞、牛玉儒、杨善洲、罗阳等党的好干部艰苦奋斗、清正廉洁、无私奉献、兢兢业业，把生命献给人民，用热血树起了勤政爱民的不朽丰碑。

习近平总书记在党的十八届中共中央政治局常委同中外记者见面时强调：“人民是历史的创造者，群众是真正的英雄，人民群众是我们力量的源泉。每个人的工作时间是有限的，但全心全意为人民服务是无限的。我们一定要始终与人民心心相印，与人民同甘共苦，与人民团结奋斗，夙夜在公，勤勉工作，努力向历史、向人民交出一份合格的答案。”由此可见，以习近平同志为核心的党中央爱民、亲民，与人民群众心连心的优良传统得到发扬光大。

事实证明，我们的党和政府，我们的党员和干部为群众办的每一件好事和实事，都会产生巨大的“磁场”，形成巨大的向心力，使人民群众坚定信念，永远跟着共产党走。过去共产党要使广大劳苦大众过上好日子的誓言变为推翻“三座大山”的巨大能量。现在我们党的目标是以经济建设为中心，以发展为第一要务，依然是让广大人民群众过上幸福美好的生活。一切为了人民，一切依靠人民，是我们全部工作的出发点和立足点，广大党员和领导干部必须牢牢记住这一点，切实做到心中装有人民群众，行动代表人民群众，让党的光辉形象在人民群众的心中永存。

与人民心心相印

毛泽东曾经说过：我这个人听不得穷苦老百姓的哭声，看到他们流泪，就忍不住要掉泪。是的，毛泽东深爱着自己的国家，对老百姓怀有炽热的爱。在韶山冲一带，至今仍传颂着许多毛泽东同情穷人、周济贫苦人家的动人故事。

青年毛泽东

一年秋季，农民把稻谷打下来，摊在坪里晒，忽然下起雨来。大家忙着收谷子。年幼的毛泽东没有先收自己家的谷子，而是帮助一家佃户去收。等他帮人家收完后，自己家的谷子却被淋湿了。父亲训斥他，他却平心静气地对父亲说：“人家家里很苦，还要交租，损失一点就不得了；我们家里的，湿就湿了吧，关系不大。”

还有一年冬天，毛泽东和他的

堂叔毛爱松从长沙回家，半路在客店里住宿。后来，客房里又住进一个人。第二天早上天没亮，那个人就悄悄地走了。毛泽东起床后发现自己的棉裤不见了。毛爱松马上去追，发现棉裤果然是被那人偷去了。毛爱松把那个人捉回来，抡起拳头就打，并要他把棉裤脱下来。毛泽东连忙拦住毛爱松，问那人的情况。那个人说他是个失业工人，家里很穷，回去没衣服，外面又很冷，就偷了棉裤。说完，立即下跪认错。毛泽东批评道："你有困难，可以和我讲清，我会帮助你，不要去偷人家的东西，偷盗是一种不好的行为。不过，你不是一贯的，是因为家里穷才被迫偷的。"毛泽东停了停说："棉裤你还是不要脱，穿回去，我送给你算了。"那人感激地说："你自己不会挨冻吗？"毛泽东说："不要紧，我还有两条单裤。"又问道："你有没有钱用？"那人说："我身无分文。"毛泽东便从衣袋里摸出两百铜钱送给他，并叫他一起吃了早饭。

那人走后，毛爱松便大发脾气，说："润之，你做面子我做屁股，你做善人我做恶人！我好不容易把你的棉裤追回来，你不仅不要他脱棉裤，还把钱送给他，叫他吃饭，哪有你这种做法！？"

毛泽东耐心地解释说："他有困难，我们要帮他。他也是穷人嘛！"

还有一次，毛泽东的父亲叫他到湘乡大坪去结一笔猪账。毛泽东接了钱后，路上碰到一个衣衫褴褛的人，那人求他施舍一点，他便把钱全给了那个人。回来时父亲向他要钱，他说给了穷人，气得父亲大发雷霆，骂他是"败家子"。

毛泽东对穷苦百姓的同情，是和他对人民的爱及对剥削阶级的恨紧紧相连的。正是基于他对广大受压迫人民无限的爱，才有他对一切压迫阶级深深的恨。于是，他下决心寻找一条解放贫苦农民的道路。这大概是他立志献身于人民解放事业的重要原因吧！

毛泽东为穷苦百姓的命运，宁舍小家为大家，鼓励家人一个一个地走上革命道路。

1920 年冬天，毛泽东回家召开家庭会议。毛泽东说："我这几年不在家，家庭的情况变化怎么样？"他的弟弟毛泽民说："经济状态不如以前。父亲死前比较富裕，死后被抢过一次，家境一天不如一天。”毛泽东说：“这不是我们一家这样，国乱民不能安生啊！”毛泽东又问毛泽民打算怎么办，毛泽民说：“我当然听哥哥的了。”毛泽东说：“在国难当头、民族危亡时，要想到国家前途，想到大多数劳动人民的命运，不能只顾自己家，我们要舍小家为大家，舍自己为人民……”

在毛泽东的教育和影响下，全家都先后走上了革命道路。他的弟弟毛泽民、毛泽覃，妹妹毛泽建，妻子杨开慧，大儿子毛岸英，侄子毛楚雄等亲人皆为革命献出了宝贵的生命。

中国人民的儿子

邓小平说：“我是中国人民的儿子，我深情地爱着我的祖国和人民。”

20世纪80年代初，邓小平已是世界上最具有影响力的政治家之一，

改革开放初期，邓小平提出“社会主义也可以搞市场经济”，并带动一部分人先富起来。图为1992年南方视察中的邓小平

当英国培格曼出版公司准备出版他的文集并请他作序时，他满怀深情地写道："毛泽东主席说过这样的话：'国际主义者的共产党员，是否可以同时又是一个爱国主义者呢？我们认为不但是可以的，而且是应该的。'我荣幸地以中华民族一员的资格，而成为世界公民。我是中国人民的儿子，我深情地爱着我的祖国和人民。"邓小平强烈的民族自尊心、自信心充溢于《序言》的字里行间。他说："中国人民将通过自己的创造性劳动，根本改变自己国家的落后面貌，以崭新的面貌，自立于世界的先进之列，并且同各国人民一道，共同推进人类的正义事业。"

热爱人民，是邓小平一生最深厚的情感寄托。他从对人民的挚爱，延伸到对党、对祖国的挚爱。他说过："我的生命是属于党、属于国家的。"这质朴的语言，集中表达了邓小平对党、对祖国、对人民的大爱。

爱祖国、爱人民，是最深沉、最有力量的情感，是博大之爱。习近平总书记在纪念邓小平同志诞辰110周年座谈会上的讲话中指出，我们纪念邓小平同志，就要学习他对人民无比热爱的伟大情怀。我们要学习邓小平同志对祖国、对人民的深情大爱，始终为人民利益而奋斗，任何时候任何条件下都忠于祖国、忠于人民，脚踏实地践行党的宗旨，把自己的一生交给党和人民，为党和人民事业鞠躬尽瘁、死而后已。

和人民息息相通

朱德的一生是光辉的一生，是波澜壮阔的一生。朱德同志参加革命近70年，经历了旧民主主义革命、新民主主义革命、社会主义革命、社会主义建设几个历史时期，经历过许多磨难和险境，为中国人民解放事业和社会主义建设事业建立了不朽功勋，深受全党全军全国各族人民爱戴和崇敬。朱德终生热爱人民，和人民息息相通、血肉相连，忠诚地为

在井冈山时，朱德也跟战士们一块儿去挑粮。他穿着草鞋，戴着斗笠，挑起满满的一担粮食跟大家一块儿爬山

人民服务。毛泽东同志称赞朱德同志是“人民的光荣”。这是党对朱德同志的最高评价，这是人民对朱德同志的最高评价。

下马拉麦

1939年夏的一天，一队八路军从一个村边走过，营长骑着马走在前面。这时，一位老大娘艰难地背着一大捆麦子从对面走来，与营长擦身而过，营长仍骑在马上，昂着头往前走。朱德正好路过，看到这一幕，他略带怒气地上前拦住马头，问那个营长：“你担任什么职务？”营长上下打量面前这个拦路人，灰军装已洗得发了白，戴的单帽子也是用棉帽改制的，以为是个老战士，就不在意地说：“我是营长。”朱德又问：“你现在的任务紧不紧？”营长望着这个表情沉重、态度严肃的老同志，仿佛感觉到什么，连忙跳下马来说：“不十分紧。”朱德听后，用手指着老大娘说："那么，用你的马套个车，替老大娘把麦子拉回去！"营长这才明白自己错了，红着脸帮老大娘把麦子拉回了家。事后他才知道那位拦马批评自己的老同志是朱总司令。

1942年的一天，朱德骑马从15里远的桥儿沟回延安。路上，看到一位老大爷背着一口袋粮食吃力地走着。朱德赶忙跳下马来，走到老大爷身边，亲切地说："老乡，你年纪这么大了，背东西太吃力了，来，把口袋放到马上给你驮着。"说完，也不等老大爷说话，就和警卫员把粮食抬到马鞍上，自己和老乡一起步行。路上，老大爷觉得这位和蔼可亲的首长很面熟，好像在哪里见过，可是又想不起来。于是，便走到警卫员身边，悄悄地问道："这位首长是谁呀？"警卫员小声告诉了他，老大爷这才恍然大悟，原来让马驮粮的就是朱总司令。

推碾连心

1939年，朱德住在武乡县砖壁村。在他住房的窗后，有一盘大石碾。一天，朱德处理完各处送来的文件，又去找老乡们谈心。刚一出门，看见一个干瘦的老头在吃力地推碾子碾谷面，他便走过去帮助老人推起来。老人见是总司令，连忙阻止。朱德不但没有歇手，还和那位老人攀谈起来。当他知道这位老人也是八路军的基本群众后，又同老人聊起打日本、求解放的一些事情，老人越听越有劲。后来老人凡要碾什么粮食都要到这里来，有意找朱德攀谈。没多久，村上的人知道了这件事，也都来这里推碾子。朱德便利用这一时机，向广大群众宣传革命道理，鼓励他们排除困难、积极生产，支援八路军打鬼子。

几个月里，朱德一有空就帮助老乡们推碾子。这碾子成了一个连心锁，把共产党、八路军和广大人民群众紧紧地连接在一起。后来，乡亲们编了这样一首歌谣："砂石碾，轱辘辘转，总司令帮咱推碾杆；碾米轧面讲抗战，贴心话儿堆下一碾盘。"

给上海人民的“见面礼”

陈毅一生中指挥过许多战役。1949年解放上海是他军事生涯的最后一仗，也是他所遇到的最特殊的一次战役。当时的上海有600万人口，7万家工厂商店，高楼大厦林立。国民党守军号称30万，他们在市区大楼上架起了枪炮，在市郊构筑4000个钢筋水泥军备工事，3000座美式活动碉堡……要真在市区打开了，岂不把上海打得稀巴烂？怎么打法？

一道严格的命令从总前委下达到各个部队：攻击市区，不准开炮，不准爆破，不准使用任何重武器。为此，部队从军长到战士展开了讨论：如何完整地保存上海？

陈毅还是不放心。这天，他亲自到一个连队去参加讨论。果然，一个圆圆眼睛的憨小战士说：“子弹不长眼睛，城里人口又密，怕是难免要

上海市民冒雨走上街头，与入城战士热烈握手

1949年5月27日，解放军严格遵守城市政策，不住民房，露宿街头，这被后人称作“解放军送给上海人民的第一份厚礼”

伤着点群众。”陈毅严肃地对大家说：“难免要伤害的思想千万要不得。人民利益比天高，就是说，比我们自己的生命还高。要牢记这一条！”陈司令员的话深深地烙在战士们的心上。为了完整地保护好上海，陈毅将打上海比喻为“瓷器店里打老鼠”。

部队进驻上海后要住在哪里呢？陈毅找来“城市政策组”的同志，要他们起草一份“入城守则”，里面专门写上这样一条：部队没有找到营房之前一律睡马路。干部们热烈地讨论着这条规定。有人想不通：“下大雨怎么办？”“战士生病了，进去要点水喝也不行吗？”陈毅听了汇报，斩钉截铁地说：“不行！这一条定要无条件执行。说不入民宅，就是不准入民宅，天王老子也不行！这是我们人民解放军给上海人民的‘见面礼’！”

总前委经过讨论完全肯定了这条规定，并报告了中央，毛泽东主席在报告上批示：“很好很好很好很好！”

经过16天激战，1949年5月27日上海解放。解放时的上海依旧保持了“东方明珠”那美丽耀眼的光芒。解放军进城后，没有去打扰市民们，他们很安静，很守规矩……

早上，市民们推门出来，首先看到的是，蒙蒙细雨中，战士们一个个抱着枪和衣睡在路边上，被战火熏黑的脸上，虽透着疲乏却很安详。“解放军同志，吃杯热茶吧！”市民们纷纷热情地送来水瓶、碗筷，然而战士们个个嘻嘻地摆着手，谢绝了。

陈毅笑了。战士们是好样的！这就是送给600万上海人民的“见面礼”啊。中国香港、西欧和北美各国的报刊上，很快出现了人民解放军在十里洋场露宿街头的照片。

上海中山医院的老院长沈克非，这位并不“亲共”的教授目睹了这一切，终于吐出这么一句话:“国民党回不来了！”

谢人民之恩，以涌泉相报

邓小平经常教育部队全心全意为人民服务，一切为人民的利益着想。1943年1月，邓小平在关于《五年对敌斗争的概略总结》报告中说:“人民是一切的母亲，是对敌斗争一切力量的源泉。”

母亲最值得儿女尊重、孝敬的地方，是她的养育之恩。邓小平说“人民是一切的母亲”，因为是人民养育了我们的党，是人民养育了我们的军队，是人民养育了我们的党员干部，是人民养育了我们的政府。

人民的养育之恩，在革命战争年代，显得尤为明显。在极其困难和十分险恶的环境下，离开了根据地的人民，我们的党和军队就寸步难行，甚至无法生存，更谈不上成长、发展和壮大。

首先，是人民为我们的党和军队提供了物质生活的保障。在战争年代，共产党及其领导下的军队闹革命，一切的吃、穿、住、用都来自人民的支援。每到一地，人民把最好的房子腾出来给军队住，把生产的粮食源源不断地送往前线。老百姓送军粮、做军鞋的热潮此伏彼起。一旦离开人民，我们的党和军队犹如幼儿失母断了奶一样，只能被困死、饿死。我们的党和军队是人民用小米喂出来的。

其次，我们党的队伍和军队都是来自人民的子弟。人民把最好的儿女送到部队，输送到革命队伍。送子参军、送夫入伍的动人场面至今还使人们记忆犹新。正因为这样，我们党的队伍和军队才得到了不断的补充和壮大。离开了人民，我们的党和军队就成了无源之水、无本之木。

最后，是人民用各种方式掩护和保护了我们的党员、干部，保护了我们军队的战士和伤病员。人民冒着被敌人枪毙、杀头的危险，千方百计地掩护共产党员，保护革命干部。有多少老百姓为此死在敌人的屠刀下。那时有不少受伤战士都是住在老百姓家里，经过老百姓的精心照料后重返了前线。有的伤病员昏倒在荒山丛林之中，年轻妇女顾不得害羞，用自己的乳汁救活了我们的战士。“沙奶奶”式的人物在中国何止千百万，沂蒙红嫂明德英就是其中之一。

明德英出生于贫苦农民家庭，两岁时因病致哑。全国抗战爆发后，她在家乡目睹了共产党八路军坚持抗战、一切为了民众的实际行动，从

左为明德英

而对共产党八路军怀有深厚感情。1941年冬，大批日伪军包围了驻沂南牧马池村的八路军山东纵队司令部。11月4日，八路军一名小战士在反“扫荡”突围中身负重伤，被明德英机智救下，并为他包扎伤口。搜捕的日军走后，伤员因失血过多，缺水休克；在周围没有水源的情况下，正在哺乳期的明德英毅然用乳汁救活了伤员。随后，她又和丈夫李开田倾其所有，收养伤员半个多月，使其康复归队。1943年，她又从日军的枪林弹雨中抢救出八路军山东纵队军医处香炉石分所13岁的看护员庄新民。明德英救护八路军战士的情节，后被写入小说《红嫂》，编入京剧《红云岗》、舞剧《沂蒙颂》。沂蒙红嫂用乳汁救伤员的故事随之传遍全国，家喻户晓，明德英也被公认为沂蒙红嫂的生活原型，赢得了人们的敬重和爱戴。新中国成立后，她仍不忘爱党爱军，先后把儿子、女儿、孙子等送入子弟兵行列，体现了爱党爱军的沂蒙精神。国防部原部长迟浩田上将在探望她时，题词“蒙山高，沂水长，好红嫂，永难忘”。

尤其值得一提的是，我们党的许多高级干部，其中不少都是在人民的保护下才得以幸存的。例如，新中国成立后担任国防部副部长的王树声大将，就是在遇难时被一位湖北老大娘以牺牲自己的儿子作代价而救下来的。

那是在1928年5月的一天，周大娘劳累了一天，刚准备休息，就听见有人敲门，开门一看，是王树声。王树声认识周大娘，就躲进屋子，说自己正被白军追捕。

就在这时，白军也进了村子，在街上大声喊：“一定要活捉王树声，赏大洋二百块！”

白军开始在张店街村里搜查，可搜了一圈也没发现王树声，白军头目就把村里老百姓都叫了出来问话。

在村头打谷场，白军头目威胁老百姓说：“只要交出王树声，赏大洋一百块！不交人，就把村里所有人全部杀掉！”

这时，周大娘站了出来，说：“我知道王树声在哪儿，我带你们去

王树声

抓人。”

几十个白军跟着周大娘到了她家门口，周大娘说王树声身上有枪，吓得白军不敢进屋，周大娘又说：“你们在门口等着，我把王树声骗出来，你们再抓他。”

周大娘进了屋，拉起正在睡觉的儿子政道就往外走，王树声突然明白了周大娘的用意，赶紧阻止。周大娘说：“没事，把你政道大哥交出去，你赶快跑，到时白军知道抓错了人，最多把他打一顿，不碍事。”

王树声听周大娘说得有理，也没多想，就赶紧从后门跑了。

周大娘把政道交给白军后，像没事人一样回家了，但是她万万没有想到，白军以为真的抓到了王树声，也没有仔细审问，第二天就把政道给杀了。周大娘得知后，哭得死去活来。

后来，王树声也知道了这事，对周大娘母子俩非常愧疚，但因当时形势险恶，王树声也没时间回去找周大娘，一晃就是20多年过去了。直到1951年，王树声才终于回到了张店街村。王树声除了视察工作、慰问革命老区群众，此行还有一个目的，就是希望能找到一位老太太——周大娘。

但是，王树声找遍了麻城县的各个老区，始终都没有找到这个老太太的下落。有人说，老太太早就被白军杀死了；还有人说，老太太逃到外乡避难去了。

王树声心情很沉重，他刚刚知道，老太太除了长子牺牲外，还有两个参加革命的儿子也都牺牲了。这让王树声更加坚定了决心：即使老太太不在人世了，也要去老太太的坟墓前看看，感谢老太太当年对自己的救命之恩。

这天，王树声正在张店街村开会，警卫员突然进来，说有个老太太点名要见他。王树声大喜，忙问是不是姓周。警卫员说没问，因为怕她对王树声有什么危险，就没让她进来。老太太还在河边等着呢。

王树声很生气，说："你怎么可以这样对待为革命作出贡献的大娘！"

说完，王树声会也不开了，三步并作两步赶到河边，果然看见河对岸有个老大娘在等着。王树声仔细看了看，瞬间泪如泉涌——没错，这就是他苦苦寻找多年的周大娘！

王树声顾不上脱鞋，穿着皮鞋就蹚过了河，来到周大娘面前，扑通一声跪在地上，哭着说："娘，你还认识我吗？"

周大娘的眼睛几近失明，本来没认出王树声，但王树声说出自己的名字后，周大娘一下子哭了，搂着王树声紧紧不松开。

周大娘哭着说："可找到你了，树声侄子。"

没想到，王树声却拒绝了周大娘对自己的这个称呼，说："以后我就是你的儿子，你就叫我政道吧。"

不提"政道"还好，一提"政道"，周大娘的泪水更是止不住了……

政道，就是周大娘的长子，当年王树声的命就是政道换来的。

此时的周大娘，三个儿子都已经牺牲了，孑然一身；王树声就把她当成自己的母亲，一直奉养她到去世。

党除了工人阶级和最广大人民的利益，没有自己特殊的利益。共产党只有为人民谋利，才能得到人民的拥护；人民是共产党的母亲，失去了母爱，得不到人民的支持和拥护，共产党将一事无成。

人民好比土地，共产党人好比种子，只有扎根于人民的沃土之中，才有生存、发展的光明前景。

马克思说过一句格言：人只有为自己同时代人的完善，为他们的幸福而工作，他才能达到自身的完善。共产党人要与人民同甘共苦，想人民之所想，急人民之所急。要心系老百姓，心中装人民，为人民办实事，做人民的公仆；要以人民利益至上，把自己的毕生精力献给人民。

| 第五篇 |

要为人民做实事

习近平不到16岁到黄土地时，曾一度迷惘、彷徨；22岁离开黄土地时，已经有了坚定的人生目标——“要为人民做实事”。他告诫党员干部，要拎着乌纱帽为民干事，不要捂着乌纱帽为己做官。

“为人民做实事”是共产党人的崇高信仰和执着追求，我们要带领人民披荆斩棘，搏击贫困、艰苦创业，要树立“革命理想高于天”的坚定信念，以“人一之我十之、人十之我百之”的拼搏精神，矢志不移、克难奋进，推进精准扶贫，让人民过上更加富裕幸福的生活。

“平民书记”

“千万要记住政府前面的‘人民’两字。”“群众在干部的心里有多重，干部在群众心中就有多重。”“要始终与人民心心相印、与人民同甘共苦、与人民团结奋斗。”……习近平总书记在不同时期、不同场合，用朴素的语言表达着他对人民的挚爱。

心里装着人民、时刻想着人民、讲话贴近人民、奋斗为了人民——习近平总书记的人民情怀，来源于他饱尝艰辛的特殊成长经历。

从1962年起，年幼的习近平由于受作为中共元老的父亲习仲勋冤案的牵连，遭到歧视。在“文革”中，他受过批斗，挨过饥饿，流过浪，甚至被关押过。

1969年初，不满16岁的习近平主动申请到陕北农村插队，来到了延川县文安驿公社梁家河大队。到梁家河后，由于窑洞里跳蚤特别多，他被咬得浑身是水疱，只得在炕席下撒农药粉来灭蚤。

那些年，习近平几乎没有歇过，种地、拉煤、打坝、挑粪……什么活儿都干过，什么苦都吃过。在乡亲们眼中，能挑一二百斤麦子走10里山路长时间不换肩的习近平是个“吃苦耐劳的好后生”。“干活不惜力”“有知识、点子多”的他，逐渐赢得乡亲们的信任，不但入团入党，还担任了大队党支部书记。

黄土地的生活虽然异常艰苦，但也成为他成长、施展才干的第一个舞台。为增加农田面积，寒冬农闲时节，他带领乡亲们修筑淤地坝，每次都带头赤脚站在冰中凿冰清理坝基。他组织村里铁匠成立铁业社，打造的农具既能自给自足，又能卖到附近村庄增加集体收入。他在报纸上看到四川在搞沼气，就跑去取经，回村修建了陕北第一口沼气池，带领村民建成了全省第一个沼气化村，解决了村民做饭、照明困难。他把村里分配给知青的白面馒头分给乡亲们吃，自己吃糠窝窝。北京曾奖励给知青先进人物一辆带斗的三轮摩托车，那时在当地是十分稀罕的，他却设法换成手扶拖拉机和磨面机、扬场机、抽水机等农用工具给乡亲们用。

习近平在梁家河还先后办起了缝纫社、磨房、菜园。磨房的钢磨是习近平用三轮摩托车换来的。这辆摩托车是北京支援延安的，延安把它分配给延川，延川县又作为奖品奖给了习近平，还有一辆吉普130工程车奖给了孙立哲。人们没有想到的是，习近平觉得三轮摩托车不实用，就设法换成了钢磨、手扶拖拉机。

让人们感受最深的还是磨房建成后带来的好处。

以前村里人都是用石磨磨面。毛驴拉磨，一个人又得用笤帚往磨眼儿里面扫，又得忙着罗面，费时费力，半晌也磨不出多少面。

“机器这东西厉害，一百头毛驴也比不上它。”一台柴油机带动的磨面机，只需要一个人来操作，就把整个村子磨面的活儿都干了，又快又好。“这样，人力解放了，连毛驴也解放出来了，这些解放出来的生产力，都可以投入农业生产中。”石春阳说。

那个年代，农民靠工分养活自己。工分就是钱和粮。梁家河办起铁业社、代销店、缝纫社后，工分就变成“虚拟货币”，社员可以用工分换衣服、农具、日用品，甚至可以对冲抵账。这种内部搞活，对缺钱的群众来说，无疑是十分便利的。

习近平还带领社员打了一口甜水井。在陕北农村，人们通常在河边挖个渗水坑作为饮用水源。这样的渗水坑当地老百姓叫“泛水井”，人畜共用，很不卫生。要命的是一旦山洪暴发，泛水井就会淤满污泥，村民无水可吃。习近平跟村民商议，在村子中央一块较高的地方打一口水井。梁家河人回忆说，井挖到一米深的时候，需要人下去，习近平每次都抢着干，井挖好之前他就没穿过干净衣服。

现在梁家河家家户户使用的自来水，就来源于这口井。

梁家河很多人不识字，只知道受苦。习近平引导大家从武晖身上看知识对于一个人产生的影响。

在支部开会的时候，习近平说：“咱们大队像武晖这样想学习的人可多呢。年轻人如果不识字、不学习，以后是没有出路的。我们办一个扫盲班，把大家组织起来学习吧。”

这个提议得到了大家的拥护，社员们都积极参与。扫盲班很快就办起来了。习近平跟大家约定，晚饭后和下雨不出工的时候，就是扫盲班的上课时间。

习近平做了一些卡片，在上面写上简单的数字，如一、二、三、四……，从认识这些数字开始，逐渐教一些常用汉字，如大、小、多、少、前、后、左、右……，等村民把这些字学扎实了，再教更多的字。他的目标是让每个梁家河人都认识最常用的汉字，越多越好。

“拉话”也成了课堂。说到中外历史、人文地理，习近平是主讲；拉起趣闻逸事、民间传说，社员当主讲。

“你别小看这一村的人，也是人才济济，给他们场合，给他们环境，都是‘人物’。”习近平说，“他们有很多让我敬佩之处。”在梁家河，许多人就是从那时开始喜欢上了看书。

尽管学业中断了，但习近平对知识的渴望始终如一，读书自学不辍。下乡来梁家河时，他随身带了沉甸甸的一箱书。白天干活，劳动休息时在看书，放羊时也在黄土高坡上看书……到了晚上就在煤油灯下苦读到深夜。在村民的记忆中，习近平经常边吃饭边看“砖头一样厚的书”。

1975年，习近平被推荐到清华大学读书。离开的那天，全村人排起长队为他送行，很多人不舍地哭了，不少村民送他走了一程又一程。老乡们还送给他一个镶着“贫下中农的好书记”的镜框，表达对他的由衷赞誉。

在送习近平上大学时，梁家河村民和习近平的合影（前排中为习近平）

离开陕北后，习近平始终牵挂着那里的乡亲们。他先后帮村里通了电、修了桥、翻建了小学。任福州市委书记时，他专程回到梁家河挨家挨户看望，为贫穷老人带去了慰问金，给孩子们带去了新书包、文具和用来提醒上学时间的闹钟。他任福建省领导时，还把身患重病的农民朋友接到福建治病，自己掏钱支付全部费用。

7年的农村生活、7年的甘苦与共，这段与黄土高原纯朴乡亲摸爬滚打在一起、同吃同住同劳动的岁月，不仅让习近平和当地老百姓结下了深厚情谊，也使他深切了解到什么是中国的农村、什么是老百姓的喜怒哀乐、什么是中国的基本国情。他对人民的深情和对脚下这片土地的担当，深深融到他的人生追求之中。

他曾坦诚地说，在他的一生中，对他帮助最大的“一是革命老前辈，一是我那陕北的老乡们”。不到16岁来到黄土地时，他曾一度迷惘、彷徨；22岁离开黄土地时，他已经有了坚定的人生目标——“要为人民做实事”。

1979年从清华大学毕业后，习近平到国务院办公厅、中央军委办公厅工作。1982年，当一些年轻人开始下海经商、出国留学的时候，他却主动放弃北京的优越条件，来到河北正定县任职。这个县1981年人均收入不到150元。刚开始，不少人对这个初出茅庐的年轻县委副书记将信将疑。低调务实的他，住在办公室，吃在大食堂，和大家一起排队打饭，一起蹲在树下吃饭聊天，并总是骑着自行车往乡下跑，深入老百姓当中拉家常、问寒暖，很快就和大家打成一片。

群众，在习近平心中有最重的分量。基层，是他去的最多的地方。

1988年，习近平到福建宁德担任地委书记。宁德是当时中国18个连片贫困地区之一。为跑遍这里的乡村，他经常一连数日坐着吉普车在崎岖的山路上颠簸，常常颠得连腰都直不起来，有时腰疼得一时下不了车。在不通公路的偏远山区，他就踩着泥泞湿滑的危险山路步行进去。其中有个乡叫下党，他从早上7点半走到中午12点多才进到乡里，受到最为热情隆重的欢迎，乡里百姓说他是“到过这里最大的官”。他推动改造了几千村民世代居住的茅草房，为祖祖辈辈漂泊海上的船民在岸上修建了住房，使他们可以下海打鱼、上岸居住，安居乐业。

在宁德时，他提出信访接待下基层、现场办公下基层、调查研究下基层、政策宣传下基层的“四下基层”要求。到福州后，他建立了领导干部下访接待群众制度，走遍福州五区八县。他曾经带领福州市区领导，两天接待逾700位来访群众，当场拍板、限期解决近200件问题。后来他又在浙江大力推行这项制度。他说，“下访接待群众是考验领导干部能力和水平的大考场，来访群众是考官，信访案件是考题，群众满意是答案”。2003年9月，他带着浙江省三级主要领导，到问题多、矛盾集中、群众意见比较大的浦江县接待来访群众，并明确要求预先告示、广而告之。以浦江下访为序幕，浙江全面开展了领导干部下访活动，全省各级普遍建立了领导下访的长效机制。

2005年春节前夕，习近平来到长广煤矿浙江矿区，乘罐笼下到近千米的井底，弯腰弓身沿着低矮狭窄的斜井走了1500多米，来到采矿点看望慰问在井下采煤的工人。

习近平很重视通过新闻媒体同群众进行交流。他曾以“哲欣”为笔名在《浙江日报》专栏上发表了232篇短论，以平等交流的语气及时回答现实生活中群众最关心的一些问题，浅显易懂地讲道理，很受欢迎。群众说这是“用大白话，谈大问题”。

习近平待人宽容厚道，但在涉及群众利益的大是大非面前，又非常坚持原则。他常说，要拎着乌纱帽为民干事，不要捂着乌纱帽为己做官。在宁德清查干部违规私建住宅时，针对干部存在的一些为难情绪，他严厉批评，拍案而起：我们是得罪几千名干部，还是得罪几百万群众？ 主政浙江时，他大力推进干部作风建设，一年时间里，有许多干部就因为不作为而受到处分。

习近平又是一位很有人情味的领导。他不忘师恩，每逢过年都会给老师送上问候和祝福；他尊老爱幼，在正定时把县里第一辆小卧车让给老干部用，还特地设立了老干部病房和活动室；在福州时他长期资助家庭困难的孩子读书，直到他们走上工作岗位。

多年不变的深耕基层、踏实亲民的作风，使习近平在广大老百姓中赢得“平民书记”的赞誉。他说：“对于我们共产党人来说，老百姓是我们的衣食父母。要像爱自己的父母那样爱老百姓，为老百姓谋利益，带老百姓奔好日子。”

党员干部要有为民办实事的初心

在党的历史上，不乏为民办实事的好党员好干部，例如黄克诚在危急关头，“先让老百姓过桥”。

1943年春节前，日伪军集结数万人马，疯狂地向苏北抗日根据地发动围攻，妄图将活跃在这个地区的新四军一网打尽。为暂避敌人的锋芒，黄克诚率领三师师部，决定从黄河南撤到河北，跳到敌人合击圈外开展斗争。过河时，一些指战员刚从用几十条小木船架起来的船桥上通过，追赶的敌人就逼近了，并不断朝这个方向开枪打炮。军情紧急，部队必须加快过河速度。

1943年，黄克诚（左二）在苏北

正在这时，附近村庄的数百名老百姓慌慌张张地拥到了河边，乱哄哄地急着过河逃难。但船桥只有一座，而且只能一个人一个人地单行通过。此时，敌人的枪声越来越密，越来越近，炮弹已经打到了河里。怎么办？人多，桥窄，时间紧，危险大。就在这万分危急的时刻，黄克诚站在河南船桥口上，大声向正在过桥的部队命令道：“部队停止过河，先让老百姓过桥！”而后，他镇定自若地站在岸边，亲自指挥部队让路，组织指战员帮助老百姓过桥，直到最后一个安全通过，才下达了部队继续过桥的命令。

左权雨夜救老乡。

左权，是中国共产党在抗日战场上阵亡的最高级别将领，周恩来称

左权

他“足以为党之模范”，朱德赞誉他是“八路军最优秀的将领之一”，“中国军事界不可多得的人才”，毛泽东称赞他“吃的洋面包都消化了，这个人硬是个‘两杆子’都硬的将才”。左权不但将才了得，还有一颗时刻想着老百姓的心。

左权出身于贫苦农民家庭，知道贫苦大众生活的艰难，总是心中想着人民群众，急民之所急，以民心为己心。1941年6月的一天深夜，八路军副参谋长左权刚刚和衣躺下，忽然一阵雷声把他惊醒。他霍地跳下床来，打开窗子，借着闪电的光亮看到，暴雨像天塌了似的倾泻下来，不一会儿，院里的积水就白茫茫的一片。

左权急忙关上窗户，打开门，连裤子也顾不得换就往外跑。警卫员看见了，赶忙阻拦说：“参谋长，下这么大的雨，出去危险呀！”暴风雨中传来了左权坚定的声音：“下这样的暴雨，老乡家里更危险啊！”

暴雨打得他睁不开眼，路滑得站不住脚，不小心就有栽倒的危险，然而他并不顾及这些，蹚着很深的积水直奔可能出危险的几户老乡家。

他刚迈进邢小女家的门栅就听见孩子哭，大人叫。原来，雨水已淹没了小女家的土炕，被褥都没在水里，小女蹲在炕角，两个孩子搂着她的脖子哭。左权见状，二话没说，大步跨过去，抱起了小女的两个孩子，催着小女急急忙忙往外冲。他们几个刚冲出院子，小女的那间小草房就“扑通”一声塌倒了，小女孩望着参谋长，嘴唇颤抖着说：“多亏参谋长的关心啊！要不是您，俺娘仨就被砸死在屋里了！”

左权迅速把三个人安置好，又急忙向另外几户人家奔去了。这天夜里，他整整忙了一宿。

陶铸“更爱天下穷苦人”。

1947年冬的一天，东北战场上下着鹅毛大雪，陶铸与独生女儿亮亮在路上行走。路上他们碰见一位老乡怀里抱着孩子。陶铸看到那孩子穿得很单薄，嘴唇都冻紫了，便连忙把女儿亮亮身上的小羊皮袄脱下来给老乡的孩子披上。

老乡十分感动地说："你把皮袄给我孩子，你的孩子穿什么？"陶铸说："老乡，你就收下吧！眼下正在打仗，条件比较艰苦，等打垮了国民党反动派，就都过上好日子了。"说完，就把自己的大衣裹在女儿亮亮身上，继续赶路。

幼小的亮亮看到母亲从远方给自己寄来的唯一暖和的皮袄被脱去了，不解地问："爸，您干吗把皮袄给别人呢？难道您就不爱我吗？"

陶铸抚摸着亮亮的头说："爸爸疼你，爱你，可爸爸也爱天下穷苦人。爸爸参加革命，就是为了解放穷苦人，不再让他们挨饿受冻啊！"

陶勇不但爱穷苦人，为解放穷苦人去革命斗争，而且把自己当作普通百姓，从不摆官架子，脱离群众。

同陶勇将军一块战斗过的同志，都发自内心地佩服他密切联系群众的本领，说他不管走到哪里，都能很快得到驻地人民群众的信任和拥护。对此，陶勇深情地这样讲道："我哪有什么本领？环境这样艰苦，老百姓凭什么跟我们走？你实实在在为群众办事，群众就喜欢你，拥护你；你在群众中作威作福，群众就讨厌你。关键是你要把自己当作普通群众！"

的确是这样，关心群众疾苦，为群众办实事，正是陶勇善于做群众工作、能同群众打成一片的根本原因所在。1946年春天，时任新四军纵队司令员的陶勇，率领部队来到江苏盱眙地区整训。当时，这个地区因长期遭受日、伪、顽的劫掠，

陶铸（左）和曾志（右）、陶斯亮（中）

群众生活困苦不堪，绝大多数人家都断了炊烟，有些人已被饥饿夺去了生命。面对这种情况，陶勇心急如焚，立即组织部队开展节粮、献金运动。他激动地给部队作动员说：“人民群众的困难，就是我们的困难，我们是人民的子弟兵，决不能眼看着父老乡亲在我们的驻地挨饿！”随后，他带头将自己的全部津贴和衣物献出，甚至连自己身上穿的军大衣都脱下捐献了。这次部队开展的献粮献金运动大大缓解了驻地群众的饥荒，密切了军民关系。后来，部队要开走了，群众都依依不舍地挥泪夹道送行。在盱眙县的街道两旁，群众还以一种特殊的方式来表达对新四军的赞颂：家家户户门口，都放着一张有一面镜子和一碗水的桌子，以象征“共产党、新四军清如水，明似镜”。

李成芳最后一次为家乡老百姓做事。

十几岁参加革命的李成芳将军是陈赓帐下四大猛将之一。他不但身经百战，是不可多得的将才，而且历来视人民如父母，几十年如一日，勤勤恳恳地为人民工作。他被确诊患了肺癌以后，仍在时刻想着人民。

李成芳

1984年初的一天，武汉军区政委李成芳，拖着被无情的癌症折磨得异常虚弱的病体，乘专机从武汉飞往北京治疗。起飞前，他偶然听到这样一件事：红安县工程乡的农民李聚茂，按订货合同将400斤团鱼运往北京，但跑到火车站，得到的回答是10天之内没有货位；赶到飞机场，又失望地被民航拒运。就在他为拖延时日团鱼会死光违反合同而犯愁时，李成芳当即决定推迟起飞时间。李成芳告诉李聚茂：“你快去收拾收拾，两小时后起飞，我等你！”

在飞往北京的途中，出生于湖北省麻城县的李成芳，亲切地与李聚茂拉起了家常。交谈中，李聚茂向李成芳介绍了家乡的情况，并问："您能回去看一看吗？"李成芳用低沉的声音吃力地说："兴许，还有时间……"一旁的医生见了，赶忙递过药水，李成芳手不由己，颤抖得把接过来的药水洒了一身。李聚茂难过地说："您病得这么厉害，我不该打搅您。"李成芳马上打断了他的话："莫扯白，我又不是外人，算不算还是老乡嘛！"又说："这怕是我最后一次为家乡做事了。"李聚茂听了，心中油然生出一股暖流，非常感动。

一个月后，李成芳逝世的消息传到了故乡，故乡人民十分悲痛，他们给李成芳敬送了一个花圈，挽联上醒目地写道：好乡亲李成芳永生。

童陆生"愿把双手济人间"。

童陆生

1980年，蒙受冤屈达20年之久的童陆生将军平反了。当时，有人对他说："可惜，20年岁月耽误了。"可童陆生却十分平静地回答："我这20年没有白过，还是很有收获的。"说罢，他挥笔写道："弃武行医二十年，坚持学习不问天。请君莫笑余年老，愿把双手济人间。"

1960年冬，在"反右倾"运动中被错戴"右倾机会主义"和"阶级异己分子"帽子的童陆生被发配到北大荒的一个国营农场劳动改造。然而，把这样一位为人民的解放事业奋斗了几十年的老将军说成是"阶级异己分子"，农场工人们哪里会相信！童陆生一到农场，职工们就热情接近他，生活上照顾他，还请他讲革命故事。对此，童陆生非常感激，心想：这是多好的人民啊！同时，他也下决心要为农场职工干点事情。

当时，因北大荒冬天的温差变化较大，从外地来的工人不适应，患重感冒的人很多，并且还要到几十里外的嫩江县医院治疗。见此情景，童陆生便萌生了学医的念头。他托人从大城市买来医书，废寝忘食地钻研起中医来，经过一段时间的刻苦钻研和摸索，掌握了不少治疗方法，治病的效果越来越好，找他治病的人越来越多，不仅有农场的职工家属，还有附近的工人、农民。一个年近40岁的妇女，因宫外孕做了手术，医生说她失去生育能力，她很苦恼，亲属也很着急。童陆生只给她开了六七剂药，她就怀了孕，生了个胖儿子。全家人喜出望外，逢人便讲童老将军医术高明。有个小孩患了风寒症高烧不退，家里人急得团团转。童陆生药到病除，家长行90度鞠躬大礼向他表示感谢。 这样的事例多得讲不过来。这些都印证了童陆生的初心：愿把双手济人间。

用生命坚守初心和使命

在新时代扶贫攻坚的路上，无数党员干部坚守着共产党人的初心和使命，奉献着自己的青春和汗水，有的甚至献出了自己年轻的生命。他们璀璨的青春岁月，如流星般划过夜空，照亮黑暗中赶路的行人；他们的英名值得我们永远铭记，他们的事迹值得我们永远传颂。黄文秀就是这样一位用生命坚守初心和使命的青年共产党员。

2019年6月16日晚，电闪雷鸣、暴雨倾盆，一条从百色市通往乐业县的山路被突如其来的山洪淹没。广西百色市乐业县新化镇百坭村第一书记——黄文秀在驾车返回乐业的途中遭遇山洪，不幸因公殉职。她的一生，定格在芳华绽放的30岁。

黄文秀同志生前是广西壮族自治区百色市委宣传部干部。2016年她从北京师范大学研究生毕业后，回到家乡百色工作。2018年3月，黄文秀同志积极响应组织号召，到乐业县百坭村担任驻村第一书记，埋头苦干，带领88户418名贫困群众脱贫，全村贫困发生率下降20%以上。

习近平总书记对黄文秀同志先进事迹作出重要指示表示，黄文秀同志不幸遇难，令人痛惜，向她的家人表示亲切慰问。他强调，黄文秀同志研究生毕业后，放弃大城市的工作机会，毅然回到家乡，在脱贫攻坚第一线倾情投入、奉献自我，用美好青春诠释了共产党人的初心使命，谱写了新时代的青春之歌。广大党员干部和青年同志要以黄文秀同志为榜样，不忘初心、牢记使命，勇于担当、甘于奉献，在新时代的长征路上作出新的更大贡献。

黄文秀是北师大的硕士毕业生，主动放弃在大城市的工作机会，回到家乡革命老区百色。她选择到贫困村担任第一书记，把双脚扎进泥土，为群众脱贫攻坚殚精竭虑。问她为什么要回到贫困落后的老区工作，她说——

“我就是要回来的人。”

1989年出生的黄文秀性格开朗活泼，身上总是散发着一种热情阳光的感染力。

2016年毕业季，黄文秀处于人生十字路口，不少同学都在为找一个不错的就业机会操心。黄文秀也有许多选择，但她没有留恋都市的繁华，毅然回到革命老区百色，作为优秀选调生进入市委宣传部工作。

百色位于广西西部，自然条件较差，是广西脱贫攻坚的主战场之一。2018年3月26日，黄文秀响应组织的号召，到乐业县偏远的百坭村担任第一书记。百色市委宣传部干部科科长何小燕回忆：“单位就驻村工作征求她意见时，她毫不犹豫答应了。她父亲患癌症病重的事一句也没提，当时我们都不知道。”

有同学问过她，为什么要放弃在大城市工作的机会，偏偏回到贫穷的家乡？她回答：“很多人从农村走了出去就不想再回去了，但总是要有人回来的，我就是要回来的人。”

黄文秀为什么坚持要做那个“要回来的人”？

百坭村贫困户黄仕京问黄文秀：“大家都说你是北京毕业的研究生，你为什么到我们这么边远的农村工作？”

黄文秀说：“百色是脱贫的主战场，我有什么理由不来呢？我们党是切实为群众谋发展谋幸福的党，我是一名共产党员，这就是我的使命。”

黄仕京的一儿一女都在读大学，生活困难，黄文秀帮他的孩子申请了助学的雨露计划。黄仕京要求孩子在学校好好学习，积极争取入党。在广西医科大上学的女儿已经向组织递交了入党申请书。

了解黄文秀的人都说，她是一个懂得感恩的人。由于父母亲身体不好，家境贫寒，黄文秀通过国家的助学政策完成了学业；上大学后，她品学兼优，并积极向党组织靠拢，最终成为一名共产党员。

黄文秀在入党申请书中写道：“只有把个人的追求融入党的理想之中，理想才会更远大。一个人要活得有意义，生存得有价值，就不能光为自己而活，要用自己的力量为国家、为民族、为社会作出贡献。”

黄文秀的父亲理解女儿，也支持女儿的选择：“你入了党，就要为党工作，回到家乡做一个干干净净的人民公仆。”

爱美是女孩子的天性，投身扶贫事业后的黄文秀将自己的爱美之心悄悄地“藏”了起来。她北师大的师妹、南宁市第十八中学教师蒋金霖说，在北京读书时，文秀总把自己打扮得漂漂亮亮。但当了驻村第一书记，她就收起了漂亮的裙子，穿上运动装在山野村屯间奔忙，身上有一股浓浓的乡土气息。

这个爱笑的姑娘甚至没有时间考虑自己的婚姻大事。领导、同事多次关心她，热心人要给她介绍对象，她的回答是：“等百坭村的父老乡亲都脱贫了，我一定轰轰烈烈爱一回，让乡亲们做证婚人。”

脱贫攻坚：“我心中的长征。”

石山林立的百坭村是深度贫困村，全村472户中有195户贫困户，11个自然屯很分散，最远的屯距村部13公里，好几个屯都在10公里以上。

初到村里，黄文秀碰了“钉子”。

“我们这里穷了这么多年，真的能脱贫吗？”“你一个女娃，能行吗？”一些村民议论纷纷。黄文秀一开口就是普通话，敲贫困户的家门时甚至会吃“闭门羹”。好不容易进去了，打开笔记本，群众却不愿多说。

脱贫攻坚时不我待，必须尽快打开工作局面，黄文秀急得哭鼻子，晚上回到宿舍整夜睡不着。

要取得群众的信任，就要从内心把群众当亲人，急他们所急想他们所想，真正和他们打成一片。黄文秀请教有驻村经验的同事和村里的老支书，悟出了道理。很快，她改变了工作方法，到贫困户家不再拿着本子问东问西，而是脱下外套帮助扫院子干农活；贫困户不在家，她就去田里，帮他们摘砂糖橘、种油茶，一边干活一边唠家常；她不说普通话了，学着说方言……

贫困户黄邦旋想申请低保，因不符合纳入低保的条件，未能如愿，就不给黄文秀开门。一次不行，就两次、三次上门，黄文秀打起了“亲情牌”：“我也姓黄，我叫你哥吧。哥这么聪明、勤快，一定能奔小康。”

黄文秀耐心地做黄邦旋的思想工作：国家扶贫政策多得很，何必就盯着低保政策？靠低保只能解决基本生活问题，要脱贫还得加油干，不等不靠自己干出来才光荣。讲通了道理，黄邦旋脸上有了笑容。黄文秀帮助他争取到7000元产业奖补资金种水果，老黄一家顺利脱贫。后来，他们一直以兄妹相称。

53岁的贫困户韦乃情面对记者，泪水在眼里打转。老韦清楚地记得，黄文秀往他家里跑了12次，细心了解实际困难，分析贫困原因，商量对策，帮他申请扶贫贴息贷款种植了20亩油茶树，他家因此于2018年顺利脱贫。“她一心一意帮我，像我女儿一样！”

黄文秀周末经常不回家，走访了全村所有的贫困户，还绘制了村里的“贫困户分布图”，每一户的住址、家庭情况、致贫原因等，都一一标注在笔记本中。

群众从开始接纳黄文秀，到后来是打心眼里喜欢她、敬重她。一些人开玩笑说：“你这个女娃娃还真是难‘缠’得很哩！”

黄文秀到村民家走访，主动帮村民搓玉米

山路太远，黄文秀还不时要去镇里、县城开会，为了提高工作效率，她将私家车开到村里当工作车用。2019年3月26日驻村满一年，汽车仪盘表的里程数正好增加了2.5万公里，当天她发了一个微信朋友圈：“我心中的长征！”

黄文秀曾对朋友说：“长征中，战士死都不怕，在扶贫路上，这点困难怎么能限制我前行？”“作为驻村第一书记，不获全胜，绝不收兵！”

坚守使命：干出一片新天地。

扶贫之路充满艰辛。黄文秀白天走村串户遍访贫困户，分析致贫原因，晚上与“村两委”研究脱贫对策，制定工作方案全力推进。夜深了，她一个人孤零零住在村部一间不足10平方米的小屋子里。

她给村里的扶贫工作群取了一个响当当的名字——“百坭村乡村振兴地表超强战队”。

要实现精准脱贫，基础设施是关键。百坭村有5个屯交通困难，虽然多年前通了砂石路，但连年雨水冲刷，路面已破损不堪，雨季陡峭路段连摩托车都无法通过，不仅影响出行，而且制约产业发展。

黄文秀心急如焚。村干部记得，那段时间她带着“村两委”班子熬夜做方案、拿对策，到镇里、县里申请项目，扎扎实实组织实施。目前，两条路已经修好，其余3条已经列入乐业县2019年第一批财政专项扶贫资金安排。

没有脱贫产业就不能实现可持续发展。为了解决山里产业短缺问题，黄文秀带领村干部和群众学经验、找路子，立足当地资源，大力发展杉木、砂糖橘、八角、枇杷等特色产业，请技术专家现场指导，挨家挨户宣传发动，鼓励党员带头示范。

对接市场是实现贫困群众增收的关键环节。百坭村砂糖橘从500多亩发展到2000亩，为打通销路，黄文秀多方联系，把客商邀请到村里来，甚至在微信朋友圈发销售信息。云南、贵州等外省果商来到村里，一次性收购几万斤砂糖橘。大卡车一辆接一辆开进来，把村里道路塞得满满当当。

黄文秀还建立了百坭村电商服务站，2018年电商销售砂糖橘4万多斤，销售额22万元，种植砂糖橘的贫困户每户增收2500余元。

在黄文秀帮助下，村民黄美线贷款买了榨油机，做起了小型农产品加工，成功脱贫。黄美线伤心地说：“文秀有什么事都帮我，我脱贫了，她却不在了。多好的姑娘，多好的书记！”提起黄文秀，韦乃情这位壮族汉子红了眼眶：“前几天黄书记还来我家取走我孙子的住院报销材料，现在钱到账了，她却再也回不来了。”

黄文秀的奔忙带来了她渴望的收获，昔日的贫困山村发生了变化。2018年，百坭村88户贫困户实现脱贫，贫困发生率从22.88%下降到2.71%。

2019年6月14日，黄文秀穿着印有“第一书记黄文秀”的红色马褂，双手撑在黄土上，爬到河沟边查看暴雨冲毁的水利设施，当晚就组织村干部制定了抢修方案，计划回村后立即实施，不影响群众生产。

这是她在村里留下的最后背影。

忠于信仰："她是我们青年的榜样。"

6月22日上午，百色市殡仪馆，黄文秀的骨灰安放在鲜花翠柏丛中，上面覆盖着鲜红的中国共产党党旗。告别的人群中，一位瘦弱老人久久地凝望着上方的遗像，老泪纵横。他是黄文秀的父亲黄忠杰。

黄文秀生前最后发的朋友圈中，展示了她买给父亲的营养品。身患癌症的父亲明白，除了脱贫大事，女儿最惦念的就是他的安康。

经过两次手术的黄忠杰吞咽困难，但他说自己一定会坚强："我现在每天都努力吃东西。虽然很难吃下去，为了让文秀放心，我也要拼命吞下去……"

父亲曾这样对女儿说，没有共产党，我们家不可能脱贫。黄文秀选择回到家乡工作，他很欣慰，常常叮嘱她认真为党工作，为群众办事。面对前来慰问的干部，黄忠杰谢绝了慰问金："我们不能给党和国家添麻烦。这些钱，村里的扶贫用得上。"

父亲懂得女儿的孝心，对女儿帮他圆了第一个心愿而倍感自豪。老人家多年来都想"看看天安门"，黄文秀大学期间边读书边做兼职，省吃俭用存下路费，把父亲接到北京，帮助他实现了这个心愿。

然而，黄文秀没有机会实现父亲的另一个心愿了，老人家还想去韶山瞻仰毛主席故居。姐姐黄爱娟含泪说："妹妹请你放心，爸爸的心愿姐一定替你完成。"

望着手腕上的银手镯，黄文秀年过六旬的母亲悲痛不已。今年妇女节，黄文秀给妈妈买了这一礼物，手镯内侧刻着4个字"女儿爱你"。

黄文秀的同事、同学、朋友们都知道，这个懂事的姑娘深深地爱着她的父母和亲人。但是，作为第一书记，她心里始终装着村里的贫困群众，为了群众，她常常顾不上亲情。

蒋金霖说："文秀回到家乡参与扶贫是为了知恩反哺，她懂感恩，她对初心的坚守令人敬佩。”

陈月香和黄文秀同一批到乐业县的贫困村任第一书记。她们曾经在一起聊驻村工作心得，共同感受投身脱贫攻坚的艰辛，以及看到群众摆脱贫困的喜悦。陈月香回忆说，夜深人静时，黄文秀会拿起吉他，对着天空的繁星轻声唱几句自己喜欢的歌。

“文秀的生命正值芳华却戛然而止，令人无比伤痛。她坚守初心使命，用生命践行了一个共产党员对信仰的无比忠诚，无愧于‘时代楷模’的称号。”黄文秀的好友、曾经在百色凌云县上蒙村担任过第一书记的路艳说，“她是我们青年的榜样，将激励我们为党和人民的事业勇于担当作为。”

第六篇

让人民过上好日子

希望享受美好生活，企盼过上好日子，这是人心所想、人心所盼、人心所归。习近平总书记完全读懂并深刻理解了人民的这个心情与愿望。他说："我们的人民热爱生活，期盼有更好的教育、更稳定的工作、更满意的收入、更可靠的社会保障、更高水平的医疗卫生服务、更舒适的居住条件、更优美的环境，期盼孩子们能成长得更好、工作得更好、生活得更好。人民对美好生活的向往，就是我们的奋斗目标。"[①]这是习近平当选总书记后带领常委们与记者见面时的首次公开讲话，鲜明地宣示了他的庄严承诺。

在中国进入全面建成小康社会的决定性阶段，习近平总书记走到了中国政治舞台中央，接过了历史接力棒。他始终把人民对美好生活的向往这一梦想作为自己的梦想而不懈地奋斗着。他殷切希望人民过上好日子，他更特别关心贫困地区的人民尽快富裕起来，也和全国人民一样过上好日子。

党的事业与人民群众的利益

关心群众生活，让人民过上好日子，也是老一辈革命家坚定的信念。早在1934年1月27日，毛泽东就写过《关心群众生活，注意工作方法》一文。毛泽东指出："我们应该深刻地注意群众生活的问题，从土地、

① 《习近平谈治国理政》，外文出版社2014年版，第4页。

劳动问题，到柴米油盐问题。……一切这些群众生活上的问题，都应该把它提到自己的议事日程上。”①

党的事业与人民群众的利益是密切联系的，这不仅体现在我们党的宗旨是全心全意为人民服务上，也体现在党的事业离不开群众的支持上，而党的事业要取得群众的支持，就必须始终把关心群众生活作为重要的出发点和落脚点。

毛泽东指出：“革命战争是群众的战争，只有动员群众才能进行战争，只有依靠群众才能进行战争。”这明确指出党的事业与人民群众密不可分，在动员群众、依靠群众中形成党的凝聚力和战斗力。毛泽东进一步强调，要获得群众的支持，必须关心群众的生活，并举了正反两个方面的例子，加以论证。反面典型是汀州市政府。他们在做工作时，只管扩大红军和动员运输队，硬性摊派任务，对群众生活一点不理，而对群众有无柴烧、有无盐吃、有无房住、有无米吃等实际生活问题一点也不讨论，思想上不重视，工作自然推行不下去。结果群众不高兴了，会议也召集不起来了。正面典型是江西的长冈乡和福建的才溪乡。江西的长冈乡，青年壮年男子100个人中就有80个当红军。福建的才溪乡，100个人中有88个当红军。他们的工作之所以得到群众真心拥护，取得很大成绩，原因就在于他们懂得关心群众的生活，从群众的实际需要出发，和群众呼吸相通，关心群众痛痒，真心实意地为群众谋利益，解决群众的一切问题。通过正反两个方面的比较，毛泽东告诉我们关心群众生活是政治的、革命的大事儿，更是得民心、顺民意的工作。

党的力量源泉在人民，党的凝聚力来自人民。革命战争年代，正是因为群众对我们党的信任和敬仰，才有了“最后一粒米拿去做军粮，最后一尺布拿去做军装，最后一个娃送去上战场”的强大支持力。在建设和改革时期，我们党始终牢记宗旨，发动群众、组织群众取得了不断成功。

---

① 《毛泽东选集》第1卷，人民出版社1991年版，第138页。

“我们奋斗了几十年，就是为了消灭贫困”

作为第二代中央领导集体的核心邓小平，也同毛泽东一样关心群众生活，强调要让人民过上好日子，享受美好生活。

邓小平说过，“我们奋斗了几十年，就是为了消灭贫困”。要使人民过上好日子，必须靠生产力的发展。但是，新中国成立后的很长一个时期，由于忽视发展生产力，人民的日子过得并不宽裕，差不多都是过紧日子，正如邓小平说的：“我们干革命几十年，搞社会主义三十多年，截至1978年，工人的月平均工资只有四五十元，农村的大多数地区仍处于贫困状态。”邓小平看到我们的人民还没有能够过上好日子，深感不安，也很焦虑：“国家这么大，这么穷，不努力发展生产，日子怎么过？我们人民的生活如此困难，怎么体现出社会主义的优越性？”

邓小平认为，“我们是社会主义国家，社会主义制度优越性的根本表现，就是能够允许社会生产力以旧社会所没有的速度发展，使人民不断增长的物质文化生活需要能够逐步得到满足。……我们一定要根据现在的有利条件加速发展生力，使人民的物质生活好一些，使人民的文化生活、精神生活好一些”。

在大力发展生产力的前提下，给人民以更多的实惠，改善人民的物质文化生活，使人民的日子过得好些，这是历史唯物主义的根本要求。长期以来，“实惠”二字被看作庸俗的唯物主义，在一些自称为“马克思主义者”的人那里，简直是难以启齿，这是极大的误解。其实，马克思主义是最讲实惠的，马克思、恩格斯都强调过要满足人们的物质利益。众所周知，恩格斯在马克思墓前的讲话中说：“正像达尔文发现有机界的发展规律一样，马克思发现了人类历史的发展规律，即历来为纷繁芜杂的意识所掩盖着的一个简单事实：人们首先必须吃喝、住、穿，然后才能从事政治、科学、艺术、宗教等等。”物质生活的满足是第一位的。马克思说过，人们奋斗的一切，都是为了追求物质利益。人们从事的生产活动是直接为了物质利益。从事的一切政治活动和斗争也是为了物质利益。人们思想的产生和形成以及人们行为的发生，最终都根源于物质利益，都与物质利益相联系。“思想，一旦离开‘利益’就一定使自己出丑。”

邓小平针对以往对满足人民物质利益的片面理解，在《解放思想，实事求是，团结一致向前看》这篇著名讲话中指出：“不重视物质利益，对少数先进分子可以，对广大群众不行，一段时间可以，长期不行。”“革命是在物质利益的基础上产生的，如果只讲牺牲精神，不讲物质利益，那就是唯心论。”邓小平从哲学意义上讲出这些话，是很有分量的，是对历史经验凝重反思之后提出来的。改革开放以来，人民群众在物质利益上得到的好处，确实是以往任何时候所不可比拟的。这是党的十一届三中全会以来的路线方针政策之所以立于不败之地的物质基础。

努力发展生产，让人民过上好日子，既是邓小平历史唯物主义观的突出表现，也是他确定路线方针政策的最高价值取向。这种唯物史观和价值观，使他赢得了人民，成了他战胜一切的力量源泉。

邓小平指出：“讲社会主义，首先就要使生产力发展，这是主要的。只有这样，才能表明社会主义的优越性。社会主义经济政策对不对，归根到底要看生产力是否发展，人民收入是否增加。这是压倒一切的标准。”

也就是说，讲社会主义不能离开生产力的发展，不能离开人民生活的改善。离开这两条，就是空讲社会主义，而空讲的社会主义，人民是不相信的。人民相信的社会主义，是手中的钱多，家里的粮多，日子好过，生活改善。一句话，是富裕而不是贫穷。

邓小平希望人民尽快富起来，过上好日子。人民的收入增加了，生活改善了，日子好过了，才能体现社会主义的光荣。“不能因为有社会主义的名字就光荣，就好。”

邓小平在1975年提出各项工作都要全面整顿，其目的就是要实现人民的富裕幸福。这可以从他对整顿国防工业企业的讲话中看出来。他说：

“一定要关心群众生活。这个问题不是说一句话就可以解决的，要做许多踏踏实实的工作。比如钢铁工人劳动那样重，而蔬菜少、肉类缺，基本条件都保证不了，这样的问题就必须具体地去研究解决。这一点在工业多的城市要特别注意。有些干部不是喜欢养鸡、养兔、养鸭吗？如果把自己关心自己的这个积极性转到关心群众生活方面来，我想问题就容易解决了。还有在山区的三线工厂，那里的商业工业也要改进。我是四川人，经常听到家乡的工人反映，蔬菜少、肉类缺。不仅是四川，还有好多地方都有这个缺乏副食品的问题。应该采取一些措施。比如重庆附近，可以专门划出一部分地种菜，生产的蔬菜首先供应工人，还可以供应市民。工人有点菜吃，有点肉吃，农民也可以增加一些收入，这对于改善工农关系也有好处。我们正在考虑，是不是调点粮食给一些城市的郊区养点猪，比如调五亿斤粮食，养五百万头猪。这些粮食不是全国到处分配，而是搞几个点，专粮专用。甚至可以考虑用现代化的办法搞些养鸡场。这个问题要研究。最主要的是养猪。发展养猪，既可以使农民增加经济收入，又可以增加肥料，增产粮食。现在搞重体力劳动还很苦，不搞好职工生活不行。群众对生活方面的议论是相当多的，不要以为都是讲怪话。我们党和国家一定要关心群众生活，现在应该提出这个问题了。”①

邓小平不仅在作决策、确定路线方针政策时，从有助于人民的富裕幸福出发，而且他每次到外地考察工作时，总是针对地方存在的各种问题，提出一些有助于人民的富裕幸福的建议和指示。1958年和1965年，邓小平两次到贵州考察。他第一次到贵州视察工作，正值党内出现“左”倾错误，“大跃进”人民公社化运动使地方工业建设项目摊子大，战线长，投资规模膨胀，这大大超过政府财力物力的承受能力，国民经济的比例关系严重失调，城乡人民生活一度十分困难。此时，作为总书记的邓小平正是在这样的关键时刻来到了贵州。

考察期间，邓小平十分关注人民群众的生活问题，每到一地，都仔

① 《邓小平文选》第2卷，人民出版社1994年版，第27页。

1958年，农村人民公社化运动时期，贵州花溪人民公社成立时的情景

细询问，房子怎么修，托儿所怎么办，娃娃怎么带，生活好不好，收入多不多，吃不吃得饱，日子好不好过，等等。他针对公社实行半供给制，忽视多种经营，对省委书记兼省长的周林说：要千方百计搞多种经营，搞点有色金属，搞点经济作物，必须搞有交换价值的东西。要搞铜县、铝县、铀矿县、烤烟县、麻县、木材县，总要搞一些特色。农业还要规划种多少麻、烟等经济作物。他强调，交通要搞，每个公社要通公路。要搞水电站，先搞小的，每个水电站兼顾灌溉。只要水抓到了，综合利用是容易的。水利概念要改变，农田用小型水利来解决，山地以蓄水为主，拼命存水。

人民公社化以后，社员的生活出现了单调和千篇一律的倾向。邓小平向遵义地委负责同志说：将来高跟鞋、胭脂、口红也可以用。电视、运动场都要有。办食堂，现在是办啥吃啥，可不可以个人有点机动？各人口味不同，自己搞点咸菜，腌点腊肉，自己加一个菜，不可以吗？是生活越搞越单调，还是越搞越丰富？共产主义是把大家搞成一个口味，还是允许各人有各人的口味？穿衣服也一样，发钱自己买，愿意买什么就买什么，穿鞋也是一样，有的愿穿皮鞋，有的愿穿布鞋，还有愿穿草鞋的。该享受的应该享受。现在穷，问题还不大，富起来了就要求多样性。生活不仅是衣食住行，还有学习和文化娱乐。

考察过程中，他发现农民生活困难，提出每家可以喂一头猪，腌腊肉，不要把云贵川的腊肉搞失传了。他还说：公路太窄了，农村茅草房子太多了，生产队应实行互助，用两个冬、春的时间改造茅草房。他当即估算了一下，每户农民购玻璃及小五金只需一元钱，就说：可以办。在遵义县大风暴人民公社，邓小平对那里的负责人讲：各人有各人的喜好，要允许人们有这个自由。同样分三十元，有的愿意进馆子，有的愿意储蓄起来买手表，各人自由支配。这就是说，要不要有点自由？毛主席向来主张个人要有点自由，大集体小自由。邓小平的上述这些话，体现了他一贯的思想：搞革命、搞社会主义的目的，就是改善和丰富人民群众的物质与文化生活，各项工作都要有助于人民的富裕幸福。

1965年邓小平又一次来到贵州。人们常用“地无三尺平”这句话来形容贵州的山多。有的人把它看成是发展经济的不利因素。邓小平却说：“真正富的是山，这里副业比四川好搞。山多，稍加整一下，收入不知有多少。贵州将来比成都坝子富，单是种树，就不知有多大收入。林子太少，要大造林。山区要发展林牧业。贵州人民要吃肉，要比全国水平高。山上可种木本粮食，如橡子树；木本油料，如核桃。”他还说：四川水不流失，贵州的水流走了，只是洞里存点水。贵州到处可以变林区。

考察期间，他看到城镇一些居民拿着票证排着长队购买东西，感到心里不安。他当即感叹道：现在买东西都要票证，苦了老百姓！当时为了保证人们能买到生活必需品，各地印发了各种商品供应证，从食品、香烟、白酒，到肥皂、食盐、火柴……都须凭票证购买。面对这种情况，邓小平说：“我们争取在第五个五年计划期间，也就是在1979年前后取消票证。”如今，市场上商品琳琅满目，物资供应丰富，人民已能随其所好，任意选购物品，票证已成了历史的陈迹。邓小平说的“取消票证”的话已经实现。邓小平一直关注着人民的富裕幸福。别小看“取消票证”，这是人民富裕幸福的一个重要标志。

邓小平说：“我们提出四个现代化的最低目标，是到本世纪末达到小康水平。这是1979年12月日本前首相大平正芳来访时我同他首次谈到的。所谓小康，从国民生产总值来说，就是年人均达到八百美元。”“中国现在有十亿人口，到那时候十二亿人口，国民生产总值可以达到一万亿美元。……按社会主义的分配原则，就可以使全国人民普遍过上小康生活。”①

邓小平在解释“小康”的概念时，通常是用两个数字来说明的，即国民生产总值达到万亿美元，年人均达到八百美元。这反映到人民生活上，就叫小康水平。

小康水平到底是个什么样子呢？上面说的那两个数字能不能实现？邓小平也想在人民的实践和体验中，找到一种更具体的说法。1983年2月，就在党的十二大正式确定小康目标后不久，邓小平来到苏杭地区，他要在这个比较富裕的地方，验证一下小康目标合不合实际。

在苏杭两地，当地负责人向邓小平作了汇报，表示可以翻两番，甚至还可以超过，实现两个数字不成问题。同时，他实地考察了人民的生活水平和经济发展情况。苏杭农村的巨大变化使邓小平对实现翻两番达到一万美元的目标充满了信心。在返京的列车上，有人问他感受如何，邓小平高兴地说：“到处喜气洋洋。”

回到北京，邓小平找中央几位负责同志谈了他视察苏杭地区的情况，他说：现在，苏州市工农业总产值人均接近八百美元。我问江苏的同志，达到这样的水平，社会上是一个什么面貌？发展前景是什么样子？他们说，在这样的水平上，下面这些问题都解决了：第一，人民的吃穿用问题解决了，基本生活有了保障；第二，住房问题解决了，人均达到二十平方米，因为土地不足，向空中发展，小城镇和农村盖三层楼房的已经不少；第三，就业问题解决了，城镇基本上没有待业劳动者了；第四，人不再外流了，农村的人总想往大城市跑的情况已经改变；第五，中小学教育普及了，教育、文化、体育和其他公共福利事业有能力自己安排了；第六，人们的精神面貌变化了，犯罪行为大大减少。

以上几条，是邓小平通过在苏杭考察后，人民对小康生活的具体说法给他留下的印象。后来，他把这几条概括为小康水平：“就是不穷不

---

① 《邓小平文选》第3卷，人民出版社1993年版，第64页。

富，日子比较好过的水平。”①

在邓小平看来，小康水平，不算穷，但也不富，只是人民的日子比较好过了。

邓小平在同格拉的会晤中，第一次比较完整地描绘了从新中国成立到21世纪中叶100年间中华民族的复兴蓝图。他说：“我们原定的目标是，第一步在八十年代翻一番。以1980年为基数，当时国民生产总值人均只有二百五十美元，翻一番，达到五百美元。第二步是到本世纪末，再翻一番，人均达到一千美元。实现这个目标意味着我们进入小康社会，把贫困的中国变成小康的中国。那时国民生产总值超过一万亿美元，虽然人均数还很低，但是国家的力量有很大增加，我们制定的目标更重要的还是第三步，在下世纪用三十年到五十年再翻两番，大体上达到人均四千美元。做到这一步，中国就达到中等发达的水平。这是我们的雄心壮志。”②

这“三步走”的战略目标，跨70年，在原基数上连续翻四番，人均产值增长16倍。16倍是多少美元？又意味着什么？邓小平说：第一步解决温饱问题，有饭吃有衣穿；第二步建成小康社会，能过舒心的日子，人民生活略有结余；第三步达到中等发达国家水平，基本实现现代化，人民生活比较富裕。

但愿苍生俱饱暖

“空谈误国，实干兴邦。”上任中共中央总书记仅15天，习近平总书记就在参观《复兴之路》展览时表达了以实干托举中国梦的决心。

---

① 《邓小平文选》第3卷，人民出版社1993年版，第109页。

② 《邓小平文选》第3卷，人民出版社1993年版，第226页。

为更好落实实干精神，他主持中共中央政治局会议，议定改进工作作风、密切联系群众的“约法八章”，承诺多到群众中去、轻车简从、开短会、讲短话、减少交通管制和厉行勤俭节约等，获得海内外广泛好评。

“只有干在实处，才能走在前列。”习近平总书记一贯强调真抓实干，要求抓住群众最关心的问题，扎扎实实办几件实事。他始终认为，不抓落实，再美好的蓝图也是空中楼阁。

在河北正定时，习近平提出，要改变贫穷落后面貌，很重要一条就是要实实在在念好“人才经”。他为此多次亲自出面寻访“千里马”，亲自拟写制定面向全国的“招贤榜”。

1983年初，寒冬腊月，习近平和时任县长的程宝怀专程到石家庄市寻访一位研发医用化妆品的科研工作者。因不知道对方具体住址，他们就挨家挨户询问，到了晚上十点多还没找着，习近平就扯起嗓门沿着大街小巷高喊对方的名字，才找到人。他们一直谈到凌晨，对方当场答应，很快携带科研项目落户正定，一年就为正定带来30多万元的利润。

同年，习近平主持制定发布了打破传统观念、招贤纳士的“九条规定”并广而告之，《河北日报》以“正定县为有志之士敞开大门”为主题在头版头条作了报道，一时引起全省轰动。他还向全国知名专家学者和部分大专院校、科研院所发出100多封“求贤信”，并亲访面邀了几十名专家。不到两年，正定就引进各类人才683人，并聘请到著名数学家华罗庚等53名全国知名专家担任县经济顾问。

要实干，就要坚持实事求是。在正定时，习近平曾与时任县委副书记的吕玉兰顶着压力，如实向上级反映征购粮食负担过重的问题，争取到粮食年征购量减免2800万斤，使正定得以减轻负担，卸下包袱，轻装前进。

到福建宁德后，习近平坚持一切从实际出发，因地制宜解决了许多实际问题。针对“大黄鱼之乡”的独特优势（大黄鱼在宁德产卵），他提出要充分利用，集中资源进行科研攻关，解决大黄鱼不能人工养殖的问题。在他的大力推动下，大黄鱼人工养殖成功，大大增加了当地农民收入。

习近平强调党政机关办事要“以便民为本”。在福州，他推行“特事特办、马上就办”，通过转变政府职能吸引了大批台资企业，带动了福州经济发展。1992年，他在全国率先选择12家国有大中型企业移植三资企业经营管理模式。他还推动编辑出版《福州办事指南》和《福州市民办事指南》，方便了外商投资经商和市民生活出行，提高了办事效能。

2000年，习近平在福建率先倡导和推动机关效能建设，并担任省机关效能建设领导小组组长。他提出，要加快转变政府职能，减少审批事项和环节，不去管那些不该管的事，腾出手来把该管的事管好，建立有限政府和服务型政府。截至2001年底，福建共减少行政审批事项606项，占审批事项的40.4%。2001年，福建在全国第一个以省政府令的形式颁布了政务公开实施办法，全省所有的县（市、区）都推行了县级政务公开；还实施了效能告诫，严格机关管理，营造“敬业有功，怠业必惩”的氛围；设立了效能投诉中心，给老百姓一个说话的地方，被称为党政机关与人民群众的“连心桥”。

2002年8月，习近平通过中央媒体向全国总结推广“以市场为导向、以诚信促发展，立足本地优势、强化政府服务、发扬拼搏精神，通过激活民营经济、促进县域经济发展”的“晋江经验”。同年，他又结合对南平市向农村选派干部的调查与思考，提炼出“高位嫁接、重心下移、夯实农村工作基础”的思路，以及选派科技特派员、村党支部书记和乡镇流通助理下乡的工作机制。“南平机制”在福建的推广，进一步密切了农村干群关系，在干部队伍中形成了“不跑上层下基层、不看关系看政绩”的导向。

主政浙江期间，习近平推动了“平安浙江”“绿色浙江”“文化浙江”“法治浙江”和海洋强省建设。

要建设“四个浙江”，唯有实干。习近平一方面从全局着眼抓部署，另一方面从基层入手抓典型。他选择了浙西南欠发达地区的淳安县枫树岭镇下姜村作为自己的联系点，并在不到两年时间五到下姜村，他将其称为自己“了解省委决策在基层效果的窗口”。下姜村地处深山，交通不便，离县城还有60多公里的山路。习近平每次去调研，都要进农户、到田头、听民声。2005年3月22日，他在下姜村现场察看建设中的沼气池时，对村民和村干部风趣地说：30多年前，我在农村插队时曾经是建沼气的“专业户”。现在条件好了，你们要加强管理，把下姜村建成全县的沼气示范村。

浙江人多地少，地处沿海。习近平一到浙江，就把目光投向相当于全省陆地面积2.6倍的蓝色海域，并多次深入舟山群岛调研。他指出，“新世纪新阶段浙江经济进一步发展的天地在哪里？在海上！”他于2002年12月提出，浙江要“争取发展成为海洋经济强省”。经过大量调研论证，《关于建设海洋经济强省的若干意见》《浙江海洋经济强省建设规划纲要》等文件先后出台。此后，全省海洋经济以年均19.3%的增长率快速发展。2005年，海洋经济总产值占全省GDP的比重上升到8%。

习近平力主推进宁波、舟山港一体化，建设舟山连岛工程，加快全省港口整合，为“大出”“大进”创造条件。国务院于2011年批准成立了舟山群岛新区。他推动建成了当时世界上最长的跨海大桥杭州湾大桥，这是中国跨海大桥建设史上的里程碑，更被老百姓称为连通长三角的“经济桥”“腾飞桥”。2006年，宁波舟山港全年货物吞吐量达4.2亿吨，居全国第2位、世界前3位。

2003年，习近平提出要“用城市社区建设的理念指导农村新社区建设，抓好一批全面建设小康示范村镇”，“使农村与城市的生活质量差距逐步缩小，使所有人都能共享现代文明”。浙江由此全面启动了“千村示范、万村整治”工作，城市公共服务向农村延伸，统筹城乡发展的具体工程配套推进，初步形成以工促农、以城带乡的机制。到2007年底，工程5年建设任务提前完成，全省三分之一村庄得到全面整治，三分之二村庄的垃圾实行了统一收集处理。许多农民表示，这是继土地改革、家庭承包、税费改革后，党和政府为农民办的一件最大好事。

在他主政期间，建设“四个浙江”的目标逐步实现。2005年浙江生态环境状况指数位居全国省区市第1位。2006年，群众安全感满意率达

94.77%，浙江被认为是全国最具安全感的省份之一。2006年浙江可持续发展能力列上海、北京、天津之后居全国第4位。浙江在全国率先实现贫困县和贫困乡镇全部脱贫目标。浙江经济总量在2004年跃上万亿元大关，2005年人均GDP突破3000美元，2006年人均GDP接近4000美元。

2007年，习近平临危受命调任上海。履新一个月，他围绕民生、发展、上海世博会、反腐等工作，马不停蹄地开展调研。他与广大干部谈心、向广大群众问计，成功组织召开了上海第九次党代会，稳定了上海局面，振奋了干部群众精神，重塑了上海形象，为上海此后5年的发展描绘了新的发展蓝图。

“当县委书记一定要跑遍所有的村，当地（市）委书记一定要跑遍所有的乡镇，当省委书记一定要跑遍所有的县市区。”在正定，他跑遍了所有村；在宁德，他到任3个月就走遍了9个县，后来又跑遍了绝大部分乡镇；到任浙江后，用一年多时间跑遍了全省90个县市区；在上海仅7个月，他就跑遍了全市19个区县；到中央工作后，他的足迹遍及31个省区市。

他在给美国伊利诺伊州北奈尔斯高中学生的信中谈到自己的工作时说:“我的工作是为人民服务，很累，但很愉快。”

让老区人民过上幸福生活

让中央苏区乡亲们，让革命老区父老乡亲过上好日子，是习近平总书记最大的牵挂。

“现在国家发展了，人民生活改善了，我们要饮水思源，不能忘记革命先辈、革命先烈，不能忘记革命老区的父老乡亲。”“我这次来江西，是来看望苏区的父老乡亲，看看乡亲们的生活有没有改善，老区能不能如期脱贫摘帽。脱贫攻坚已经进入决胜的关键阶段，各地区各部门要再加把劲儿，着力解决好‘两不愁三保障’突出问题，让老区人民过上幸福生活。”

2019年5月，习近平总书记深入赣州市的企业、农村、革命纪念馆，就经济社会发展进行考察调研，实地了解革命老区脱贫攻坚和推动中部地区崛起工作进展情况，对赣南中央苏区经济社会发展取得的重大进展给予肯定，对加快革命老区高质量发展作出重要部署、提出明确要求。习近平总书记对革命老区的深情牵挂、亲切关怀，深刻彰显了共产党人饮水思源、永不忘本的朴素情怀，深刻体现了我们党始终保持对人民的赤子之心，鼓舞和激励着广大干部群众攻坚克难、接续奋斗，促进革命老区高质量发展，创造人民幸福美好生活。

革命战争年代，老区人民为革命胜利付出了巨大牺牲、作出了巨大贡献。让革命老区父老乡亲过上好日子，习近平总书记始终记挂在心。河北西柏坡、山东临沂、福建古田、陕西延安、贵州遵义、江西井冈山、安徽金寨……党的十八大以来，习近平总书记多次前往革命老区考察调研，多次强调让老区人民过上幸福生活，嘱托各级党委和政府要关心照

上杭古田会议旧址

顾好为中国革命作出贡献的老红军、老同志以及红军后代、革命烈士家属。全面建成小康社会，一个不能少，特别是不能忘了老区。加快老区发展，使老区人民共享改革发展成果，让老区人民过得好，是我们永远不能忘记的历史责任。

让老区人民过上幸福生活，关键就要真脱贫、稳脱贫，着力打赢脱贫攻坚战，促进乡村全面振兴。革命根据地大多是集中连片特困地区，如太行山区、大别山区、吕梁山区、武陵山区等，能不能如期脱贫摘帽，事关全面建成小康社会的成色。打赢脱贫攻坚战，务必一鼓作气、顽强作战，主攻深度贫困地区，拿出过硬举措和办法，着力解决突出问题，确保如期完成任务。要做好脱贫攻坚与乡村振兴的衔接，通过实施乡村振兴战略巩固发展成果，接续推动经济社会发展和群众生活改善。正如习近平总书记所指出的："要把乡村振兴起来，把社会主义新农村建设好。要加强乡村人居环境整治和精神文明建设，健全乡村治理体系，使乡村的精神风貌、人居环境、生态环境、社会风气都焕然一新，让乡亲们过上令人羡慕的田园生活。"

"以百姓心为心，与人民同呼吸、共命运、心连心，是党的初心，也是党的恒心。"习近平总书记强调："中国共产党的初心就是为人民谋幸福、为民族谋复兴，党中央想的就是千方百计让老百姓都能过上好日子。"坚持以人民为中心的发展思想，从人民群众关心的事情做起，从让人民群众满意的事情做起，做好普惠性、基础性、兜底性民生建设，带领人民努力奔跑、奋力追梦，老区人民同全国人民的生活，都将"芝麻开花节节高，今后的日子会更美好"。

第七篇

要以人民为中心

以人民为中心是党的价值追求和责任担当

坚持以人民为中心是新时代坚持和发展中国特色社会主义的重要内容。我们党始终坚持以人民为中心的价值追求和执政为民的责任担当。

以人民为中心体现了党的根本政治立场和价值取向。我们党自成立之日起，就把坚持人民利益高于一切鲜明地写在自己的旗帜上，把全心全意为人民服务作为根本宗旨，把实现好、维护好、发展好最广大人民根本利益作为一切工作的出发点和落脚点。近百年来，我们党之所以能够从小到大、从弱到强，关键就在于始终坚持以人民为中心，做到权为民所用、情为民所系、利为民所谋。

以人民为中心是马克思主义唯物史观的内在要求。唯物史观认为，人民群众是历史的主体，是推动社会发展进步的决定力量。在社会主义制度下，人民是国家和社会的主人，坚持党的领导和坚持以人民为中心具有内在一致性。党的十八大以来，我们之所以能够解难题办大事，关键是我们提出的一系列新理念新思想新战略，出台的一系列重大方针政策，推出的一系列重大举措，顺应实践要求和人民愿望。

以人民为中心是党的性质和根本宗旨的本质体现。中国共产党是中国工人阶级的先锋队，同时是中国人民和中华民族的先锋队，这决定了党的性质和根本宗旨。正是党的性质和根本宗旨决定了我们党必须始终坚持以人民为中心，任何时候都必须把人民利益放在第一位，把人民对美好生活的向往作为奋斗目标，把全心全意为人民服务作为党一切行动的根本出发点和最终目标。习近平总书记指出：“始终坚持全心全意为人民服务的根本宗旨，是我们党得到人民拥护和爱戴的根本原因。”这深刻阐明了始终坚持以人民为中心，一切为了人民、一切依靠人民，坚持人民利益高于一切，是永葆党的创造力、凝聚力、战斗力的关键所在。

以人民为中心是党的群众路线的生动展现。密切联系群众是我们党最大的政治优势，只有坚持党的群众路线才能始终保持党同人民群众的血肉联系。坚持群众观点和践行群众路线，就必须始终坚持以人民为中心，始终保持党同人民群众的血肉联系，自觉从人民群众的伟大实践中汲取智慧和力量，自觉接受人民群众的评判和监督，真正为群众办实事、解难事、做好事，把党和人民的事业不断推向前进。

以人民为中心推动中国特色社会主义进入新时代。中国特色社会主义进入新时代，是基于改革开放特别是党的十八大以来党和国家事业发生历史性变革作出的重大判断。党和国家事业之所以能发生历史性变革，中国特色社会主义之所以能进入新时代，关键就在于我们党把坚持以人民为中心作为治国理政的价值引领，统筹推进“五位一体”总体布局、协调推进“四个全面”战略布局、贯彻落实新发展理念，不断实现好、维护好、发展好最广大人民的根本利益。

共产党治国理政的全部活动要全方位做到以人民为中心。

习近平总书记指出：“以人民为中心的发展思想，不是一个抽象的、玄奥的概念，不能只停留在口头上、止步于思想环节，而要体现在经济社会发展各个环节。”民心是最大的政治。当前，中国特色社会主义进入了新时代，我们要牢牢把握人民群众对美好生活的向往，把以人民为中心贯彻到治国理政全部活动之中，做到发展为了人民、发展依靠人民、发展成果由人民共享，更好增进人民福祉，更好发展中国特色社会主义事业，更好推动人的全面发展、社会全面进步。

带领人民创造美好生活，是我们党始终不渝的奋斗目标。必须始终把人民利益摆在至高无上的地位，让改革发展成果更多更公平惠及全体人民，朝着实现全体人民共同富裕不断迈进。这就要求我们在治国理政理念上坚持以人民为中心，更加突出人民群众的主体地位，把人民群众作为改革、发展、创新的主体；始终牢记全心全意为人民服务的根本宗旨，把人民利益放在第一位，把人民群众对美好生活的向往作为我们的奋斗目标；牢固树立立党为公、执政为民的执政理念，切实解决好“我是谁、为了谁、依靠谁”的问题。

尊重人民，依靠人民

人民是真正的英雄，人民是决定党和国家前途命运的根本力量，要依靠人民创造历史伟业。波澜壮阔的中华民族发展史是中国人民书写的，博大精深的中华文明是中国人民创造的，历久弥新的中华民族精神是中国人民培育的，中华民族迎来从站起来、富起来到强起来的伟大飞跃是中国人民奋斗出来的。

我们党制定任何一项政策，推进任何一项改革，都要倾听人民呼声，汲取人民智慧。“大鹏之动，非一羽之轻也；骐骥之速，非一足之力也。”大鹏冲天飞翔，不是靠一根羽毛的轻盈；骏马急速奔跑，不是靠一只脚的力量。中国要飞得高、跑得快，就得依靠近14亿人民的力量。

依靠人民群众创造伟业，关键是在思想上牢固树立人民群众的主体地位。习近平总书记动情地讲：“老百姓是天，老百姓是地。忘记了人民，脱离了人民，我们就会成为无源之水、无本之木，就会一事无成。”党的根基在人民、血脉在人民、力量在人民。尊重不尊重人民群众的主体地位，承认不承认人民群众是历史的创造者和社会发展的决定力量，是区别唯物史观和唯心史观的分界线。谋划发展，最了解实际情况的，是人民群众；推动改革，最大的依靠力量，也是人民群众。

习近平总书记指出：“我们要实现党的十八大确定的奋斗目标和中国梦，必须紧紧依靠人民，充分调动最广大人民的积极性、主动性、创造性。”2015年6月18日，习近平在党的群众路线教育实践活动工作会议上的讲话中还指出：“我们党来自人民、植根人民、服务人民，党的根基在人民，血脉在人民，力量在人民。失去了人民拥护和支持，党的事业和工作就无从谈起。党要继续经受住执政考验、改革开放考验、市场经济考验、外部环境考验，就必须始终密切联系群众。在任何时候任何情况下，与人民同呼吸共运命的立场不能变，全心全意为人民服务的宗旨不能忘，群众是真正英雄的历史唯物主义观点不能丢，始终坚持立党为公、执政为民。”

尊重人民群众的首创精神，最大限度地激发人们的创造热情，我们的工作就能获得最广泛的支持，就有强大的生命力。建设中国特色社会主义的伟大实践，从根本上说是广大人民群众自己的实践，群众在实践中创造的经验，反映了事物发展的客观规律，代表了社会进步的方向。正如习近平总书记所指出的，改革开放在认识和实践上的每一次突破和发展，改革开放中每一个新生事物的产生和发展，改革开放每一个方面经验的创造和积累，无不来自亿万人民的实践和智慧。总结我们党发展壮大的经验，很重要的一条，就是始终把群众作为智慧和力量的源泉，始终把政治智慧的增长、执政本领的增强深深扎根于人民的创造性实践之中。面对新时代的新形势新任务，必须把人民群众的实践创造作为源头活水，及时发现、总结、概括人民群众创造出来的新鲜经验，使之上升为理论和政策，同时动员指导人民开展新的实践，推动党和国家事业不断向前发展。

坚持由人民群众评判，把人民群众满意作为检验工作的第一标准。以什么为标准、用什么来衡量，实质上是一个对谁负责、让谁满意的问题。我们党是代表最广大人民利益的政党，一切工作的成败得失必然要由人民群众来检验，以人民拥护不拥护、赞成不赞成、高兴不高兴、答应不答应作为根本标准。群众意见是一把最好的尺子，最能衡量我们工作的长短优劣。习近平总书记深刻指出，时代是出卷人，我们是答卷人，人民是评卷人。坚持群众标准，由群众来评判，不能走过场，必须具有约束力，群众拥护什么就鼓励会什么，群众期盼什么就做什么，群从反对什么就纠正什么。无论是制定政策、出台规范，还是评选评比、考核表彰，都要注重群众评价，增加群众的话语权、评判权，不能关起门来搞自我评价、自我认可。要经常看一看工作是不是按照群众的要求在展开，看一看有哪些措施和办法还需要改进，让群众真满意而不是被满意，使党和人民的事业始终体现群众意愿，经得起实践、人民和历史的检验。

增进和改善民生福祉

党的十八大以来，以习近平同志为核心的党中央坚持以人民为中心，把增进民生福祉作为发展的根本目的，着眼于在发展中补齐民生短板，在幼有所育、学有所教、劳有所得、病有所医、老有所养、住有所居、弱有所扶上取得一系列开创性成就，改革发展成果更多更公平惠及全体人民，正朝着实现全体人民共同富裕不断迈进。

“民唯邦本，本固邦宁。”增进民生福祉是我们党立党为公、执政为民的本质要求。带领人民创造美好生活，是我们党始终不渝的奋斗目标。我们党团结带领全国各族人民进行伟大社会革命，根本目的就是让人民过上好日子。毛泽东同志早在1934年就说过：“一切群众的实际生活问题，都是我们应当注意的问题。假如我们对这些问题注意了，解决了，满足了群众的需要，我们就真正成了群众生活的组织者，群众就会真正围绕在我们的周围，热烈地拥护我们。”党的一切工作必须始终把人民利益摆在至高无上的地位，必须以最广大人民的根本利益作为最高标准，多谋民生之利、多解民生之忧，坚持把人民群众的小事当作自己的大事，从人民群众关心的事情做起，从让人民群众满意的事情做起。

保障和改善民生是推动发展的根本目的。“治国有常，而利民为本。”我们的发展是以人民为中心的发展，人民群众是发展的主体，也是发展的最大受益者。如果发展不能满足人民的期待，不能让群众得到实际利益，这样的发展就失去意义，也不可能持续。要始终坚持发展为了人民、发展依靠人民、发展成果由人民共享，在推动经济持续健康发展的基础上，保证全体人民在共建共享发展中有更多获得感，让社会主义制度优越性得到充分体现，不断促进人的全面发展、全体人民共同富裕。

抓民生也是抓发展。我们党始终把推动经济发展和改善民生有机联系起来。经济发展是民生改善的物质基础，离开了经济发展，改善民生就成了无源之水、无本之木。同时也要看到，民生是做好经济社会发展工作的“指南针”，持续不断改善民生，既能有效解决群众后顾之忧，调动人民发展生产的积极性，又可以增进社会消费预期，扩大内需，催生新的经济增长点，为经济发展、转型升级提供强大内生动力。因此，既要通过发展经济为持续改善民生奠定坚实物质基础，又要通过持续不断改善民生为经济发展创造更多有效需求，实现二者良性循环。

我国社会主要矛盾转化为人民日益增长的美好生活需要和不平衡不充分的发展之间的矛盾，对继续在发展中保障和改善民生提出了新要求。要着力解决好发展不平衡不充分问题，提升发展质量和效益，更好满足人民在经济、政治、文化、社会、生态文明等方面日益增长的需要。

群众利益无小事，民生问题大于天。民生工作离老百姓最近，同老百姓生活最密切。习近平总书记指出：“共产党就是为人民谋幸福的，人民群众什么方面感觉不幸福、不快乐、不满意，我们就在哪方面下功夫，千方百计为群众排忧解难。”

人民群众最期盼、最关心的问题是什么？人民群众最期盼有更好的教育、更稳定的工作、更满意的收入、更可靠的社会保障、更高水平的医疗卫生服务、更舒适的居住条件、更优美的环境，期盼着孩子们能成长得更好、工作得更好、生活得更好。要针对这些群众最关心最直接最现实的利益问题，统筹做好教育、就业、收入分配、社会保障、医疗卫生等方面工作，让群众看到变化，得到实惠。

优先发展教育事业。百年大计，教育为本。习近平总书记强调，教育是对中华民族伟大复兴具有决定性意义的事业，建设教育强国是中华民族伟大复兴的基础工程。必须把教育事业放在优先位置，深化教育改革，加快教育现代化，办好人民满意的教育。要全面贯彻党的教育方针，落实立德树人根本任务，发展素质教育，推进教育公平，培养德智体美全面发展的社会主义建设者和接班人。推动城乡义务教育一体化发展，努力让每个孩子都能享有公平而有质量的教育。加快一流大学和一流学科建设，完善职业教育和培训体系。加强师德师风建设，培养高素质教师队伍。办好继续教育，加快建设学习型社会，大力提高国民素质。

实现更高质量和更充分就业。就业是最大的民生工程、民心工程、根基工程。要坚持就业优先战略和积极就业政策，大规模开展职业技能培训，注重解决结构性就业矛盾，鼓励创业带动就业。提供全方位公共就业服务，促进高校毕业生等青年群体、农民工多渠道就业创业。破除妨碍劳动力、人才社会性流动的体制机制弊端，使人人都有通过辛勤劳动实现自身发展的机会。完善政府、工会、企业共同参与的协商协调机制，构建和谐劳动关系，努力让劳动者实现体面劳动、全面发展。

促进收入分配更合理、更有序。收入分配是民生之源，是改善民生、实现发展成果由人民共享最重要最直接的方式。要坚持按劳分配原则，完善按要素分配的体制机制，促进收入分配更合理、更有序。鼓励勤劳守法致富，扩大中等收入群体，增加低收入者收入，调节过高收入，取缔非法收入。坚持在经济增长的同时实现居民收入同步增长、在劳动生产率提高的同时实现劳动报酬同步提高。拓宽居民劳动收入和财产性收入渠道。履行好政府再分配调节职能，加快推进基本公共服务均等化，缩小收入分配差距。

加强社会保障体系建设。社会保障发挥着社会稳定器作用。要按照兜底线、织密网、建机制的要求，全面建成覆盖全民、城乡统筹、权责清晰、保障适度、可持续的多层次社会保障体系。全面实施全民参保计划，完善城镇职工基本养老、城乡居民基本养老、统一的城乡居民基本医疗和大病、失业、工伤等保险制度，统筹城乡社会救助体系，保障妇女儿童合法权益，发展残疾人事业，提高社会福利水平。要坚持房子是用来住的、不是用来炒的定位，加快建立多主体供给、多渠道保障、租购并举的住房制度，让全体人民住有所居。

实施健康中国战略。没有全民健康，就没有全面小康。人民健康是民族昌盛和国家富强的重要标志。要深化医药卫生体制改革，全面建立中国特色基本医疗卫生制度、医疗保障制度和优质高效的医疗卫生服务体系，健全现代医院管理制度。完善国民健康政策，倡导健康文明生活方式。实施食品安全战略，让人民吃得放心。促进生育政策和相关经济社会政策配套衔接，加强人民发展战略研究。积极应对人口老龄化，构建养老、孝老、敬老政策体系和社会环境，推进医养结合，加快老龄事业和产业发展，广泛开展全民健身活动，加快推进体育强国建设。

民生无小事，枝叶总关情。习近平总书记强调，时刻都要想着那些生活中还有难处的群众。在保障和改善民生过程中，要格外关注困难群众，时刻把他们的安危冷暖放在心上，关心他们的疾苦，千方百计帮助他们排忧解难。要多做一些雪中送炭、急人之困的工作，少做一些锦上添花、花上垒花的虚功。

改善民生既要尽力而为又要量力而行。“天地之大，黎元为先。”改革越是深化，越要重视增进人民福祉；发展越是向前，越要体现到民生改善上。习近平总书记指出：“民生工作直接同老百姓见面、对账，来不得半点虚假，既要积极而为，又要量力而行，承诺了的就要兑现。”这为我们做好民生工作，提供了科学的方法论指导。

保障和改善民生必须尽力而为。当前，中国特色社会主义进入新时代，伴随着社会主要矛盾发生变化，民生工作面临的宏观环境和内在条件也发生变化，人民对美好生活的需要日益广泛，对收入稳步提升、优质医疗服务、教育公平、住房改善、优美环境和洁净空气等有更多更高层次的需求。要适应这些新变化，坚持尽力而为，按照守住底线、突出重点、完善制度、引导预期的工作思路，采取针对性更强、覆盖面更大、作用更直接、效果更明显的举措，把人民群众的小事当作自己的大事，从人民群众关心的事情做起，从让人民群众满意的事情做起，带领人民不断创造美好生活。保障和改善民生没有终点，只有连续不断的新起点。每一个新起点都是一个明确的时间节点，都对应着一个个实实在在的民生目标。时间节点正是民生事业积小胜为大成、在谋大势中成大事的重要坐标和里程碑。要拿出实实在在的举措，一个时间节点一个时间节点往前推进，以钉钉子精神落实好党中央关于民生工作的战略部署。

保障和改善民生必须量力而行。“一口吃不成胖子。”民生改善有一个从低层次到高层次、从不均衡到均衡的过程，要看到，我国仍处于并将长期处于社会主义初级阶段，改善民生不能脱离这个最大实际提出过高目标，只能根据经济发展和财力状况逐步提高人民生活水平，做那些现实条件下可以做到的事情。既不能裹足不前、铢施两较、该花的钱也不花，也不能好高骛远、寅吃卯粮、口惠而实不至。习近平总书记曾以一些国家为例，提醒我们要吸取过度福利化和过度承诺导致效率低下、增长停滞、通货膨胀，收入分配最终反而恶化的教训。要坚持从实际出发，将收入提高建立在劳动生产率提高的基础上，将福利水平提高建立在经济和财力可持续增长的基础上，一件事情接着一件事情办，一年接着一年干，锲而不舍向前走。

改善民生既是党和政府工作的方向，也是人民群众自身的奋斗目标。做好民生工作，必须坚持人人尽责、人人享有，让所有劳动者在推动发展中分享发展成果。对美好生活的向往，只有通过诚实劳动才能实现；发展中的各种难题，只有通过诚实劳动才能破解。要引导广大群众树立勤劳致富理念，通过辛勤劳动、诚实劳动、创造性劳动，实现自身发展、共创美好未来。

打赢扶贫攻坚战

消除贫困、改善民生，是我们党的重要使命。小康不小康，关键看老乡，关键看贫困老乡能不能脱贫。习近平总书记指出，如果贫困地区长期贫困，面貌长期得不到改变，群众生活水平长期得不到明显提高，那就没有体现我国社会主义制度的优越性，那也不是社会主义。

党的十八大以来，以习近平同志为核心的党中央实施精准扶贫、精准脱贫，加大扶贫投入，创新扶贫方式，扶贫开发工作呈现新局面，脱贫攻坚战取得决定性进展，贫困人口从2012年的9899万人减少到2018年的1660万人，连续6年平均每年减贫1300多万人。建档立卡贫困村从2013年的12.8万个减少到2018年底的2.6万个。2019年将再减少贫困人口1000万人以上，摘帽300个左右贫困县。党的十九大报告指出，6000

习近平总书记视察时与十八洞村村民合影的珍贵图片

多万贫困人口稳定脱贫，贫困发生率从10.2%下降到4%以下，创造了我国扶贫史上的最好成绩。我国成为世界上减贫人口最多的国家，也是世界上率先完成联合国千年发展目标的国家。这个成就，足以载入人类社会发展史册，足以向世界证明中国共产党领导和中国特色社会主义制度的优越性。

应当清醒地看到，我国脱贫攻坚形势依然严峻。截至2018年末，全国农村贫困人口还有1660万人，其中相当一部分居住在艰苦边远地区，处于深度贫困状态，属于脱贫攻坚“最重的担子”“最硬的骨头”：让贫困人口和贫困地区同全国一道进入全面小康社会是我们党的庄严承诺。要坚持精准扶贫、精准脱贫，确保到2020年我国现行标准下农村贫困人口实现脱贫，贫困县全部摘帽，解决区域性整体贫困，做到脱真贫、真脱贫。必须以更大的决心、更明确的思路、更精准的举措，加大力度、

精准扶贫政策的实施给十八洞村带来了翻天覆地的变化。三年来，十八洞村牢记习近平总书记的嘱托，在村党支部的带领下，积极探索出了享誉全国的精准扶贫“十八洞模式”。现在的十八洞村，产业发展蓬勃向上，党员群众干劲风发，远途道路硬化，基本设施逐步完善，老百姓的日子一天比一天好

加快速度、加紧进度，众志成城实现脱贫攻坚目标，决不能落下一个贫困地区、一个贫困群众。

怎样做才能确保如期实现脱贫攻坚目标呢？

首先，要明确目标重点，统筹布局。扶贫开发的目标和重点是什么？这是党的十八大以后我们要打赢脱贫攻坚战需要明确的核心问题。习近平总书记2012年在河北考察扶贫开发工作时明确提出："新时期脱贫攻坚的目标，就是到2020年实现两个确保：确保农村贫困人口实现脱贫，确保贫困县全部脱贫摘帽。"他同时强调，"全面建成小康社会，最艰巨最繁重的任务在农村特别是在贫困地区"。"我们要加大投入力度，把集中连片特殊困难地区作为主战场，把稳定解决扶贫对象温饱、尽快实现脱贫致富作为首要任务。"此后，他不断丰富发展了自己的扶贫思想。他强调，"支持和帮助贫困地区和贫困群众尽快脱贫致富奔小康，决不能让一个 苏区老区掉队"；他还提出，2016年至2020年"十三五"期间脱贫攻坚的目标，是到2020年稳定实现农村贫困人口不愁吃、不愁穿，农村贫困人口义务教育、基本医疗、住房安全有保障；同时实现贫困地区农民人均可支配收入增长幅度高于全国平均水平、基本公共服务主要领域指标接近全国平均水平。这些论述，一方面明确了2020年前全国扶贫开发或脱贫攻坚的奋斗目标。2015年11月《中共中央国务院关于打赢脱贫攻坚战的决定》明确提出：到2020年，稳定实现农村贫困人口不愁吃不愁穿，义务教育、基本医疗和住房安全有保障。实现贫困地区农民人均可支配收入增长幅度高于全国平均水平，基本公共服务主要领域指标接近全国平均水平。确保我国现行标准下农村贫困人口实现脱贫，贫困县全部摘帽，解决区域性整体贫困。另一方面明确了扶贫的重点区域是农村特别是革命老区、民族地区、边疆地区、贫困地区，重点对象是这些地区的贫困群众。

扶贫开发如何作战略布局？这是党的十八大以后打赢脱贫攻坚战需要明确的重大问题。习近平总书记对此有许多深层次的思考，提出了许多重要而精辟的思想。例如，"发展是甩掉贫困帽子的总办法"，"要紧紧扭住发展这个促使贫困地区脱贫致富的第一要务”；“全党全社会要继续共同努力形成扶贫开发工作强大合力”，“要坚持专项扶贫、行业扶贫、社会扶贫等多方力量、多种举措有机结合和互为支撑的‘三位一体’大扶贫格局，健全东西部协作党政机关定点扶贫机制，广泛调动社会各界参与扶贫开发积极性”；“要加大中央和省级财政扶贫投入，坚持政府投入在扶贫开发中的主体和主导作用，增加金融资金对扶贫开发的投放，吸引社会资金参与扶贫开发”。他还强调：“深度贫困地区党委和政府要坚持把脱贫攻坚作为‘十三五’期间头等大事和第一民生工程来抓，坚持以脱贫攻坚统揽经济社会发展全局。”根据习近平总书记的上述思想及《中共中央国务院关于打赢脱贫攻坚战的决定》的精神，扶贫开发战略布局至少包括以下内容：在扶贫主体上，要坚持党的领导夯实组织基础，坚持政府主导增强社会合力，坚持群众主体激发内生动力，形成大扶贫格局；在扶贫统筹上，要坚持扶贫开发与经济社会发展相互促进，坚持精准帮扶与集中连片特殊困难地区开发紧密结合，坚持扶贫开发与生态保护并重，坚持扶贫开发与社会保障有效衔接；在扶贫机制上，要突出问题导向，在扶贫开发路径上实现由大水漫灌向精准滴灌转变；在扶贫资源使用方式上实现由多头分散向统筹集中转变；在扶贫开发模式上实现由偏重输血向注重造血转变；在扶贫考评体系上实现由侧重考核地区生产总值向主要考核脱贫成效转变。

其次，要做到精准扶贫、精准脱贫。2013年习近平总书记在湖南省花垣县排碧乡十八洞村调研时提出“实事求是，因地制宜，分类指导，精准扶贫”的重要论断，标志着“精准扶贫”概念的正式提出。在习近平总书记看来，把扶贫攻坚抓紧、抓准、抓到位就必须坚持精准扶贫；只有坚持精准扶贫，才能“坚决阻止贫困现象代际传递”。习近平总书记进一步强调：“要在精准扶贫、精准脱贫上下更大功夫”，要大力推进基本公共服务，突出精准扶贫、精准脱贫；坚持精准扶贫、精准脱贫，重在提高脱贫攻坚成效，“关键是要找准路子、构建好的体制机制……必须在精准施策上出实招、在精准推进上下实功、在精准落地上见实效”。

精准扶贫、精准脱贫这两个概念的提出意义尤为重大。一方面，有利于坚持问题导向，解决好扶贫开发工作中底数不清、目标不准、效果不佳等问题，对扶贫开发脱贫攻坚取得实在成效、确保全面建成小康社会具有重大的现实意义；另一方面，有利于更好地坚持托底的社会政策，维护社会的和谐与稳定，对持续不断地保障和改善民生，实现精细化社会治理，促进社会公平正义，也具有深远的历史意义。

习近平总书记对如何实现精准扶贫、精准脱贫，有非常深入的思考和非常全面的论述。首先，他提出了“六个精准”和“四个一批”。“各地都要在扶持对象精准、项目安排精准、资金使用精准、措施到户精准、因村派人（第一书记）精准、脱贫成效精准上想办法、出实招、见真效。”“要实施‘四个一批’的扶贫攻坚行动计划，通过扶持生产和就业发展一批，通过移民搬迁安置一批，通过低保政策兜底一批，通过医疗救助扶持一批，实现贫困人口精准脱贫。”其次，不久后，他又订正了自己提出的“六个精准”和“四个一批”。他在2015年减贫与发展高层论坛上发表主旨演讲，提出中国将实施精准扶贫方略，“即扶持对象精准、项目安排精准、资金使用精准、措施到户精准、因村派人精准、脱贫成效精准”；在党的十八届五中全会作“十三五”规划建议的起草说明时，他从“产业扶持”“转移就业”“易地搬迁”“社保兜底”四个方面，算了一笔2020年前实现脱贫攻坚目标的明细账，实际上是修订了此前提出的“四个一批”。最后，他又将“四个一批”发展为“五个一批”，强调要“发展生产脱贫一批”“易地搬迁脱贫一批”“生态补偿脱贫一批”“发展教育脱贫一批”“社会保障兜底一批”，并设定时间表以实现贫困的“有序退出”，提出“脱没脱贫要同群众一起算账，要群众认账”，从“六个精准”的提出到修正完善其内涵，从“四个一批”的提出到修正发展为“五个一批”，体现了习近平总书记精准扶贫、精准脱贫思想的发展轨迹，表明习近平总书记对精准扶贫、精准脱贫的实现进行了深刻的理性思考。

2015年11月，“六个精准”“五个一批”和贫困退出等内容写进《中共中央国务院关于打赢脱贫攻坚战的决定》，成为健全精准扶贫工作机制的核心内容。此后，习近平总书记主持召开的中央深改组第二十二次会议进一步研究了建立贫困退出机制的问题。可见，习近平总书记关于精准扶贫、精准脱贫的诸多重要构想，都转化成了中央的战略决策，是指导精准扶贫、精准脱贫工作的重要行动指南。

最后，确保如期实现脱贫攻坚目标，需要抓紧工作，攻坚拔寨。2020年要实现全面建成小康社会的第一个百年奋斗目标的时间越来越近，习近平总书记指出，“必须时不我待地抓好扶贫开发工作，决不能让困难地区和困难群众掉队。党和国家要把抓好扶贫开发工作作为重大任务，贫困地区各级领导干部更要心无旁骛聚精会神抓好这项工作，团结带领广大群众通过顽强奋斗早日改变面貌”。他还进一步指出，我们一定要抓紧工作。

加大投入，努力在统筹城乡关系上取得重大突破特别是要在破解城乡二元结构、推进城乡要素平等交换和公共资源均衡配置上取得重大突破。他提醒大家，扶贫开发工作依然面临十分艰巨而繁重的任务，“我国扶贫开发工作已进入啃硬骨头攻坚拔寨的冲刺期”。因此，“必须以更大的决心、更明确的思路、更精准的举措、超常规的力度众志成城实现脱贫攻坚目标，决不能落下一个贫困地区、一个贫困群众”。他同时还强调：“脱贫致富终究要靠贫困群众用自己的辛勤劳动来实现。没有比人更高的山，没有比脚更长的路。”以上论述深刻地表明，在短短的几年之内使数千万人口消除贫困，是惊天动地的伟大事业，也是破天荒的攻坚之战。要打赢这场攻坚战，必须决心更大，步子更大，力度更大；必须众志成城，团结奋斗，辛勤劳动；必须心无旁骛，啃硬骨头，迎难而上。

确保如期实现脱贫攻坚目标，需要聚心聚力、决战决胜。2017年2月，习近平总书记在主持中共中央政治局第三十九次集体学习时说，在扶贫开发脱贫攻坚的实践中，“我们形成了不少有益经验，概括起来主要是加强领导是根本、把握精准是要义、增加投入是保障、各方参与是合力、群众参与是基础”。在总结“五个是”经验的基础上，他进一步强调

“三个实”，即“扶贫工作必须务实，脱贫过程必须扎实，脱贫结果必须真实”。他还提出了“七个强化”，即要强化领导责任、强化资金投入、强化部门协同、强化东西协作、强化社会合力、强化基层活力、强化任务落实，集中力量攻坚克难，更好推进精准扶贫、精准脱贫，确保如期实现脱贫攻坚目标。

在党的十九大报告中，习近平总书记继续强调要坚决打赢脱贫攻坚战。他说:“让贫困人口和贫困地区同全国一道进入全面小康社会是我们党的庄严承诺。要动员全党全国全社会力量，坚持精准扶贫、精准脱贫，坚持中央统筹省负总责市县抓落实的工作机制，强化党政一把手负总责的责任制，坚持大扶贫格局，注重扶贫同扶志、扶智相结合，深入实施东西部扶贫协作，重点攻克深度贫困地区脱贫任务，确保到二〇二〇年我国现行标准下农村贫困人口实现脱贫，贫困县全部摘帽，解决区域性整体贫困，做到脱真贫、真脱贫。”习近平总书记的这些论述告诉我们:完成脱贫攻坚目标的底线任务已经迫在眉睫，这就需要我们在总结经验的基础上聚心聚力，更加精心地组织发起更加猛烈的冲锋，奋力拼杀，才能够决战决胜。

| 第八篇 |

功成必定有我

为官一任，造福一方

习近平总书记在庆祝海南建省办经济特区30周年大会上强调，要有“功成不必在我”的精神境界和“功成必定有我”的历史担当。这对各级领导干部树立正确政绩观提出明确要求。

为官一任，造福一方。领导干部都希望自己在任期内干出一番业绩来，这本无可厚非，也值得期盼。但是，一些领导干部往往在工作中滋生出一种急功近利的意识，表现为心浮气躁，期盼“立竿见影”，企图“揠苗助长”，幻想“一口吃成个胖子”，于是热衷于搞“面子工程”“形象工程”，满足于看得见、摸得着、费力少、见效快的“显绩”，对那些不显山、不露水、周期长、见效慢“潜绩”则不上心。这种急于求成的思想，往往心急吃不了热豆腐，常常是欲速则不达，甚至造成资源的浪费和资产的流失。

事实上，“显绩”固然重要，“潜绩”更加可贵。合抱之木，生于毫末；九层之台，起于累土。只有打好基础、管好长远，才能稳扎稳打、行稳致远。当前，推进“五位一体”总体布局和“四个全面”战略布局是一篇大文章，需要统筹联动、相互促进、全面发展，这就要求领导干部树立系统思维，贯彻新发展理念，树立正确的政绩观，从思想上和工作上摆正“显绩”与“潜绩”的辩证关系，自觉抵制浮躁浮夸、急功近利的不良思想和行为，切实把那些基础性工作摆上位、认真抓，潜下心来，扑下身子，用心投入，出实招，办实事，求实效，多办为后人作铺垫、打基础、利长远的实事，多做顺民心、惠民生、利发展的好事，多创造惠及长远、造福后代的潜绩。唯有如此，才能实现好、维护好、发展好人民群众的利益，为经济社会的长远发展注入持续动力。

就任中共中央总书记后，习近平总书记在多个场合宣示改革决心，积极倡导解放思想、开拓创新。在广大干部群众眼中，习近平总书记是一位思想解放、眼界宽广、目光长远的富有改革精神的领导者。

在中国经济特区之一的厦门工作时，习近平领导制定了《1985年—2000年厦门经济社会发展战略》，这成为厦门此后发展规划、实施计划及经济政策制定的重要依据。作为市金融体制改革、经济特区管理建设等领导机构负责人，他研究制定了推动经济特区改革开放的一系列政策措施，积极推动厦门实现计划单列，主导协调解决了计划单列涉及的一些重大政策问题，为厦门长远发展争取了许多有利条件。

习近平总书记认为，作为领导者，既要立足当前，更要着眼长远，甘做铺垫工作，甘抓未成之事。要树立正确政绩观，要有"功成不必在我"的境界，"不含一时之功，不图一时之名"，"一张蓝图绘到底"，"一茬接着一茬干"。

在河北正定时，得知《红楼梦》电视剧组在寻找外景基地，习近平看到潜在的商机，主动上门洽谈，力排众议，说服有关部门和县里投入大笔资金在正定建设拍摄基地"荣国府"并修建荣国府旅游景区。荣国府在建成当年的旅游及门票收入就有1000多万元，不仅收回投资还有盈利。而此时，他已离开正定到了厦门。他创立的"正定旅游模式"让正定后来受益良多。在《红楼梦》拍完之后，又有170多部影视剧在这里拍摄，高峰时每年有130多万人次参观游览。

他在1992年提议并主持制定的"福州3820工程"，分3年、8年、20年提出了不同阶段的经济社会发展战略目标、步骤与措施等。当年确定的主要目标早在几年前就已全部实现，洽谈引进和开工建设的一批特大项目如冠捷电子、中华映管、东南汽车、南方铝业等，带动和培育了一批富有特色的产业群，为福州近20年的发展打下坚实基础，至今仍是福州的领军企业。

担任福建省省长时，习近平在2001年率先开展了治理"餐桌污染"、建设“食品放心工程”的专项工作，得到老百姓广泛称赞。

习近平总书记在1999年率先提出要建设“数字福建”，2000年省人民代表大会正式作出相关决定。他担任了“数字福建”建设领导小组组长。十多年来，这张看不见的“网”逐步四通八达，覆盖了居民生产生活、公共行政服务、城市管理等方方面面，悄然改变了人们的生活方式。到2010年，福建是全国唯一的一个实现全省医院就诊“一卡通”的省份。

2002年，他对武平县的林改工作给予肯定和支持，福建由此在全国率先开展了以“明晰产权、放活经营权、落实处置权、确保收益权”为主要内容的集体林权制度改革，后来成为全国林改的标杆。

“既要金山银山，又要绿水青山。”习近平总书记十分重视生态保护，提出要把生态优势变成经济优势，让生态自然造福子孙后代。针对福建长汀水土流失的严重问题，他于2002年率先提出建设生态省的战略构想，随后福建成为全国第一批生态建设试点省。经过十多年持之以恒的努力，长汀百万亩荒山重披绿衣，福建也成为全国唯一的水、空气、生态环境全优的省份。

2002年到中国经济最发达省份之一的浙江工作后，经过大量广泛深入的调查研究，习近平2003年提出并组织实施“发挥八个方面优势，推进八个重要举措”的“八八战略”，为浙江长远发展打下了坚实基础。

针对推进经济增长方式根本性转变、经济结构战略性调整，他形象地提出“两只鸟”论，要求浙江在“腾笼换鸟”中实现“凤凰涅槃”。“腾笼换鸟”，就是把“走出去”与“引进来”结合起来，积极参与全国的区域合作和交流，腾出发展空间，培育和引进吃得少、产蛋多、飞得高的“俊鸟”。“凤凰涅槃”，就是拿出“壮士断腕”的勇气，摆脱对粗放型增长的依赖，实现产业和企业的浴火重生、脱胎换骨。

2004年，他在浙江推广武义县在村支部、村委会之外设立“村务监督委员会”的经验，建立了村级权力的制衡机制，实现了看得见摸得着的村务监督。村民自治在共建共享中推进，基层民主不再是抽象的概念，而成为农村生活常态，融入农民日常生活，对基层民主建设的实现形式进行了积极探索和成功实践。按照老百姓的话说，“这个机制简单得很，就是能让我们看着村干部，不让他们乱来”。2010年，全国人大常委会修改村民委员会组织法，明确规定“村应当建立村务监督委员会和其他形式的村务监督机构”。

他还提出要立足浙江发展浙江，并形象地用“三老”经济来比喻，即浙江经济是传下来的“老祖宗”经济，因为自古以来浙江就有工商皆本、义利并举的文化传统；是逼出来的“老天爷”经济，因为老天爷给你的自然资源紧缺，就逼迫你必须学会“无中生有”，走出去“闯世界”；是创出来的“老百姓”经济，因为浙江广大民众有着强烈的自我创业欲望和浓厚的商品经济意识。同时又强调要跳出浙江发展浙江，借船出海、借梯登高，主动接轨上海，与江苏等邻近省市加强合作，优势互补，共同发展。这些举措的实施，不仅直接推动了浙江经济社会发展，而且促进了整个长三角一体化进程。

2007年，习近平主政国际化大都市上海。到上海后，他继续倡导力推长三角一体化。在谋划上海未来发展时，他提出，上海的发展绝不可能独善其身，也绝不可以独善其身，必须放在国家对长三角区域发展的总体部署中来思考和谋划，上海要当仁不让地做好长三角的“龙头”。

他在“海纳百川，追求卓越”的“上海城市精神”中，增加了“开明睿智，大气谦和”八个字。上海媒体评论说，这不仅切中了上海舒筋活血之穴，为“上海城市精神”扩了容，更是一次上海向“外面的世界”深思熟虑、更高层次的姿态表达。许多外地的干部群众也纷纷感叹道，“上海变了”。

发扬“钉钉子”精神

“功成不必在我”不能作为安于现状的托词，更不能作为不思进取的借口。习近平总书记在参加十三届全国人大一次会议山东代表团的审议时，明确提出“功成不必在我，不是消极、怠政、不作为”的论断。这就要求各级干部强化责任担当，不驰于空想、不骛于虚声，反对因循守旧，防止故步自封，避免墨守成规，积极出思路、作决策，主动抓发展、促落实，勇做撸起袖子加油干的行动派，不做消极等待、无所作为的“守摊人”。要摒弃功利思维，发扬“钉钉子”的精神，一锤一锤钉下去，做到坚定信心、下定决心、保持恒心，一个声音喊到底，一股劲儿抓到底，确保各项工作扎实推进，不搞花架子，不做表面文章，不搞形式主义，努力使一切工作都经得起实践、群众和历史的检验。

新时代是奋斗的时代。实现中华民族伟大复兴的中国梦，绝不是轻轻松松、敲锣打鼓就能实现的，需要付出更为艰巨、更为艰苦的努力。各级领导干部既要有“功成不必在我”的境界和格局，又要有“功成必定有我”责任和担当，不忘初心、牢记使命，坚持以人民为中心的发展思想，埋头苦干、真抓实干、奋发有为、不懈进取，为夺取新时代中国特色社会主义伟大胜利建功立业。

| 第九篇 |

交出合格的答卷

牢记初心答好卷

1949年3月23日，毛泽东等中央领导从西柏坡前往北平。在路上，毛泽东兴奋地对周恩来说：“今天是进京赶考的日子。”周恩来笑着回答：“我们应当能考试及格，不能退回来。”毛泽东接着说：“退回来就失败了，我们决不当李自成，我们都希望考个好成绩。”2016年7月1日，习近平总书记在庆祝中国共产党成立95周年大会上指出：“这场考试还没有结束，还在继续。”

牢记一颗初心，才能答好卷。中国共产党人的初心和使命，就是为中国人民谋幸福，为中华民族谋复兴。不忘初心、牢记使命，就不能忘记我们是共产党人，不能忘记全心全意为人民服务是我们党的根本宗旨。习近平总书记是党中央的核心，是全党的核心，他说：“我的工作是为人民服务，很累，但很愉快。”

习近平总书记在第十二届全国人民代表大会第一次会议上的讲话中说：“这次大会选举我担任中华人民共和国主席，我对各位代表和全国各族人民的信任，表示衷心的感谢！我深知，担任国家主席这一崇高职务，使命光荣，责任重大。我将忠实履行宪法赋予的职责，忠于祖国，忠于人民，恪尽职守，夙夜在公，为民服务，为国尽力，自觉接受人民监督，决不辜负各位代表和全国各族人民的信任和重托。”

习近平总书记在党的十八届中央政治局常委同中外记者见面时的讲话中说：“刚才，我们召开了中国共产党第十八届中央委员会第一次全体会议，选举产生了新一届中央领导机构，选举我为中央委员会总书记。我代表新一届中央领导机构成员感谢全党同志的信任，定当不负重托，不辱使命。”

“全党同志的重托，全国各族人民的期望，是对我们做好工作的巨大鼓舞，也是我们肩上的重大责任。”

习近平总书记强调，这个重大责任，就是对人民的责任。我们的人民是伟大的人民。在漫长的历史进程中，中国人民依靠自己的勤劳、勇敢、智慧，开创了各民族和睦共处的美好家园，培育了历久弥新的优秀文化。我们的人民热爱生活，期盼有更好的教育、更稳定的工作、更满意的收入、更可靠的社会保障、更高水平的医疗卫生服务、更舒适的居住条件、更优美的环境，期盼孩子们能成长得更好、工作得更好、生活得更好。人民对美好生活的向往，就是我们的奋斗目标。人世间的一切幸福都需要靠辛勤的劳动来创造。我们的责任，就是要团结带领全党全国各族人民继续解放思想，坚持改革开放，不断解放和发展社会生产力，努力解决群众的生产生活困难，坚定不移走共同富裕的道路。

习近平总书记特别强调：“责任重于泰山，事业任重道远。我们一定要始终与人民心心相印，与人民同甘共苦，与人民团结奋斗，夙夜在公，勤勉工作，努力向历史、向人民交出一份合格的答卷。”

做好答卷人

习近平总书记在新进中央委员会的委员、候补委员和省部级主要领导干部学习贯彻习近平新时代中国特色社会主义思想和党的十九大精神研讨班在中央党校开班式上发表重要讲话时指出，时代是出卷人，我们是答卷人，人民是阅卷人。

时代是出卷人。要想答好“卷”就要坚持时代导向。问题是时代的口号，从马克思的这句名言中，可以得出启示：一个先进的政党，总是善于在众声喧哗中听清时代发出的声音，解决时代提出的问题。正如习近平总书记要求的那样，时代是出卷人。要想找准考题，就要在中国特色社会主义新时代这个时代大背景下去找寻答案，回看走过的路、比较别人的路、远眺前行的路，弄清楚从哪儿来、往哪儿去，不骄傲自满，不自欺欺人，不要人夸好颜色。

我们是答卷人。习近平总书记强调，中国共产党所做的一切，就是为中国人民谋幸福、为中华民族谋复兴、为人类谋和平与发展。中国共产党人坚持不忘初心、继续前进，坚持一切为了人民，就是要“不断把为人民造福事业推向前进”。共产党要想答好“卷”，就要带领人民创造美好生活，始终把人民利益摆在至高无上的地位，让改革发展成果更多更公平惠及全体人民，朝着实现全体人民共同富裕不断迈进。必须把人民高兴不高兴、满意不满意、答应不答应作为重要标准。要真心实意在向人民学习中拓展工作视野、丰富工作经验、提高理论联系实际的水平，在倾听人民呼声、虚心接受人民监督中自觉进行自我反省、自我批评、自我教育，在服务人民中不断完善自己，持之以恒克服形式主义、官僚主义，久久为功祛除享乐主义和奢靡之风，永远与人民同呼吸、共命运、心连心，永远把人民对美好生活的向往作为奋斗目标。

人民是阅卷人。人民和人民群众是社会物质和精神财富的创造者，是物质资料和生活资料的生产者，也是社会物质和精神生活的享用者、社会物质资料和生活资料的消费者。人民是社会历史发展的鲜活实践主体，是社会历史发展的最高价值主体；人民群众是社会历史的创造者，是社会历史发展的真正推动者。习近平总书记强调，“人民是历史的创造者，是真正的英雄”，“人民是创造历史的动力，我们共产党人任何时候都不要忘记这个历史唯物主义最基本的道理”，“人民是历史的创造者，是决定党和国家前途命运的根本力量”。只有依靠人民，才能创造历史伟业。我们要始终坚信党的根基在人民、党的力量在人民。历史是人民书写的，一切成就归功于人民。只要我们深深扎根人民、紧紧依靠人民，就可以获得无穷的力量。

| 第十篇 |

反腐倡廉得民心

2012 年 11 月 17 日，习近平总书记在十八届中共中央政治局第一次集体学习时的讲话中指出："一个政党，一个政权，其前途和命运最终取决于人心向背。如果我们脱离群众、失去人民拥护和支持，最终也会走向失败。"

人心向背

为政清廉才能取信于民，秉公用权才能赢得人心。习近平总书记对反腐败斗争的态度旗帜鲜明，他指出："党风廉政建设和反腐败斗争，是党的建设的重大任务。"

党员干部队伍的主流始终是好的。同时，一些领域消极腐败现象仍然易发多发，一些重大违纪违法案件影响恶劣，反腐败斗争形势依然严峻，人民群众还有许多不满意的地方。习近平总书记多次强调，我们要坚定决心，有腐必反、有贪必肃，不断铲除腐败现象滋生蔓延的土壤，以实际成效取信于民。

习近平总书记在主持党的十八届中央政治局第五次集体学习时的讲话中指出："我们党把党风廉政建设和反腐败斗争提到关系党和国家生死存亡的高度来认识，是深刻总结了古今中外的历史教训的。核心的问题是党要始终紧紧依靠人民，始终保持同人民群众的血肉联系，一刻也不脱离群众。要做到这一点，就必须下最大气力解决好消极腐败问题，确保党始终同人民心连心、同呼吸、共命运。"

“中央提出抓作风建设，反对形式主义、官僚主义、享乐主义，反对奢靡之风，就是提出了一个抓反腐倡廉建设的着力点，提出了一个夯实党执政的群众基础的切入点。全党同志一定要从这样的政治高度来认识这个问题，从思想上警醒起来，牢记‘两个务必’，坚定不移转变作风，坚定不移反对腐败，切实做到踏石留印、抓铁有痕，不断以反腐倡廉的新进展新成效取信于民。”

习近平总书记在第十八届中央纪律检查委员会第三次全体会议上的讲话中指出：

“党中央高度重视党风廉政建设和反腐败斗争，中央纪委按照党中央决策部署，在强化党的纪律特别是政治纪律约束、强化执纪监督、强化查办腐败案件等方面攥紧拳头打出去，形成了鲜明的工作特点。经过各级党委、政府和纪检监察机关共同努力，党风廉政建设和反腐败斗争取得了新进展。我们坚持从中央政治局做起，以上带下，发挥了表率作用；坚持以解决突出问题为切入口，扶正祛邪，取得明显进展；坚决查处腐败案件，形成了对腐败分子的高压态势；坚持促进权力规范运行，强化监督，加强和改进巡视工作，畅通人民群众举报和监督渠道，得到了广大干部群众积极评价。

“坚决反对腐败，防止党在长期执政条件下腐化变质，是我们必须抓好的重大政治任务。反腐败高压态势必须继续保持，坚持以零容忍态度惩治腐败。对腐败分子，发现一个就要坚决查处一个。要抓早抓小，有病就马上治。发现问题就及时处理，不能养痈遗患。要让每一个干部都牢记‘手莫伸，伸手必被捉’的道理。‘见善如不及，见不善如探汤。’领导干部要心存敬畏，不要心存侥幸。”

推进反腐败斗争

党的十九大以来，我们贯彻落实新时代党的建设总要求，坚持把党的政治建设摆在首位，深化运用监督执纪“四种形态”，夺取反腐败斗争压倒性胜利，着力惩治群众身边的腐败问题，完善党和国家监督体系，取得了新的重大成果，为实现党和国家事业新发展提供了坚强保障。

改革开放以来，在党中央坚强领导下，各级纪检监察机关坚持党的领导、从严管党治党，探索积累了宝贵经验。这就是，必须坚决维护党中央权威和集中统一领导，确保全党步调一致、行动统一；必须坚持治国必先治党、治党务必从严，确保党成为中国特色社会主义事业的中流砥柱；必须坚持以人民为中心，确保立党为公、执政为民；必须坚持改革创新、艰苦奋斗作风，确保党始终走在时代前列；必须坚决同消极腐败现象作斗争，确保党永葆清正廉洁的政治本色。回顾改革开放40多年的历程，我们可以清楚地看到，在进行社会革命的同时不断进行自我革命，是我们党区别于其他政党最显著的标志，也是我们党不断从胜利走向新的胜利的关键所在。只要我们始终不忘党的性质宗旨，勇于直面自身存在的问题，以刮骨疗毒的决心和意志消除一切损害党的先进性和纯洁性的因素，就能够形成党长期执政条件下实现自我净化、自我完善、自我革新、自我提高的有效途径。

习近平总书记指出，2019年是中华人民共和国成立70周年，是全面建成小康社会、实现第一个百年奋斗目标的关键之年。我们要继续推进全面从严治党，继续推进党风廉政建设和反腐败斗争。习近平总书记就此提出6项任务：一是深入贯彻落实党的十九大精神，不断强化思想武装。坚持用新时代中国特色社会主义思想武装头脑，经常对表对标，及时校准偏差。各级党组织要旗帜鲜明坚持和加强党的全面领导，坚持党中央重大决策部署到哪里，监督检查就跟进到哪里，确保党中央令行禁止。二是加强党的政治建设，保证全党集中统一、令行禁止。要贯彻落实新形势下党内政治生活若干准则，发展积极健康的党内政治文化。要把力戒形式主义、官僚主义作为重要任务。各地区各部门党委（党组）要履行主体责任，紧盯形式主义、官僚主义新动向新表现，拿出有效管用的整治措施。三是弘扬优良作风，同心协力实现小康。要把刹住“四风”作为巩固党心民心的重要途径，对享乐主义、奢靡之风等歪风陋习要露头就打，对“四风”隐形变异新动向要时刻防范。四是坚决惩治腐败，巩固发展压倒性胜利。要坚持靶向治疗、精确惩治，聚焦党的十八大以来着力查处的重点对象，紧盯事关发展全局和国家安全的重大工程、重点领域、关键岗位，加大金融领域反腐力度，对存在腐败问题的，发现一起坚决查处一起。要深化标本兼治，夯实治本基础，一体推进不敢腐、不能腐、不想腐。五是强化主体责任，完善监督体系。要深化国家监察体制改革，高质量推进巡视巡察全覆盖，发挥派驻机构职能作用。各级党委（党组）特别是书记要强化政治担当、履行主体责任，把每条战线、每个领域、每个环节的党建工作抓具体、抓深入。六是向群众身边不正之风和腐败问题亮剑，维护群众切身利益。要做深做实做细市县巡察和纪委监委日常监督，在实践中拓展整治群众身边腐败和作风问题工作，从具体人、具体事着手，将问题一个一个解决。

培育廉洁的家风

习近平总书记不但要求党员领导干部要不敢腐、不能腐、不想腐，还要求他们要培育廉洁的家风。在习近平总书记看来，“广大家庭都要弘扬优良家风，以千千万万家庭的好家风支撑起全社会的好风气”。

在2016年会见第一届全国文明家庭代表时，习近平总书记提出，“动员社会各界广泛参与，推动形成爱国爱家、相亲相爱、向上向善、共建共享的社会主义家庭文明新风尚”，在全社会掀起崇尚好家风、践行家庭美德新的热潮。

积善之家，必有余庆。习近平总书记对好家风的重视，始终如一。

他要求各级领导干部特别是高级干部“向焦裕禄、谷文昌、杨善洲等同志学习，做家风建设的表率，把修身、齐家落到实处”。

焦裕禄有“工作上向先进看齐，生活条件跟差的比”的家训。谷文昌“清白持家、简朴本分、为民奉献”的家风至今仍在当地干部群众中传颂。杨善洲任县委书记时既没有利用职权给家人“农转非”，也没有为儿女端上“铁饭碗”，女儿结婚时还不让请客，不让收礼。

习近平总书记把好家风的传承看得很重。他曾握着焦裕禄的大儿子焦国庆的手说，“你就是当年那个‘看白戏’的孩子吧？你看了一场‘白戏’，你父亲还专门召开了家庭会议，起草了《干部十不准》，规定任何干部在任何时候都不能搞特殊化。‘看白戏’的故事始终深深地印在我的脑海里”。

习近平总书记的好家风也是大家学习的榜样。

习仲勋作为党的高级干部，认为端正党风，首先要从自己做起，从自己的家属做起。在父母严格要求下，习近平生活俭朴，在小时候常常和他弟弟一起穿姐姐们穿过的衣服、鞋子。在习近平走上领导岗位后，齐心专门开家庭会，要求其他子女不得在他工作的领域从事经商活动。受父母耳濡目染影响，习近平秉承家风，对家人要求也非常严格。他担任领导干部后，每到一处工作，都会告诫亲朋好友：“不能在我工作的地方从事任何商业活动，不能打我的旗号办任何事，否则别怪我六亲不认。”无论是在福建、浙江还是在上海工作，他都在干部大会上公开地郑重表态：不允许任何人打他的旗号谋私利，并欢迎大家监督。

领导干部的家风不是私事：“廉洁齐家”首次被列入党内规章。

习近平总书记为何如此重视家风？他自己曾一语道破：“家风好，就能家道兴盛、和顺美满；家风差，难免殃及子孙、贻害社会。”

他关心普通家庭的美德传承，更重视领导干部的家风建设：“领导干部的家风，不是个人小事、家庭私事，而是领导干部作风的重要表现。”

他曾在中纪委六次全会上痛心地指出，“从近年来查处的腐败案件看，家风败坏往往是领导干部走向严重违纪违法的重要原因”。

习近平总书记严词告诫领导干部：“不要以为是干部子弟就谁都奈何不了了。触犯了党纪国法都要处理，而且要从严处理，做给老百姓看。”

言出必行。党的十八大以来，领导干部的家风建设被提到前所未有的高度，一系列配套规章、措施相继出台：上海、北京、广东等地先后试点“规范领导干部配偶、子女及其配偶经商办企业管理工作”；“廉洁齐家，自觉带头树立良好家风”首次写入《中国共产党廉洁自律准则》；《关于新形势下党内政治生活的若干准则》要求“领导干部特别是高级干部必须注重家庭、家教、家风，教育管理好亲属和身边工作人员”，“禁止利用职权或影响力为家属亲友谋求特殊照顾”。

领导干部有了好家风、好作风，才能带动社会风气的形成、大众生活情趣的培养。千千万万家庭培养传承好家风，才能支撑起全社会的好风气。

反腐斗争不许败

我们要始终坚持“反腐败永远在路上”。一方面，这是践行党的宗旨的必然要求。另一方面，这是由党所肩负的历史使命决定的。党的十八大以来，全面从严治党成效卓著。但是，反腐败斗争的形势依然严峻复杂，只有以反腐败永远在路上的坚韧和执着，保证干部清正、政府清廉、政治清明，才能确保党团结带领全国人民实现中华民族伟大复兴的中国梦。

反腐败斗争形成压倒性态势。深藏和潜逃的腐败分子还没有清除干净，滋生腐败问题的因素还没有铲除，共产党凝神筑魂、强筋壮骨的基础性工程尚有差距，反腐败斗争的形势依然严峻复杂，反腐败斗争的任务仍然艰巨繁重。尽管如此，反腐败斗争取得的巨大成效与其他各条战线各个领域取得显著成效相比，其意义和影响更带有根本性、全局性、广泛性、长远性。

反腐败是一场输不起的斗争。腐败如同毒瘤，侵蚀党的肌体，危害党的健康，损害党同人民群众的血肉联系，动摇党的执政基础，关系党的生死存亡。腐败问题，党纪国法不容，人民群众痛恨。我们党是始终把全心全意为人民服务作为根本宗旨的政党，也是一个有责任和担当，敢于刀刃向内和敢于自我革命的政党，党的性质和宗旨决定了党和腐败水火不容。

坚定反腐败必胜的信心和决心。人民群众最痛恨腐败现象，腐败是我们党面临的最大威胁。只有以反腐败永远在路上的坚韧和执着，深化标本兼治，保证干部清正、政府清廉、政治清明，才能跳出历史周期律，确保党和国家长治久安。坚持党要管党、全面从严治党，必然要求我们党坚定不移推进反腐败斗争，持之以恒正风肃纪，通过不懈努力换来海晏河清、朗朗乾坤。

第十一篇

当家作主有保障

实现人民当家作主是共产党人矢志不渝的初心和使命

中国共产党从成立之日起就以实现人民当家作主为己任，团结带领中国人民进行长期不懈奋斗。我们党领导的新民主主义革命，目的就是反对和推翻帝国主义、封建主义、官僚资本主义的统治，争取民族独立和人民自由幸福，实现人民当家作主。1949年新中国的成立，标志着中国政治实现了向人民民主的伟大跨越，开辟了中国人民当家作主的历史新纪元。

新中国成立后，为了保障人民当家作主，维护最广大人民根本利益，我们党在国家生活各个领域进行全面实践和探索，取得显著成就。后来，由于“左”的指导思想的影响，特别是“文化大革命”期间，人民当家

邓小平与陈云在十一届三中全会上

1978年12月，十一届三中全会通过会议公报

作主遭遇严重波折。1978年12月，党的十一届三中全会实现指导思想上的拨乱反正，开启了改革开放历史新时期。改革开放以来，在党的领导下，我国社会主义民主政治建设取得历史性成就，成功开辟、拓展和坚持了中国特色社会主义政治发展道路，社会主义民主政治展现出巨大优越性。

根据我国国家制度的理论基础、制度构建和成功实践，人民当家作主的核心要义是：第一，国家一切权力属于人民，体现在国家根本性质（即国体）上，就是工人阶级领导的、以工农联盟为基础的人民民主专政的社会主义国家；体现在国家政权组织形式（即政体）上，就是人民通过各级人民代表大会行使国家权力。第二，国家建立健全法律制度和体制机制，保证人民依照法律规定，通过各种途径和形式，管理国家事务，管理经济文化事业，管理社会事务。第三，一切国家机关和国家工作人员必须依靠人民的支持，保持同人民的密切联系，倾听人民的意见和建议，接受人民的监督，努力为人民服务。第四，国家制定实施的法律法规和方针政策必须体现人民意志、尊重人民意愿、得到人民拥护，维护最广大人民根本利益。第五，国家各方面事业和各方面工作必须坚持以人民为中心的发展思想，不断满足人民日益增长的美好生活需要，促进人的全面发展。

人民是历史的创造者。实行人民当家作主的民主政治制度，坚持和贯彻唯物史观的根本立场，体现为两个方面的基本功能：一是保证和发展人民当家作主，健全民主制度，丰富民主形式，拓宽民主渠道，实行民主选举、民主协商、民主决策、民主管理、民主监督，保障人民权利和利益；二是广泛动员和有效组织全体人民以国家主人翁的地位投身社会主义建设，充分调动人民积极性、主动性、创造性，坚定地朝着实现社会主义现代化和中华民族伟大复兴的宏伟目标前进。这两个方面紧密联系、相互促进，是一个不断发展的历史过程。

以人民当家作主为本质特征的当代中国社会主义民主政治，通过一系列行之有效的制度安排和活动规范，实现了形式民主与实质民主相统一、程序民主与实体民主相结合、选举民主与协商民主相促进，是维护人民根本利益的最广泛、最真实、最管用的民主。发展社会主义民主政治就是要体现人民意志、保障人民权益、激发人民创造活力，用制度体系保证人民当家作主。

人民代表大会制度作为我国的根本政治制度安排，有着重大的意义

党的十九大报告指出："人民代表大会制度是坚持党的领导、人民当家作主、依法治国有机统一的根本政治制度安排，必须长期坚持、不断完善。"这是一个主旨鲜明、意义深刻、内涵丰富的重大论断，丰富和发展了马克思主义国家和法的理论，对于深入认识和准确把握人民代表大会制度这一根本政治制度具有重要意义。

发展社会主义民主政治，关键是坚持“三者有机统一”。习近平总书记指出：“在中国，发展社会主义民主政治，保证人民当家作主，保证国家政治生活既充满活力又安定有序，关键是要坚持党的领导、人民当家作主、依法治国有机统一。”

党的领导是人民当家作主和依法治国的根本保证，人民当家作主是社会主义民主政治的本质特征，依法治国是党领导人民治理国家的基本方式，三者统一于我国社会主义民主政治伟大实践，这是当代中国政治制度和政治过程最鲜明的特征、最显著的优势。

党的领导、人民当家作主、依法治国是一个相辅相成的有机整体。任何把党的领导、人民当家作主、依法治国割裂开来、对立起来或者相互取代的主张和做法，都不符合社会主义民主政治的根本性质、核心理念和实践要求。

党在我国政治生活中居于领导地位，党的领导是人民当家作主和依法治国的根本保证。党是中国特色社会主义事业的领导核心，反映到社会主义民主政治建设上，就是党在政治生活中居于领导地位。习近平总书记明确指出：“我们强调坚持党的领导、人民当家作主、依法治国有机统一，最根本的是坚持党的领导。”一方面，党的领导是人民当家作主的根本保证。从诞生之日起，我们党就以实现人民当家作主为己任，这也是党的先进性的体现和要求。成为执政党以后，党的所有主张皆体现人民意志，并通过法定程序使其成为国家意志，从而有效保证人民实现当家作主。离开了党的领导，人民当家作主就无从谈起。另一方面，党的领导是依法治国的根本保证。依法治国是我们党提出来的，同时党带领人民在实践中不断推进依法治国。党既领导人民制定宪法法律、执行宪法法律，又自觉在宪法法律范围内活动，做到党领导立法、保证执法、带头守法。实践充分证明，党的领导和社会主义法治是一致的，只有坚持党的领导，依法治国才有可靠的政治保证。

人民当家作主是社会主义民主政治的本质特征，是坚持党的领导和依法治国的坚实基础。习近平总书记指出：“人民民主是中国共产党始终高举的旗帜。”只有坚持人民当家作主，人民才会更加拥护和支持党的领导，才会更加自觉地在党的领导下全面推进依法治国，聚合起发展社会主义民主政治的磅礴伟力。一方面，人民当家作主是坚持党的领导的坚实基础。人民是历史的创造者，是决定党和国家前途命运的根本力量。历史和实践证明，只要人民在国家和社会政治生活中真正享有当家作主的地位，能够切实行使当家作主的权利，人民就会真心拥护和支持党的领导。另一方面，人民当家作主是坚持依法治国的坚实基础。人民是依法治国的主体和力量源泉。只有实现了人民当家作主，才能保证广大人民群众参与立法、执法和司法活动，监督法律的实施，确保良法善治落到实处，全面依法治国方略才能扎实推进。

依法治国是党领导人民治理国家的基本方式，是坚持党的领导和人民当家作主的坚强保障。社会主义民主政治内在地要求依法治国，实现民主政治运行的法治化。党的十八大以来，以习近平同志为核心的党中央始终把法治放在党和国家工作大局中来考虑、来谋划、来推进，为坚持党的领导和人民当家作主提供了坚强的保障。一方面，依法治国为坚持党的领导提供坚强法治保障。我国宪法以根本法的形式反映了党带领人民进行革命、建设、改革取得的成果，确立了在历史和人民选择中形成的中国共产党的领导地位。全面推进依法治国，坚持把法治作为治国理政基本方式，有利于加强和改善党的领导，有利于巩固党的执政地位、完成党的执政使命，为坚持党的领导提供了坚强法治保障。另一方面，依法治国为实现人民当家作主提供坚强法治保障。实践证明，要实现人民当家作主，仅有良好的愿望是不够的，还必须有制度化、法律化的手段作为保障。社会主义法治以保障人民根本利益为出发点和落脚点，保障人民依法享有平等参与国家政治生活的权利，从而真正实现社会主义法治为了人民、依靠人民、造福人民、保护人民。

坚持“三者有机统一”，必须通过国家根本政治制度推进制度化。制度化、规范化、程序化是社会主义民主政治的根本保障。党总揽全局、协调各方的领导核心作用，人民当家作主的根本性质，依法治国的基本方式，这些方面都需要在国家制度上作出总体安排和顶层设计，需要通过一系列相应体制机制来运行和保证，需要在一定制度框架和规则范围内贯彻和实施。人民代表大会制度作为根本政治制度，为实现党的领导、人民当家作主、依法治国提供了有效可靠的制度载体、实施平台和运行轨道，为实现“三者有机统一”创造了根本制度环境和重要运行条件。同时，坚持“三者有机统一”，为推动人民代表大会制度与时俱进、完善发展确立了根本政治方向和政治遵循。

根本政治制度安排的新定位拓展了人民代表大会制度的时代内涵。习近平总书记强调，坚持和完善人民代表大会制度，要做到“四个必须”，即必须毫不动摇坚持中国共产党的领导，必须保证和发展人民当家作主，必须全面推进依法治国，必须坚持民主集中制。这就从制度构建和实践要求上，深刻阐明了党的领导、人民当家作主、依法治国和民主集中制的根本性、内在性、一致性和不可或缺性，丰富拓展了人民代表大会制度的核心内涵、基本特征和本质要求，提升了人民代表大会制度的核心理念。在习近平新时代中国特色社会主义思想指引下，坚定不移走中国特色社会主义政治发展道路，长期坚持、全面贯彻、不断发展人民代表大会制度，是加强人民当家作主制度保障的正确方向和根本途径。

| 第十二篇 |

改革创新为民谋

实施创新驱动发展战略

党的十八大提出实施创新驱动发展战略，强调科技创新是提高社会生产力和综合国力的战略支撑，必须摆在国家发展全局的核心位置。这是中央在新的发展阶段确立的立足全局、面向全球、聚焦关键、带动整体的国家重大发展战略。

我国创新驱动发展已具备发力加速的基础。经过多年努力，科技发展正在进入由量的增长向质的提升的跃升期，科研体系日益完备，人才队伍不断壮大，科学、技术、工程、产业的自主创新能力快速提升。经济转型升级、民生持续改善和国防现代化建设对创新提出了巨大需求。庞大的市场规模、完备的产业体系、多样化的消费需求与互联网时代创新效率的提升相结合，为创新提供了广阔空间。中国特色社会主义制度能够有效结合集中力量办大事和市场配置资源的优势，为实现创新驱动发展提供了根本保障。

党的十八大以来，党和国家事业发展的一个显著特点就是开拓创新。在治国理政的理论探索与实践进程中，习近平总书记提出的中国梦、“四个全面”战略布局、国家治理体系与治理能力现代化、经济发展新常态、新发展理念、人类命运共同体、“一带一路”建设等新理念新思想新战略，其中蕴含的创新思维和开拓进取精神，富有历史性、全局性、系统性和革命性特点，具有里程碑意义。习近平总书记反复强调：“坚持创新发展，就是要把创新摆在国家发展全局的核心位置，让创新贯穿国家一切工作，让创新在全社会蔚然成风。”

同时也要看到，我国许多产业仍处于全球价值链的中低端，一些关键核心技术受制于人，发达国家在科学前沿和高技术领域仍然占据明显领先优势，我国支撑产业升级、引领未来发展的科学技术储备亟待加强。适应创新驱动的体制机制亟待建立健全，企业创新动力不足，创新体系整体效能不高，经济发展尚未真正转到依靠创新的轨道。科技人才队伍大而不强，领军人才和高技能人才缺乏，创新型企业家群体亟须发展壮大。激励创新的市场环境和社会氛围仍需进一步培育和优化。

在我国加快推进社会主义现代化、实现“两个一百年”奋斗目标和中华民族伟大复兴中国梦的关键阶段，必须始终坚持抓创新就是抓发展、谋创新就是谋未来，让创新成为国家意志和全社会的共同行动，走出一条从人才强、科技强到产业强、经济强、国家强的发展新路径，为我国未来十几年乃至更长时间创造一个新的增长周期。

实施创新驱动发展战略，最根本的是要增强自主创新能力，最紧迫的是要破除体制机制障碍，最大限度解放和激发科技作为第一生产力所蕴藏的巨大潜能。面向未来，增强自主创新能力，最重要的就是要坚定不移走中国特色自主创新道路，坚持自主创新、重点跨越、支撑发展、引领未来的方针，加快创新型国家建设步伐。

改革创新是当今时代精神的核心

2013年3月，习近平总书记在十二届全国人大一次会议闭幕会上指出：“实现中国梦必须弘扬中国精神。这就是以爱国主义为核心的民族精神，以改革创新为核心的时代精神。”

时代精神是一个社会最新的精神气质、精神风貌和社会风尚的综合体现。经过5000多年文明史的历练和积累，中华民族形成了以改革创新为核心的时代精神，成为中华民族优良传统的重要组成部分，是中华民族保持强大凝聚力、生命力和创造力的根本所在。

在当今社会，人们的实践活动发生了很大变化，技术创新、社会制度创新等已经成为人们生存和发展活动的最主要的形式，这表明改革创新已经成为当今时代的主题。尤其是20世纪70年代以后，伴随新技术革命浪潮的蓬勃兴起，发达国家开始了持续深入的产业结构调整，社会主义国家和发展中国家出现了市场取向的改革，世界范围内形成了一股经久不衰的创新浪潮，“创新”成为反映当代时代精神的重要概念。也正是在这个意义上，习近平总书记指出：“实现中国梦必须弘扬中国精神。这就是以爱国主义为核心的民族精神，以改革创新为核心的时代精神。”“改革创新始终是鞭策我们在改革开放中与时俱进的精神力量。”

制度创新已经成为推动经济增长和社会发展的重要力量。制度创新不仅可以降低交易成本、为经济提供服务、为合作创造条件、提供激励机制、外部利益内部化等功能对技术进步作贡献，从而间接推动经济增长和社会发展，而且还可以直接促进经济增长和社会发展。尤其是在广大发展中国家，普遍存在着制度缺陷，技术进步、经济增长和社会发展因此缺乏动力和保障机制。在这种情况下，制度就成为社会进步的“瓶颈”，制度创新就显得尤为重要。不仅在发展中国家，而且就发达国家而言，由于科学技术的进步使得传统的经营管理模式发生了根本性的变化，也需要积极进行制度创新，以保证经济增长和社会发展。

当代中国最鲜明的特点，就是在中国共产党领导下坚定不移地推行改革开放。在这一时代条件下，逐步产生了在全社会具有普遍性的追求变革、勇于创新的精神文化。以改革创新为核心的时代精神，是中华民族富于进取的思想品格和马克思主义与时俱进的理论特征与中国革命、建设、改革实践相结合的伟大成果，是中华民族进步的不竭动力。改革创新是时代的最强音，是中华民族繁荣发展的灵魂，是我们国家兴旺发达的不竭动力。1978年，我们党召开具有重大历史意义的十一届三中全会，开启了改革开放历史新时期。从那时以来，中国共产党人和中国人民以一往无前的进取精神和波澜壮阔的创新实践，谱写了中华民族自强不息、顽强奋进的新的壮丽史诗，中国人民的面貌、社会主义中国的面貌、中国共产党的面貌发生了历史性变化。事实雄辩地证明，改革开放是决定当代中国命运的关键抉择，是发展中国特色社会主义、实现中华民族伟大复兴的必由之路。实践永无止境，创新永无止境。

通过创新解决发展中的各种矛盾问题

习近平总书记指出："当前，全党面临的一个重要课题，就是如何正确认识和妥善处理我国发展起来后不断出现的新情况新问题。现在，我们遇到的问题中，有些是老问题，或者是我们长期努力解决但还没有解决好的问题，或者是有新的表现形式的老问题，但大量是新出现的问题。新问题每时每刻都在出现，而且多数又是我们过去不熟悉或者不太熟悉的。出现这样的状况，是由世情、国情、党情的发展变化引起的。不论是新问题还是老问题，不论是长期存在的老问题还是改变了表现形式的老问题，要认识好、解决好，唯一的途径就是增强我们自己的本领。增强本领就要加强学习，既把学到的知识运用于实践，又在实践中增长解决问题的新本领。"

"日新之谓盛德。"创新是中华民族的优良传统，"四大发明"加快了世界走向现代文明的脚步，为人类发展作出了巨大贡献。善于学习、善于继承的习近平总能将创新很好地融合在他的所有工作中，在他的讲话中经常引用"苟日新，日日新，又日新"这一中华历史名言。在延川县梁家河村，他带领群众创新沼气池；在河北正定，他创新旅游业发展，创新发展"半城郊型经济"；在福建宁德，他创新出"四下基层"工作法，创新出摆脱贫困的理论与实践；在浙江，他带领全省干部群众全面推进创新型省份建设，将创新贯穿在全省工作的方方面面。

党的十八大以来，以习近平同志为核心的党中央毫不动摇坚持和发展中国特色社会主义，勇于实践、善于创新，深化对共产党执政规律、社会主义建设规律、人类社会发展规律的认识，形成一系列治国理政新理念新思想新战略，为在新的历史条件下深化改革开放、加快推进社会主义现代化提供了科学理论指导和行动指南。

一是通过科技创新，不断推动生产力的发展，以解决经济发展问题，为人类和社会的发展创造物质基础。习近平总书记指出："一个地方、一个企业，要突破发展瓶颈、解决深层次矛盾和问题，根本出路在于创新，关键要靠科技力量。要加快构建以企业为主体、市场为导向、产学研相结合的技术创新体系，加强创新人才队伍建设，搭建创新服务平台，推动科技和经济紧密结合，努力实现优势领域、共性技术、关键技术的重大突破，推动中国制造向中国创造转变、中国速度向中国质量转变、中国产品向中国品牌转变。"

发展的物质基础则是经济发展，这个问题在发展中国家显得尤为重要。正如联合国粮农组织所指出的："真正的敌人是贫穷和社会不平等。怎么能让饥饿的人们在生存都无法保障的情况下，来保护自然资源和环境，以及为后代创造财富呢？"技术创新作为技术与经济之间的中介环节，在经济的发展中起着至关重要的作用。正如习近平总书记所指出的："世界经济长远发展的动力源自创新。总结历史经验，我们会发现，体制机制变革释放出的活力和创造力，科技进步造就的新产业和新产品，是历次重大危机后世界经济走出困境、实现复苏的根本。"也正是在这个意义上，习近平总书记强调："无论是在国内同中国企业家交流，还是访问不同国家，我都有一个强烈感受，那就是新一轮科技和产业革命正在创造历史性机遇，催生'互联网+'、分享经济、3D打印、智能制造等新理念、新业态，其中蕴含着巨大商机，正在创造巨大需求，用新技术改造传统产业的潜力也是巨大的。我们应该抓住机遇，把推动创新驱动和打造新增长源作为二十国集团新的合作重点，重视供给端和需求端协同发力，加快新旧增长动力转换，共同创造新的有效和可持续的全球需求，引领世界经济发展方向。”“创新驱动是形势所迫。我国经济总量已跃居世界第二位，社会生产综合国力、科技实力迈上了一个新的大台阶。同时，我国发展中不平衡、不协调、不可持续问题依然突出，人口、资源、环境压力越来越大。我国现代化涉及十几亿人，走全靠要素驱动的老路难以为继。物质资源必然越用越少，而科技和人才却会越用越多，因此我们必须及早转入创新驱动发展轨道，把科技创新潜力更好释放出来。”

二是通过文化创新，以解决文化发展问题，为人类和社会的发展提供智力支持和精神动力。正如习近平总书记所指出的：“中华民族有着深厚文化传统，形成了富有特色的思想体系，体现了中国人几千年来积累的知识智慧和理性思辨。这是我国的独特优势。中华文明延续着我们国家和民族的精神血脉，既需要薪火相传、代代守护，也需要与时俱进、推陈出新。要加强对中华优秀传统文化的挖掘和阐发，使中华民族最基本的文化基因与当代文化相适应、与现代社会相协调，把跨越时空、超越国界、富有永恒魅力、具有当代价值的文化精神弘扬起来。”当今世界自然危机、生态危机、人与自然关系的危机、人的生存发展的危机，说到底是文化观念的危机，因而必须在文化观念上进行批判、反思，同时进行建设，实现创新，改变、超越传统的思维方式、价值观念等，如实现整体思维方式，承认、尊重自然自身的价值及其伦理意义等。因此，我们要通过推动中华文明创造性转化、创新性发展，激活其生命力，让中华文明同各国人民创造的多彩文明一道，为人类提供正确精神指引。要围绕我国和世界发展面临的重大问题，着力提出能够体现中国立场、中国智慧、中国价值的理念、主张、方案。我们不仅要让世界知道“舌尖上的中国”，还要让世界知道“学术中的中国”“理论中的中国”“哲学社会科学中的中国”，让世界知道“发展中的中国”“开放中的中国”“为人类文明作贡献的中国”。

三是通过制度创新，推动制度文明的发展，借以实现人、自然和社会的协调发展，提供制度保障。包括社会制度创新、生活方式创新、交往方式创新，以尊重自然、促进自然的发展为基础，协调人与人之间的关系。改革开放是我们党在新的时代条件下带领人民进行的新的伟大革命，开创了中国特色社会主义发展的新征程。改革的一个重要目的是推动我国社会主义制度自我完善和发展，使中国特色社会主义制度更加成熟、更加定型。今天，中国特色社会主义实践已经取得了巨大的阶段性成果，我们建立了中国特色社会主义基本制度。接下来，我们的主要任务就是完善和发展中国特色社会主义制度，为党和国家事业发展、为人民幸福安康、为社会和谐稳定、为国家长治久安提供一整套更加完备、更加定型的制度体系。因此，全面深化改革的实质就是进行系统的制度创新。制度问题带有全局性、稳定性和长期性，是决定一个国家性质和竞争力的根本。全面深化改革，必须紧紧围绕制度创新，大胆闯、勇敢试、有序改，做到蹄疾而步稳，要准确把握改革试点方向，把制度创新作为核心任务，发挥试点对全局改革的示范、突破、带动作用。

第十三篇

引领经济发展新常态

在2016年庆祝中国共产党成立95周年大会上的讲话中，习近平总书记指出："面对中国经济发展进入新常态、世界经济发展进入转型期、世界科技发展酝酿新突破的发展格局，我们要坚持以经济建设为中心，坚持以新发展理念引领经济发展新常态，加快转变经济发展方式、调整经济发展结构、提高发展质量和效益，着力推进供给侧结构性改革，推动经济更有效率更有质量、更加公平、更可持续地发展。"他在党的十八届五中全会报告中提出："实现'十三五'时期发展目标，破解发展难题，厚植发展优势，必须牢固树立创新、协调、绿色、开放、共享的发展理念。"在党的十九大报告中，习近平总书记再次强调指出："发展是解决我国一切问题的基础和关键，发展必须是科学发展，必须坚定不移贯彻创新、协调、绿色、开放、共享的发展理念。"

关于如何坚持以新发展理念引领经济发展新常态，在2015年中央经济工作会议上，习近平总书记提出"十个更加注重"的具体要求：推动经济发展，要更加注重提高发展质量和效益；稳定经济增长，要更加注重供给侧结构性改革；实施宏观调控，要更加注重引导市场行为和社会心理预期；调整产业结构，要更加注重加减乘除并举；推进城镇化，要更加注重以人为核心；促进区域发展，要更加注重人口经济和资源环境空间均衡；保护生态环境，要更加注重促进形成绿色生产方式和消费方式；保障改善民生，要更加注重对特定人群特殊困难的精准帮扶；进行资源配置，要更加注重使市场在资源配置中起决定性作用；扩大对外开放，要更加注重推进高水平双向开放。习近平总书记提出的"十个更加注重"绘就了引领经济发展新常态"怎么干"的行动路线图，是对经济发展新常态的规律性把握，也是深化改革适应和引领新常态的具体举措。

提高经济发展质量和效益

习近平总书记反复强调，“不能简单以国内生产总值增长率来论英雄”。“为了从根本上解决中国经济长远发展问题，必须坚定推动结构改革，宁可将增长速度降下来一些，任何一项事业，都需要远近兼顾深谋远虑，杀鸡取卵、竭泽而渔式的发展是不会长久的。”2015年7月24日，习近平总书记主持党外人士座谈会时强调：“要坚持稳中求进工作总基调，主动适应经济发展新常态，坚持以提高经济发展质量和效益为中心，狠抓工作落实。要保持宏观政策基本稳定，加强政策落实，把我们的战略定力、我们对经济发展的信心通过稳定的政策传导给全社会。”这些论述充分反映了习近平总书记“坚持以经济发展质量和效益为中心”的马克思主义发展观。经济增长包含量和质两个方面，从量上来说，经济增长主要指经济总量即GDP或人均GDP增加；从质上来说，经济增长主要指经济结构的改善、发展方式的转变和效率的提高。当前我国经济总量位居世界第二位，但经济增长的质量和效益不高，主要表现在：长期依靠大规模投资拉动经济增长，导致部分产业产能快速扩张，钢铁水泥、光伏等产业出现严重的产能过剩；产业结构和产品结构不合理，产品技术含量和附加值低；以牺牲环境为代价，资源消耗较大，经济发展的可持续性面临巨大挑战。

提高发展的质量和效益，必须遵循经济规律，按经济规律办事。有质、有效益的发展，必然是遵循经济规律的科学发展、遵循自然规律的可持续发展、遵循社会规律的包容性发展。坚持科学发展，要求我们从实际出发，把握发展新特征，加快转变经济发展方式，实现更高质量、更有效率、更加公平的发展。坚持可持续发展，必须坚持以人与自然和谐相处为目标，牢固树立尊重自然、顺应自然、保护自然的意识，坚持走绿色、低碳、环保、可持续发展之路，构筑尊崇自然、绿色发展的生态体系。坚持包容性发展，必须坚持全面保障和改善民生，构建公平公正、共建共享的包容性发展新机制，使发展成果更多更公平惠及全体人民。

提高发展的质量和效益，必须加快推进经济结构战略性调整。习近平总书记指出："加快推进经济结构战略性调整是大势所趋，刻不容缓。"他要求有关部门积极推进产能过剩行业调整，坚决遏制产能过剩和重复建设。推动战略性新兴产业发展，支持服务业新兴业态和新兴产业发展，加快传统产业优化升级，扎实推进产业结构转型。因此，提高发展的质量和效益，必须培育新的增长点，充分发掘新型工业化、信息化、城镇化、农业现代化进程中的巨大潜力；必须全面推进科技、管理、市场、商业模式的创新，使创新驱动成为发展的新引擎。

深化供给侧结构性改革

2015年11月3日发布的《中共中央关于制定国民经济和社会发展第十三个五年规划的建议》提出，要"优化劳动力、资本、土地、技术管理等要素配置，激发其创新创业活力，推动大众创业、万众创新，释放新需求，创造新供给，推动新技术、新产业、新业态蓬勃发展，加快实现发展动力转换"。同年11月10日，在中央财经小组第十次会议上，习近平总书记强调："在适度扩大总需求的同时，着力加强供给侧结构性改革，着力提高供给体系质量和效率，增强经济持续增长动力，推动我国社会生产水平实现整体跃升。"这是习近平总书记首次提出供给侧结构性改革的思想。

2016年5月16日，习近平总书记主持召开中央财经领导小组第十三次会议时强调指出：推进供给侧结构性改革是综合研判世界经济形势和我国经济发展新常态作出的重大决策，各地区各部门要把思想和行动统一到党中央决策部署上来，重点推进“三去一降一补”，不能因为包袱重而等待、困难多而不作为、有风险而躲避、有阵痛而不前，要树立必胜信念，坚定不移把这项工作向前推进。

在党的十九大报告中，习近平总书记强调：“以供给侧结构性改革为主线，推动经济发展质量变革、效率变革、动力变革，提高全要素生产率。”这一论述充分体现了习近平总书记对适应和引领我国经济发展新常态的新思维和新思考。

供给侧结构性改革强调社会生产应以有效供给为核心，过剩产能是社会资源的限制和浪费，通过供给侧结构性改革转换产能、更新产能，同时将低效供给转化为有效高效供给，创造更有效的生产和更优质的消费。供给侧和需求侧是社会总生产系统的两个方面，这两个方面相互联系、相互依存，共同构成了社会经济系统，是既对立又统一的辩证关系。供给侧结构性改革将经济系统中的两个方面有机结合起来，在不断运动和变化的经济矛盾中集中力量解决经济发展中的结构性矛盾和重点问题，通过优化要素配置和调整生产结构来提高供给体系质量和效率，进而推动经济健康发展。

为什么要推进供给侧结构性改革?

习近平总书记指出：“从国际上看，当前世界经济结构正在发生深刻调整。国际金融危机打破了欧美发达经济体借贷消费，东亚地区提供高储蓄、廉价劳动力和产品，俄罗斯、中东、拉美等提供能源资源的全球经济大循环，国际市场有效需求急剧萎缩，经济增长远低于潜在产出水平。主要国家人口老龄化水平不断提高，劳动人口增长率持续下降，社会成本和生产成本上升较快，传统产业和增长动力不断衰减，新兴产业体量和增长动能尚未积聚。在这个大背景下，我们需要从供给侧发力，找准在世界供给市场上的定位。”

习近平总书记强调：“从国内看，经济发展面临‘四降一升’，即经济增速下降、工业品价格下降、实体企业盈利下降、财政收入下降、经济风险发生概率上升。这些问题的主要矛盾不是周期性的，而是结构性的，供给结构错配问题严重。需求管理边际效益不断递减，单纯依靠刺激内需难以解决产能过剩等结构性矛盾。因此，必须把改善供给结构作为主攻方向，实现由低水平供需平衡向高水平供需平衡跃升。”

在党的十九大报告中，习近平总书记进一步总结指出：“建设现代化经济体系，必须把发展经济的着力点放在实体经济上，把提高供给体系质量作为主攻方向，显著增强我国经济质量优势。”由此可见，推进并深化供给侧结构性改革是应对国际、国内发展形势的必然要求，是适应和引领经济发展新常态的重大创新举措，是适应国际金融危机发生后国际竞争新形势的主动选择，是增强我国经济质量优势的必由之路。

如何推进供给侧结构性改革？

习近平总书记指出：“推进供给侧结构性改革，要从生产端入手，重点是促进产能过剩有效化解，促进产业优化重组，降低企业成本，发展战略性新兴产业和现代服务业，增加公共产品和服务供给，提高供给结构对需求变化的适应性和灵活性。简言之，就是去产能、去库存、去杠杆、降成本、补短板。”（简称“三去一降一补”）“供给侧结构性改革，重点是解放和发展社会生产力，用改革的办法推进结构调整，减少无效和低端供给，扩大有效和中高端供给，增强供给结构对需求变化的适应性和灵活性，提高全要素生产率。”因此，必须瞄准导致我国发展不平衡、不协调、不可持续的体制性障碍推进结构性改革，需要双管齐下：一是对已经形成的过剩产能高杠杆率和“僵尸企业”进行存量调整；二是加快形成新的体制机制，杜绝和防范在增量上出现低水平重复建设。习近平总书记强调的供给侧结构性改革既不同于西方供给学派的改革，也不同于结构主义所提出的改革。从政治经济学角度看，供给侧结构性改革的根本，是使我国供给能力更好满足广大人民日益增长、不断升级和个性化的物质文化和生态环境需要，从而实现社会主义生产目的。

习近平总书记在党的十九大报告中进一步提出了“加快建设制造强国，加快发展先进制造业，推动互联网、大数据、人工智能和实体经济深度融合”，“促进我国产业迈向全球价值链中高端，培育若干世界级先进制造业集群”，以及“激发和保护企业家精神，鼓励更多社会主体投身创新创业。建设知识型、技能型、创新型劳动者大军，弘扬劳模精神和工匠精神，营造劳动光荣的社会风尚和精益求精的敬业风气”等系列新观点。

供给侧结构性改革正是基于当今中国经济发展阶段对中国改革规律认识的升华和创新，是中国经济在新时期为适应经济发展新形势的战略性和结构性的经济改革，是立足于世界发展新格局对马克思主义政治经济学的新发展。

推进以人为核心的新型城镇化

经济发展新常态下，与传统的城镇化相比，新型城镇化要回答好“新”在何处、要如何“新”的问题。

2013年12月，习近平总书记在中央城镇化工作会议上强调：在我们这样一个拥有13亿多人口的发展中大国实现城镇化，在人类发展史上没有先例。粗放扩张、人地失衡、举债度日、破坏环境的老路不能再走了，也走不通了。在这样一个十分关键的路口，必须走出一条新型城镇化道路。要坚持以人为本，推进以人为核心的城镇化。

党的十八大以来，习近平总书记就深入推进新型城镇化建设作出了一系列重要论述，形成了指导中国迈向城市社会的纲领性框架思路，为中国城市发展指明了方向。

城镇化是国家现代化的重要标志和必由之路，既是经济发展的结果，又是经济发展的重要动力。改革开放以来，我国经历了世界历史上规模宏大的城镇化进程，城市发展波澜壮阔，取得了举世瞩目的伟大成就。我国城镇化率从1978年的19.72%提升到2018年的59.58%，2020年要实现常住人口城镇化率达到60%。目前我国常住人口已经接近60%。我国城市数量、城市规模、城市经济总量取得飞速增长。根据世界城镇化发展普遍规律，我国仍处于城镇化率30%—70%的快速发展区间。

我国城镇化过程中也出现了各种矛盾和问题，尤其是随着经济发展进入新常态，城镇化面临新的形势、新的挑战、新的困难。从外部看，国际竞争日趋激烈，我国面临产业转型升级和消化过剩产能的严峻挑战，传统高投入、高消耗、高排放的城镇化模式不可持续；从内部看，随着经济社会发展，缩小城乡差距、14亿人共享发展成果、全面建成小康社会尤为迫切。比如，长久形成的城乡二元结构严重阻碍了城镇化进程，成为制约城乡一体化发展的主要障碍；进城务工人员和其他常住人口尚不能享受同城市居民完全平等的公共服务；许多城市资源环境承载力较弱，环境污染较为严重；大规模的人口流动造成资源的双重占用，影响了城乡社会和谐稳定。可见，我国城镇化呈现机遇与问题并存的局面。

2016年2月，习近平总书记对深入推进新型城镇化建设作出重要指示，提出要坚持以“创新、协调、绿色、开放、共享”的发展理念为引领，以人的城镇化为核心，更加注重提高户籍人口城镇率，更加注重城乡基本公共服务均等化，更加注重环境宜居和历史文脉传承，更加注重提升人民群众获得感和幸福感。要遵循科学规律，加强顶层设计，统筹推进相关配套改革，鼓励各地因地制宜、突出特色、大胆创新，积极引导社会资本参与，促进中国特色新型城镇化持续健康发展。

“推进以人为核心的新型城镇化”的新发展理念，充分尊重人民的主体地位，顺应了城镇化发展的新趋势。推进以人为核心的新型城镇化，必须有序推进农业转移人口市民化。2015年2月，习近平总书记在中央财经领导小组第九次会议上强调，推进城镇化的首要任务是促进有能力在城镇稳定就业和生活的常住人口有序实现市民化。习近平总书记认为，推进城镇化的本质就是农民进城就业、生活。适应农业转移人口高流动性要求，尽快实现社会保险权益可顺畅转移、接续，逐步建立全国统一的教育、就业、医疗卫生、养老、住房、基本生活保障等公共服务体系。

构建区域协调发展新格局

党的十九大报告明确提出："实施区域协调发展战略。加大力度支持革命老区、民族地区、边疆地区、贫困地区加快发展，强化举措推进西部大开发形成新格局，深化改革加快东北等老工业基地振兴，发挥优势推动中部地区崛起，创新引领率先实现东部地区优化发展，建立更加有效的区域协调发展新机制。"早在2013年12月召开的中央经济工作会议上，习近平总书记就指出，积极促进区域协调发展，要继续深入实施区域发展总体战略，完善并创新区域政策，缩小政策单元，重视跨区域、次区域规划，提高区域政策精准性，按照市场经济一般规律制定政策。坚定不移实施主体功能区制度，使自然条件不同区域按照主体功能区定位推动发展。全面建成小康社会，要以各地发展为基础。扎扎实实打好扶贫攻坚战，让贫困地区群众生活不断好起来，贫困地区要把提高扶贫对象生活水平作为衡量政绩的主要考核指标，扶贫工作要科学规划、因地制宜、抓住重点，提高精准性、有效性、持续性。习近平总书记强调，要把促进区域协调发展作为2014年中央需要解决的六项重要任务之一。

2014年6月，习近平总书记在贵州调研时强调，要适应我国经济发展新常态，保持战略定力，加强调查研究，看清形势、适应趋势，发挥优势、破解瓶颈，统筹兼顾、协调联动，善于运用辩证思维谋划经济社会发展。在习近平总书记看来，虽然我国区域协调发展取得卓著成就，但现阶段尤其是经济进入新常态以来，区域发展不平衡的问题依然突出。加强区域发展制度体系的建设和实施方案的设计，既要坚持市场经济方向，又要从我国具体实际出发；既要保障整体利益，又要兼顾地方合理需求；既要体现中央的统筹指导作用，又要充分发挥地方的积极性。这就意味着，我国经济发展进入新常态后，制定和实施区城发展战略，要正确处理好一系列重大关系，推动区域协调发展，努力塑造要素有序自由流动、主体功能约束有效、基本公共服务均等、资源环境可承载的区域协调发展新格局。

习近平总书记审时度势，提出了新的区域发展战略思想。他多次强调要继续实施区域发展总体战略，促进区域协调发展。习近平总书记亲自提出和推动了许多全新的战略构想和重大举措，比如丝绸之路经济带、21世纪海上丝绸之路、中国（上海）自由贸易试验区、京津冀协同发展、长江经济带等，强调以“一带一路”建设、京津冀协同发展、长江经济带发展为重点，构建以城市群、经济带、重点经济区等为支撑的功能清晰、分工合理、各具特色、协调联动的多中心、网络化区域发展格局。这些国家战略，从点到线再到面，从陆上到海上再到海外，从沿海到内陆再到沿边，大开大合，以“国内外联动、区域间协同、外部协同与内部协同并重”理念为统领，打破了单纯的行政区划甚至国界限制，把区域经济规划扩大到跨市、跨省乃至跨国，推动生产要素打破行政区划束缚，在更大的空间范围内进行流动和组合。这些重要思想和战略构想不仅具有重要理论意义，而且在实践上引领中国区域发展迈进了新的时代。

构建区域协调发展新格局，必须促进生产要素跨区域自由流动。习近平总书记在党的十八届五中全会上指出，要推动区域协调发展，要塑造要素有序自由流动、主体功能约束有效、基本公共服务均等、资源环境可承载的区域协调发展新格局。“十三五”时期，我国既要强化政府的规划引导和宏观指导，又要发挥市场配置资源的决定性作用，优化国土空间开发格局，统筹东中西，协调南北方，促进经济要素在更大范围更高层次更广空间顺畅流动与合理配置。在区域协调发展方面，主动适应和引领经济新常态，应更多依靠制度变革结构优化和要素升级。通过深化大范围跨区域的经济合作和协同发展，加快构建全国统一开放、竞争有序的市场体系，打破阻碍要素自由流动的行政壁垒，打破地区封锁和利益藩篱，促进区域之间生产要素互联互通；同时，改善中西部地区的基础设施和营商环境，在经济转型升级过程中，促进东部产业有序向中西部转移，加快内陆地区的工业化进程；不断完善区域分工优化空间布局、加强优势互补，全面提高资源配置效率，释放经济发展潜力，形成更有效率、更加公平、更可持续的区域协调发展新格局。

构建区域协调发展新格局，强调更好发挥政府的积极作用。习近平总书记强调，要采取有力措施促进区域协调发展，加快欠发达地区发展。城乡一体化要协调好，城乡一体的人员流动、布局、社会发展等问题都要规划好。

| 第十四篇 |

谋划布局促变革

党的十八大以来，以习近平同志为核心的党中央励精图治、攻坚克难，统筹推进“五位一体”总体布局、协调推进“四个全面”战略布局，抓住了改革发展稳定的关键，确立了新形势下党和国家各项工作的顶层设计、战略方向，充分体现了当代共产党人的全局视野和战略眼光，推动党和国家事业取得了历史性成就、发生了历史性变革，引领中国特色社会主义进入新时代。

统筹推进新时代“五位一体”总体布局

习近平总书记在主持十八届中央政治局第一次集体学习时的讲话中指出：“建设中国特色社会主义，总依据是社会主义初级阶段，总布局是五位一体。”他还说：“强调总布局，是因为中国特色社会主义是全面发展的社会主义。我们要牢牢抓好党执政兴国的第一要务，始终代表中国先进生产力的发展要求，坚持以经济建设为中心，在经济不断发展的基础上，协调推进政治建设、文化建设、社会建设、生态文明建设以及其他各方面建设。随着我国经济社会发展不断深入，生态文明建设地位和作用日益凸显。党的十八大把生态文明建设纳入中国特色社会主义事业总体布局，使生态文明建设的战略地位更加明确，有利于把生态文明建设融入经济建设、政治建设、文化建设、社会建设各个方面和全过程，这是我们党对社会主义建设规律在实践和认识上不断深化的重要成果。我们要按照这个总体布局，促进现代化建设各方面相协调，促进生产关系与生产力、上层建筑与经济基础相协调。”

政治建设、经济建设、文化建设、社会建设、生态文明建设，它是一个有机统一的整体。五个方面的建设不分先后，不分轻重，不分主次，必须同步，协调一致。要统筹兼顾，不能顾此失彼，不能单打一，不能要一个不要一个，不能抓这个丢那个，要全局在胸，全面贯彻，全面落实，全面发展。只有这样，才能符合总体布局的要求。

站在新的历史方位，党的十九大对我国社会主义现代化建设作出新的战略部署，并明确以“五位一体”的总体布局推进中国特色社会主义事业，从经济、政治、文化、社会、生态文明五个方面，制定了新时代统筹推进“五位一体”总体布局的战略目标，是新时代推进中国特色社会主义事业的路线图，是更好推动人的全面发展、社会全面进步的任务书。

“五位一体”总体布局彰显了马克思主义关于辩证法的思想。“五位一体”总体布局体现了整体与部分的关系。从唯物辩证法的角度看“五位一体”，必须用立体的、多维的、联系的视角，而非平面地、不加区别地“同等看待”。“五位”是各自独立的小系统，经济建设是基础，政治建设是前提，文化建设是灵魂，社会建设是保障，生态文明建设是条件。“五位”更是一体，统一于社会主义建设的完整系统。“一体”是“五位”的关键、根本，是“五位”的核心、全局。“五位”之间相辅相成、互为补充、互相促进，又共同服务于社会主义建设这个“一体”。同时，“五位”又必须要在结构分化的基础上实现功能耦合，通过创造条件促使“五位”与“一体”实现辩证统一，进而发挥出“整体大于部分之和”的整体效应。

统筹推进新时代“五位一体”总体布局，首先要在理念上升华认识。中国特色社会主义进入了新时代，我国发展呈现阶段性特征，社会主要矛盾发生关系全局的历史性变化。要满足人民日益增长的美好生活需要，就必须在继续推动发展的基础上，着力解决好发展不平衡不充分问题。按照党的十九大部署，只有贯彻新发展理念，建设现代化经济体系，才能实现更高质量、更有效率、更加公平、更可持续的发展；只有健全人民当家作主制度体系，发展社会主义民主政治，才能体现人民意志、保障人民权益、激发人民创造活力；只有坚定文化自信，推动社会主义文化繁荣兴盛，才能激发全民族文化创新创造活力；只有提高保障和改善民生水平，加强和创新社会治理，才能使人民获得感、幸福感、安全感更加充实、更有保障、更可持续；只有加快生态文明体制改革，建设美丽中国，才能形成人与自然和谐发展现代化建设新格局。

统筹推进新时代“五位一体”总体布局，必须在实践中加以落实。新时代坚持和发展中国特色社会主义基本方略提出了“十四条坚持”，其中五条坚持是对“五位一体”的深刻阐述，必须全面贯彻。经济建设方面，坚持新发展理念，以供给侧结构性改革为主线，推动经济发展质量变革、效率变革、动力变革，不断解放和发展社会生产力。政治建设方面，坚持人民当家作主，把我国社会主义民主政治的优势和特点充分发挥出来，保证人民当家作主落实到国家政治生活和社会生活之中。文化建设方面，坚持社会主义核心价值体系，发展中国特色社会主义文化，坚持创造性转化、创新性发展。社会建设方面，坚持在发展中保障和改善民生，在发展中补齐民生短板、促进社会公平正义，在幼有所育、学有所教、劳有所得、病有所医、老有所养、住有所居、弱有所扶上不断取得新进展。生态文明建设方面，坚持人与自然和谐共生，形成节约资源和保护环境的空间格局、产业结构、生产方式、生活方式，还自然以宁静、和谐、美丽。

“五位一体”总体布局是在汲取马克思主义思想和智慧基础上，把我们的理想、梦想、设想转变成为新时代发展的宏伟蓝图、路线图，彰显出整体与局部、近期与长远、宏观与微观的有机统一，体现了注重顶层设计与“摸着石头过河”的有机结合。“五位一体”总体布局是任务书，也是承诺书，我们既要当一名筑梦者，也要成为实干家、行动派，把宏伟蓝图、路线图、任务书变成美丽美好美满的现实，推动人的全面自由发展和全人类进步，让马克思主义思想始终闪耀光芒。

协调推进“四个全面”战略布局

正像习近平总书记所说的那样，“四个全面”战略布局是一个有机联系、相互贯通的完整体系，为实现中国梦擘画出清晰路线图。实现中华民族伟大复兴的中国梦，是一个长期而艰巨的历史任务，迫切需要战略布局。

全面建成小康社会是奋斗目标，是我们实现社会主义现代化和中华民族伟大复兴中国梦的阶段性目标，具有战略统领和目标牵引作用。

全面深化改革与全面推进依法治国同为支撑，共同支撑和推动奋斗目标的实现。全面深化改革是实现奋斗目标的根本路径、关键一招、强大动力，全面推进依法治国是实现奋斗目标的基本方式和可靠保障。

中国共产党是中华民族伟大复兴的领导核心，全面从严治党具有全局性、根本性，只有通过全面从严治党才能使我们党坚强起来，才能在全面建成小康社会、全面深化改革、全面推进依法治国的进程中发挥领导核心作用，因而全面从严治党是实现前三个全面的坚强保证。

“四个全面”作为相辅相成、相互支撑、内在统一的整体。“四个全面”协调推进，四足鼎立，共同托举起实现“两个一百年”奋斗目标、实现中华民族伟大复兴中国梦的伟大理想。

全面建成小康社会在“四个全面”战略布局中是目标系统。实现这个目标是实现中华民族伟大复兴的关键一步，最终指向中华民族伟大复兴的中国梦。习近平总书记指出：“中国已经进入全面建成小康社会的决定性阶段。实现这个目标是实现中华民族伟大复兴中国梦的关键一步。”这些重要论断告诉我们，全面建成小康社会是实现中国梦的阶段性目标，在实现中国梦中具有重要的历史地位。

全面深化改革在“四个全面”战略布局中是一个动力系统。通过全面深化改革，做到进一步解放思想，进一步解放和发展社会生产力，从而为中华民族伟大复兴提供强大的动力。习近平总书记强调，改革开放是决定当代中国命运的关键一招，也是决定实现“两个一百年”奋斗目标、实现中华民族伟大复兴的关键一招。实现党的十八大描绘的全面建成小康社会、加快推进社会主义现代化、实现中华民族伟大复兴的宏伟蓝图，要求全面深化改革。全面深化改革就是要着力解决影响全面建成小康社会、影响实现中华民族伟大复兴中国梦的各种突出矛盾和问题，事关中国共产党成立一百年时全面建成小康社会目标的实现，事关新中国成立一百年时建成富强民主文明和谐美丽的社会主义现代化国家目标的实现，也事关中华民族伟大复兴中国梦目标的实现。

全面推进依法治国在“四个全面”战略布局中是一个保障系统。通过推进全面依法治国，使我们的改革和发展不可任性和随意而为，在法治的轨道内有序进行，从而更好地避免出现颠覆性的错误，为实现“两个一百年”奋斗目标和中华民族伟大复兴中国梦提供基本的法治保障。法治和人治问题是人类政治文明史上的一个基本问题，也是各国在实现现代化过程中必须面对和解决的一个重大问题。纵观世界近现代史，凡是顺利实现现代化的国家，没有一个不是较好解决了法治和人治问题的。相反，一些国家虽然也一度实现快速发展，但并没有顺利迈进现代化的门槛，而是陷入这样或那样的“陷阱”，出现经济社会发展停滞甚至倒退的局面。后一种情况很大程度上与法治不彰有关。我国是一个有近14亿人口的大国，地域辽阔，民族众多，国情复杂。我们党在这样一个大国执政，要保证国家统一、法制统一、政令统一、市场统一，要实现经济发展、政治清明、文化昌盛、社会公正、生态良好，都需要秉持法律这个准绳、用好法治这个方式。全面依法治国是着眼于实现中华民族伟大复兴中国梦、实现党和国家长治久安的长远考虑，是一件为长远发展、为子孙万代设计的大事，它与全面深化改革是“鸟之两翼”“车之双轮”，成为上下贯通的“姊妹篇”，是党中央治国理政的重要方略。

全面从严治党在“四个全面”战略布局中是一个组织保证系统。坚持全面从严治党，切实解决自身存在的突出问题，切实改进工作作风，密切联系群众，使我们党始终成为中国特色社会主义事业的坚强领导核心，从而为中华民族伟大复兴的中国梦提供坚强的组织保证。办好中国的事情，关键在党。我们党的形象和威望、党的创造力凝聚力战斗力不仅直接关系党的命运，而且直接关系国家的命运、人民的命运、民族的命运。习近平总书记在2014年10月党的群众路线教育实践活动总结大会上提出了全面从严治党的战略任务，并指出："历史使命越光荣，奋斗目标越宏伟，执政环境越复杂，我们就越要增强忧患意识，越要从严治党。"治党全面了、从严了，我们党就坚强有力。党坚强有力，党同人民保持血肉联系，国家就繁荣稳定，人民就幸福安康，我们的事业就无往而不胜。全面从严治党，不仅对全面建成小康社会、全面深化改革、全面依法治国起着政治保证、组织保证的重要作用，而且是引领民族复兴的关键所在。

"四个全面"战略布局深刻体现出习近平治国理政的首要特点：问题意识。"四个全面"战略布局是直面党和国家面临的突出问题。习近平总书记明确讲，问题是时代的声音。"四个全面"战略布局，其中第一个全面建成小康社会，真正的思想是面对发展不平衡、不协调问题。经济总量领先下的人均落后是对先富起来的共同富裕的挑战。全面建成小康社会就是对共同富裕一种新的表述，是新形势下一种新的表述。邓小平同志讲20世纪末要突出解决贫富差距问题，但是这个问题拖了10多年没有解决。全面建设小康实际上就是解决这个问题。习近平总书记讲"一个山区不能少，一个民族不能少，一个人不能少"，实际上就是要共同富裕，这是一个社会问题的托底，当然不是平均主义。第二是直面深化改革。直面改革的深层次矛盾和利益固化的问题。习近平总书记讲现在是三期叠加，即增长速度换挡期、结构调整阵痛期、前期刺激政策消化期。在这种情况下，矛盾利益关系非常复杂，改革都是难啃的硬骨头，牵一发而动全身。第三是直面治理方式不适应法治不彰的问题。吴邦国同志曾在2011年宣布中国法律体系已经完成了，但是有法不依、执法不严，违法不究这些问题仍然存在。所以要全面依法治国。第四是直面我们党面临的考验和风险。我们党面临四大考验、四大危险。区域性、系统性、家族式、塌方式腐败，是严重损害党群关系的一些问题。解决这些问题必须依靠全面从严治党。这些矛盾和问题是中华民族伟大复兴道路上的障碍，针对解决这个问题就是开展“四个全面”。

“四个全面”战略布局更是体现出习近平治国理政的第二大特点：为民情怀。“四个全面”战略布局回应了人民群众的热切期待。习近平总书记讲过，“人心是最大的政治”，这个讲得非常好。问题是时代的声音，人心是最大的政治。习近平总书记第一次和记者见面，就讲道：“人民对美好生活的向往就是我们的奋斗目标。”2015年，在中央群团工作会议上，习近平总书记又明确地讲，当年在延安毛泽东讲“什么叫政治？政治就是把拥护我们的人搞得多多的，把反对我们的人搞得少少的”，所以人心就是最大的政治。

要怎么得人心？首先要建成小康社会，全面建成小康社会是人民的梦想，也是国家强大之梦，激励人民为“中国梦”而奋斗。进一步深化改革解决什么呢？全面深化改革就要破除在实现人民幸福道路上的体制障碍。改革是动力，发展是目标，稳定是前提。没有和谐稳定的环境，改革发展都不可能成功，人民幸福也不能实现，所以说必须通过全面依法治国，夯实人民幸福的法治基础。“四个全面”总体来看，全面建成小康社会就像一列高速列车，改革是发动机，法治是稳定器，党的领导是火车头。人民幸福靠谁？还是靠党！在我们这个国家，关键在党。所以说，全面从严治党为实现人民幸福提供了政治保障，“四个全面”布局是回应人民愿望和心声，以人民利益为经纬来谋篇布局，是我们执政为民理念的集中表达。

| 第十五篇 |

坚守住民族的灵魂

习近平总书记指出，文化是一个国家、一个民族的灵魂，文化兴则国运兴，文化强则民族强。没有高度的文化自信，没有文化的繁荣兴盛，就没有中华民族伟大复兴。发展中国特色社会主义文化，要坚定文化自信，增强文化自觉，坚持走中国特色社会主义文化发展道路，激发全民族文化创新创造活力，建设社会主义文化强国。

文化自信的力量

坚定文化自信是事关国运兴衰，事关文化安全、事关民族精神独立性的大问题。习近平总书记强调，文化自信是更基础、更广泛、更深厚的自信，是更基本、更深沉、更持久的力量。党的十九大将中国特色社会主义文化同中国特色社会主义道路、理论、制度一道作为中国特色社会主义的重要组成部分，强调要增强“四个自信”。这反映了我们党对文化地位和作用认识的极大深化，充分体现了我们党高度的文化自觉和文化担当。

坚定中国特色社会主义道路自信、理论自信、制度自信，说到底就是要坚定文化自信。在几千年的历史流变中，世世代代的中华儿女培育和发展了独具特色、博大精深的中华文化，为中华民族克服困难、生生不息提供了强大精神支撑。历史和现实反复表明，一个国家、一个民族只有对自身文化理想、文化价值充满信心，对自身文化生命力、创造力充满信心，才能有坚持坚守的定力、奋起奋发的勇气、创新创造的活力。一个抛弃或者背叛了自己历史文化的民族，不仅不可能发展起来，而且很可能上演一幕幕历史悲剧。

讲文化自信有充分理由和充足底气。中国特色社会主义文化，源自中华民族5000多年文明历史所孕育的中华优秀传统文化，熔铸于党领导人民在革命、建设、改革中创造的革命文化和社会主义先进文化，植根于中国特色社会主义伟大实践。博大精深、灿烂辉煌的中华优秀传统文化积淀着中华民族最深层的精神追求，包含着中华民族最根本的精神基因，代表着中华民族独特的精神标识，不仅为中华民族发展壮大提供了丰厚滋养，也为人类文明进步作出了卓越贡献。这是我们坚定文化自信的深厚基础。激昂向上的革命文化和生机勃勃的社会主义先进文化是中华优秀传统文化的凝聚升华，是中国共产党人和中国人民伟大创造精神的生动体现，是激励全党全国各族人民奋勇前进的强大精神力量，这是我们坚定文化自信的坚强基石。改革开放以来，我们党团结带领全国各族人民坚持不懈地进行中国特色社会主义伟大实践，推动我国经济实力、科技实力、国防实力、综合国力进入世界前列，使科学社会主义在21世纪显示出强大生命力，使中华民族以崭新姿态屹立于世界的东方。这是我们坚定文化自信的强大支撑。

在中国特色社会主义进入新时代的今天，在中华民族伟大复兴迎来光明前景的今天，坚定文化自信，发展中国特色社会主义文化，必须坚持马克思主义，牢固树立共产主义远大理想和中国特色社会主义共同理想，培育和践行社会主义核心价值观，不断增强意识形态领域主导权和话语权，推动中华优秀传统文化创造性转化、创新性发展，继承革命文化，发展社会主义先进文化，不忘本来、吸收外来、面向未来，更好构筑中国精神、中国价值、中国力量，为人民提供精神指引。

核心价值观凝心聚力

核心价值观是一个国家的重要稳定器，一个民族、一个国家，如果没有共同的核心价值观，就会魂无定所、行无依归。我国是一个有近14亿人口、56个民族的大国，确立反映全国各族人民共同认同的价值观“最大公约数”，使全体人民同心同德、团结奋进，关乎国家前途命运，关乎人民幸福安康。

一个民族、一个国家的核心价值观必须同自身的历史文化相契合，同自身正在进行的奋斗相结合，同自身需要解决的时代问题相适应。在当代中国，我们的民族、我们的国家应该坚守什么样的核心价值观？党的十八大以来，我们坚持倡导富强、民主、文明、和谐，自由、平等、公正、法治，爱国、敬业、诚信、友善的社会主义核心价值观。社会主义核心价值观把涉及国家、社会、公民三个层面的价值要求融为一体，深入回答了我们要建设什么样的国家、建设什么样的社会、培育什么样的公民的重大问题，是当代中国精神的集中体现，凝结全体人民共同的价值追求。党的十九大指出，培育和践行社会主义核心价值观，要以培养担当民族复兴大任的时代新人为着眼点。面对新时代新要求，落实好这一重大战略任务，必须强化教育引导、实践养成、制度保障，发挥社会主义核心价值观的引领作用，使之融入社会发展各方面，转化为人们的情感认同和行为习惯。

培育和践行社会主义核心价值观，要着力培养担当民族复兴大任的时代新人。建设什么样的社会，实现什么样的目标，人是决定性因素。社会主义核心价值观建设，说到底是人的思想建设、灵魂建设，聚焦的是造就具有正确世界观、人生观、价值观的建设者。这样的时代新人，应当在有自信、尊道德、讲奉献、重实干、求进取等方面，有新风貌、新姿态、新作为。要进一步探索把握时代新人的标准和要求，把“培育什么样的价值观”同“培养什么样的人”更加紧密地结合起来，不断深化和拓展社会主义核心价值观建设。

培育和践行社会主义核心价值观，要注重全方位贯穿、深层次融入。任何一种价值观在全社会的确立，都是一个思想教育与社会孕育相互促进的过程，都是一个内化与外化相辅相成的过程。把社会主义核心价值观更好地贯穿国民教育之中，融入教育教学、校风学风，引领师德建设。把培育和践行社会主义核心价值观作为精神文明创建的根本任务，体现到文明城市、文明村镇、文明单位、文明家庭、文明校园创建活动各个方面。把社会主义核心价值观渗透到精神文化产品创作生产传播各环节，潜移默化地增进人们对社会主义核心价值观的认同和践行。立足中华优秀传统文化，从中汲取丰富营养，使其成为涵养社会主义核心价值观的重要源泉。充分发挥法律和政策的保障作用，坚持依法治国和以德治国相结合，把社会主义核心价值观融入法治国家、法治政府、法治社会建设全过程，贯穿立法、执法、司法、守法各方面。

培育和践行社会主义核心价值观，要在落细、落小、落实上下功夫。习近平总书记强调，要使社会主义核心价值观的影响像空气一样无所不在、无时不有，必须坚持全民行动、干部带头，从家庭做起，从娃娃抓起。动员全社会共同参与、共同行动，使之与人们的日常生产生活深度融合，成为全体人民日用而不觉的行为准则。党员干部要发挥示范带动作用，用自己的模范行为和高尚人格感召群众、带动群众。把家风建设作为重要抓手，运用生活化的场景、日常化的活动、具体化的载体，推动社会主义核心价值观在家庭中生根。深化未成年人思想道德建设，教育引导广大青少年“扣好人生第一粒扣子”，勤学、修德、明辨、笃实，身体力行社会主义核心价值观。

加快构建中国特色哲学社会科学

哲学社会科学作为人们认识世界、改造世界的重要工具，是推动历史发展和社会进步的重要力量。习近平总书记强调，人类社会每一次重大跃进，人类文明每一次重大发展，都离不开哲学社会科学的知识变革和思想先导。新时代坚持和发展中国特色社会主义，需要不断在实践和理论上进行探索、用发展的理论指导发展的实践。在这个过程中，哲学社会科学具有不可替代的重要地位。

坚持以马克思主义为指导，是当代中国哲学社会科学区别于其他哲学社会科学的根本标志，历史和现实证明，马克思主义是科学的理论，迄今仍然有强大的生命力，依然占据真理和道义的制高点。没有马克思主义的指导，我国哲学社会科学就会失去灵魂、迷失方向，最终也不能发挥应有的作用。坚持以马克思主义为指导，首先要解决真懂真信的问题，核心要解决好为什么人的问题，最终要落实到怎么用上来。我们要自觉把马克思主义中国化最新成果贯穿研究和教学全过程，转化为清醒的理论自觉、坚定的政治信念、科学的思维方法。要坚持以人民为中心的研究导向，树立为人民做学问的理想，努力多出经得起实践、人民、历史检验的研究成果。要增强问题意识，聆听时代的声音、回应时代的呼唤，认真研究我国发展和我们党执政面临的重大理论和实践问题。要把坚持马克思主义和发展马克思主义统一起来，结合新的实践不断作出新的理论创造，继续发展21世纪中国的马克思主义。

加快构建中国特色哲学社会科学，是历史赋予我们的时代重任。要按照立足中国、借鉴国外，挖掘历史、把握当代，关怀人类、面向未来的思路，着力构建中国特色哲学社会科学，在指导思想、学科体系、学术体系、话语体系等方面充分体现中国特色、中国风格、中国气派。要体现继承性、民族性，坚持古为今用、洋为中用。善于融通马克思主义、中华优秀传统文化和国外哲学社会科学的资源，坚持从我国实际出发，着力提出立足中国立场、具有中国智慧、反映中国价值的理念、主张、方案。要体现原创性、时代性，以我们正在做的事情为中心，从改革发展的实践中挖掘新材料、发现新问题、提出新观点、构建新理论。要体现系统性、专业性，努力使基础学科健全扎实、重点学科优势突出、新兴学科和交叉学科创新发展、冷门学科代有传承、基础研究和应用研究相辅相成、学术研究和成果应用相互促进，完善哲学社会科学教材体系、加强话语体系建设，增强我国哲学社会科学研究的国际影响力。

构建中国特色哲学社会科学，要一手抓繁荣发展、一手抓引导管理，充分发挥哲学社会科学在治国理政中的重要作用，推进马克思主义理论研究和建设工程，加强中国特色新型智库建设，重点围绕国家重大战略需求开展前瞻性、针对性、储备性政策研究。要以中国特色哲学社会科学引领人民自觉践行社会主义核心价值观，培育高尚的人格魅力，引领良好的社会风气，做真善美的追求者和传播者。

提高党的新闻舆论的“四力”

党的新闻舆论工作处于意识形态斗争最前沿，是党的一项重要工作，是治国理政、定国安邦的大事。习近平总书记强调，做好党的新闻舆论工作，事关旗帜和道路，事关贯彻落实党的理论和路线方针政策，事关顺利推进党和国家各项事业，事关全党全国各族人民凝聚力和向心力，事关党和国家前途命运。必须从党的工作全局出发把握党的新闻舆论工作，做到思想上高度重视、工作上精准有力，不断提高新闻舆论传播力、引导力、影响力、公信力。

新时代党的新闻舆论工作的职责和使命是，“高举旗帜、引领导向，围绕中心、服务大局，团结人民、鼓舞士气，成风化人、凝心聚力，澄清谬误、明辨是非，联接中外、沟通世界”。这是中央对新闻舆论工作的基本定位和明确要求，为新闻舆论战线不负重托、尽职尽责指明了方向。承担起这个职责和使命，必须把正确政治方向摆在第一位。

牢牢坚持党性原则。党性原则是党的新闻舆论工作的根本原则。坚持党性原则，最根本的是坚持党对新闻舆论工作的领导。无论时代如何发展、媒体格局如何变化，党管媒体的原则和制度不能变，党和政府主办的媒体必须姓党，必须抓在党的手里，必须成为党和人民的喉舌。党的新闻舆论媒体的所有工作，都要体现党的意志、反映党的主张，维护党中央权威、维护党的团结，做到爱党、护党、为党；都要增强“四个意识”，自觉在思想上、政治上、行动上同以习近平同志为核心的党中央保持高度一致。坚持党性和人民性的统一，确保新闻媒体始终为人民服务。

牢牢坚持马克思主义新闻观。新闻观是新闻舆论工作的灵魂，马克思主义新闻观是马克思主义立场、观点、方法在新闻工作中的根本体现，是做好党的新闻舆论工作的“定盘星”。要深入开展马克思主义新闻观教育，引导广大新闻舆论工作者认清西方所谓“新闻自由”的本质，自觉抵制西方新闻观等错误观点影响，做党的政策主张的传播者、时代风云的记录者、社会进步的推动者、公平正义的守望者。

牢牢坚持正确舆论导向。这是全国各族人民的根本利益所在，也是最重要最根本的导向，习近平总书记指出，舆论导向正确，就能凝聚人心、汇聚力量，推动事业发展；舆论导向错误，就会动摇人心、瓦解斗志，危害党和人民事业。要坚持以正确舆论引导人，做到所有工作都有利于坚持中国共产党领导和社会主义制度，有利于推动改革发展，有利于增进全国各族人民团结，有利于维护社会和谐稳定。要把坚持正确舆论导向贯穿新闻舆论工作各个方面、各个环节，落实到每一个新闻舆论工作者身上，层层把关、人人负责，唱响主旋律，传播正能量。

牢牢坚持正面宣传为主。团结稳定鼓劲、正面宣传为主，是党的新闻舆论工作必须遵循的基本方针。做好正面宣传，要注重提高质量和水平，用心用情开展宣传，让群众爱听爱看，不断增强吸引力和感染力。坚持正面宣传为主，要把真实性视为新闻的生命，坚持马克思主义立场观点方法，既准确报道个别事实，又从宏观上把握和反映事件或事物的全貌。坚持正面宣传为主，不是不能触及负面问题，关键是要从总体上把握好平衡。既要直面工作中存在的问题，直面社会丑恶现象，激浊扬清、针砭时弊，也要事实准确、分析客观。

“明者因时而变，知者随事而制。”随着形势发展，党的新闻舆论工作必须坚持改进创新，不断提高能力和水平。增强工作针对性，适应分众化、差异化传播趋势，加快构建舆论引导新格局。推动融合发展，推动传统媒体和新兴媒体在内容、渠道、平台、经营、管理等方面深度融合，形成立体多样、融合发展的现代传播体系。把握好时度效，把准时机、节奏，把准力度、分寸，从群众口碑、社会共识上看效果。加强国际传播能力建设，增强国际话语权，讲好中国故事。新闻舆论工作者要增强政治家办报意识，提高业务能力，转作风改文风，加强道德修养，努力成为全媒型、专家型人才，努力推出有思想、有温度、有品质的作品。

文艺创造要有时代气息

文艺是时代前进的号角，最能代表一个时代的风貌，最能引领一个时代的风气。文运同国运相牵，文脉同国脉相连。实现中华民族伟大复兴，需要坚忍不拔的伟大精神，需要振奋人心的伟大作品。习近平总书记指出，社会主义文艺是人民的文艺，必须坚持以人民为中心的创作导向，在深入生活、扎根人民中进行无愧于时代的文艺创造，不断繁荣发展社会主义文艺。

繁荣发展社会主义文艺，首先要解决文艺为什么人的问题，这是一个根本的问题、原则的问题。社会主义文艺，从本质上讲，就是人民的文艺。文艺要反映人民心声，就要坚持为人民服务、为社会主义服务这个根本方向，努力为人民抒写、为人民抒情、为人民抒怀。要把满足人民精神文化需求作为文艺和文艺工作的出发点和落脚点，把人民作为文艺表现的主体，把人民作为文艺审美的鉴赏家和评判者，把为人民服务作为文艺工作者的天职。

必须坚持以人民为中心的创作导向，深刻认识和把握好文艺与人民的辩证关系。一是人民需要文艺。随着人民美好生活需要日益广泛，人民对包括文艺作品在内的文化产品的质量、品位、风格等的要求越来越高。文学艺术各领域都要跟上时代发展、把握人民需求，以充沛的激情、生动的笔触、优美的旋律、感人的形象创作生产出有筋骨、有道德、有温度的优秀作品，让人民精神文化生活不断迈上新台阶。二是文艺需要人民。文艺创作方法有一百条、一千条，但最根本、最关键、最牢靠的办法是扎根人民。只有永远同人民在一起，艺术之树才能常青。人民生活是一切文学艺术取之不尽、用之不竭的创作源泉，人民的需要是文艺存在的根本价值所在。要虚心向人民学习、向生活学习，从人民的伟大实践和丰富多彩的生活中汲取营养，始终把人民的冷暖、人民的幸福放在心中，把人民的喜怒哀乐倾注在自己的笔端，讴歌奋斗人生，刻画最美人物，坚定人们对美好生活的憧憬和信心。三是文艺要热爱人民。有没有感情，对谁有感情，决定着文艺创作的命运。文艺工作者要想有成就，就必须对人民爱得真挚、爱得彻底、爱得持久。要深入群众、深入生活，诚心诚意做人民的小学生，解决好“为了谁、依靠谁、我是谁”这些问题，不仅要“身入”，更要“心入”“情入”，在人民中体悟生活本质、吃透生活底蕴，创作出激荡人心的优秀作品。

创作生产出无愧于我们这个伟大民族、伟大时代的优秀作品。要把创作生产优秀作品作为文艺工作的中心环节，坚持思想精深、艺术精湛、制作精良相统一，加强现实题材创作，不断推出讴歌党、讴歌祖国、讴歌人民、讴歌英雄的精品力作，形成“龙文百斛鼎，笔力可独扛”之势。

要把创新精神贯穿文艺创作全过程，在提高原创力上下功夫，在拓展题材、内容、形式、手法上下功夫，让作品更加精彩纷呈、引人入胜，既见“高原”又见“高峰”。要把提高作品的精神高度、文化内涵、艺术价值作为追求，创造出丰富多样的中国故事、中国形象、中国旋律，为世界贡献特殊的声响和色彩，展现特殊的诗情和意境。

大力弘扬社会主义核心价值观，要把培育和弘扬社会主义核心价值观作为根本任务，用栩栩如生的作品形象告诉人们什么是应该肯定和赞扬的，什么是必须反对和否定的。要高扬爱国主义主旋律、用生动的文学语言和光彩夺目的艺术形象，装点祖国的秀美河山、描绘中华民族的卓越风华，激发每一个中国人的民族自豪感和国家荣誉感，引导人民树立正确的历史观、民族观、国家观、文化观，绝不做亵渎祖先、亵渎经典、亵渎英雄的事情。要抒写改革开放和社会主义现代化建设的蓬勃实践，抒写多彩的中国、进步的中国、团结的中国，激励全国各族人民朝气蓬勃迈向未来。

尊重和遵循文艺规律，尊重文艺工作者的创作个性和创造性劳动。要切实加强文艺评论工作，倡导讲品位、讲格调、讲责任，抵制低俗、庸俗、媚俗。加强文艺队伍建设，造就一大批德艺双馨名家大师，培育一大批高水平创作人才。德不优者不能怀远，才不大者不能博见。文艺工作者要把崇德尚艺作为一生的功课，把为人、做事、从艺统一起来，成为先进文化的践行者、社会风尚的引领者，在为祖国、为人民立德立言中成就自我、实现价值。

要创造中华文化新的辉煌

中华优秀传统文化是中华民族的“根”和“魂”，是最深厚的文化软实力，是中国特色社会主义植根的沃土，是我们在世界文化激荡中站稳脚跟的根基。习近平总书记指出，中华民族伟大复兴需要以中华文化发展繁荣为条件，要推动中华优秀传统文化创造性转化、创新性发展，不断增强中华文化的影响力和吸引力，创造中华文化新的辉煌。

在人类文明历史长河中，中国人民创造了源远流长、博大精深的优秀传统文化，为中华民族生生不息、发展壮大提供了强大精神支撑。中华优秀传统文化蕴含的思想观念，如革故鼎新、与时俱进，脚踏实地、实事求是，惠民利民、安民富民，道法自然、天人合一等，为人们认识和改进世界提供了有益启迪，为治国理政提供了有益借鉴。中华优秀传统文化蕴含的人文精神，如求同存异、和而不同的处事方法，文以载道、以文化人的教化思想，形神兼备、情景交融的美学追求，俭约自守、中和泰和的生活理念，等等，滋养了中华民族独特丰富的文学艺术、科学技术、人文学术，至今仍然具有深刻影响。中华优秀传统文化蕴含丰富的道德理念和规范，如天下兴亡、匹夫有责的担当意识，精忠报国、振兴中华的爱国情怀，崇德向善、见贤思齐的社会风尚，孝悌忠信、礼义廉耻的荣辱观念，体现着是非曲直的价值标准，潜移默化地影响着中国人的行为方式。今天，我们传承中华优秀传统文化，就是要用其中蕴含的精华滋养当代中国人的精神世界，提振当代中国人的精神力量。

中国共产党在领导人民进行革命建设改革伟大实践中，自觉肩负起传承发展中华优秀传统文化的历史责任，是中华优秀传统文化的忠实传承者和弘扬者，习近平总书记提出，“不忘本来才能开辟未来，善于继承才能更好创新”。要秉持客观、科学礼敬的态度，不复古泥古，不简单否定，坚持古为今用、推陈出新，有鉴别地加以对待，有扬弃地予以继承。取其精华、去其糟粕，用中华民族创造的一切精神财富来以文化人、以文育人。按照时代特点和要求，对那些至今仍有借鉴价值的内涵和陈旧的表现形式加以改造，赋予其新的时代内涵和现代表达形式，激活其生命力。按照时代的新进步新进展，对中华优秀传统文化的内涵加以补充、拓展、完善，增强其影响力和感召力，实现中华优秀传统文化的创造性转化和创新性发展，让中华文化展现出永久魅力和时代风采。

传承弘扬中华优秀传统文化。要推动传统文化与现实文化相融相通。加强研究阐释工作。讲清楚中华文化的历史渊源、发展脉络、基本走向，讲清楚中华文化的独特创造、价值理念、鲜明特色，深入挖掘和阐发中华文化讲仁爱、重民本、守诚信、崇正义、尚和合、求大同的时代价值，不断增强文化自信和价值观自信。加强文物保护利用和文化遗产保护传承，坚持保护为主、抢救第一、合理利用、加强管理，像爱惜自己的生命一样保护好文化遗产。在保护中发展，在发展中保护。全面融入国民教育、文化创造、生产生活，构建中华文化课程和教材体系，加强对传统文学艺术的扶持，创作更多体现中华文化精神、传播当代中国价值观念的优秀作品。

中华民族是一个兼容并蓄、海纳百川的民族，在漫长历史进程中，不断学习他人的好东西，把他人的好东西化成自己的东西，这才形成我们的民族特色。文明因交流而多彩，文明因互鉴而丰富，对各国人民创造的优秀文明成果，应该采取学习借鉴的态度，积极吸纳其中的有益成分。坚持从本国本民族实际出发，取长补短、择善而从、兼收并蓄，在不断汲取各种文明养分中丰富和发展中华文化。

提高国家文化软实力

国家文化软实力，是一个国家基于其价值理念、文化创造、精神风貌等显示出来的国际影响力，主要包括核心价值观的国际吸引力、对外宣传的国际感召力、新闻媒体的国际传播力、文化贸易的国际竞争力、人文交流的国际亲和力等。古往今来，一个大国的发展进程，往往既是经济总量、军事力量等硬实力提高的过程，也是价值观念、思想文化等软实力提高的进程。面对当今世界综合国力竞争的新态势，把握我国经济社会和文化发展的新特征，以习近平同志为核心的党中央把“建设社会主义文化强国，增强国家文化软实力”放到更加突出的位置，反映了我们党高度的文化自觉和文化自信，明确了国家文化软实力的全局意义和发展路径。习近平总书记指出，提高国家文化软实力，关系我国在世界文化格局中的定位，关系我国国际地位和国际影响力，关系“两个一百年”奋斗目标和中华民族伟大复兴的中国梦的实现。

当前，随着中国特色社会主义事业“五位一体”总体布局的全面展开和“四个全面”战略布局的深入推进，文化建设不断取得新的进展、开创新的局面，国家文化软实力显著增强。但从总体上看，国际文化格局依然是西强我弱，西方发达国家主导着国际舆论，影响着国际文化流行和消费趋势，左右着网络空间的信息流动和发展方向。特别是我国越发展、国力越增强，海外利益越拓展，面临的外部矛盾和摩擦就会越多，牵制我们发展的各种压力和阻力也会增多，我们文化影响力与经济影响力相比还有较大差距的这一“短板”也就越发突出。

必须深入贯彻习近平总书记系列重要讲话精神和治国理政新理念新思想新战略，坚持以社会主义核心价值观为引领，传承弘扬中华优秀传统文化，繁荣发展社会主义先进文化，推动中华文化走向世界，展示我国民主进步、文明开放的国家形象，为实现民族复兴中国梦营造良好国际环境，为促进人类文明进步贡献更多中国智慧。

文化软实力的提升，与思想观念、经济基础、话语表达、接受习惯等密切相关，影响因素十分复杂。我们必须作好打持久战和整体战的准备，立足当前、着眼长远，胸怀大局、把握大势，加强战略谋划和顶层设计，注意内外兼顾、统筹推进，使对内文化建设与对外文化传播互为表里、良性互动，确保国家文化软实力建设不断取得扎扎实实的成效。为此，要科学把握、妥善处理若干重要关系。

国家的软实力和硬实力相互依托、相互支撑。提升国家文化软实力，依赖一定的经济、科技、军事等硬实力；软实力对硬实力也有反作用，会为硬实力营造良好环境和条件，推动硬实力更好地发展。国家文化软实力提升是一个由内及外、由弱变强、潜移默化、循序渐进的历史进程，需要与硬实力相互协调、同步推进。只有经济建设和文化建设都搞好，国家物质力量和精神力量都增强，国家文化软实力才有坚实的物质基础和丰厚的精神资源，也才能持续有效地发挥作用。

国家文化软实力，根本上取决于核心价值观的凝聚力、吸引力。对内来讲，没有核心价值观的引领和支撑，文化就立不起来、强大不了，国家就不可能形成统一意志和共同行动。对外来讲，如果核心价值观不被国际社会认知认同，文化就会缺乏感召力、影响力，国家就难以赢得广泛理解和支持。提升国家文化软实力，需要我们将核心价值观的对内培育践行与对外介绍阐释结合起来。一方面，要通过组织实施马克思主义理论研究和建设工程、哲学社会科学创新工程、公民道德建设工程等，着力提高全社会思想道德水平；另一方面，要加大对社会主义核心价值观的对外宣传阐释，加大对中国梦的对外宣传解读，使世界更好地认知理解我们的价值主张和发展理念，赢得道义力量和广泛认同。

文化软实力建设，离不开对优秀传统文化的继承发扬，离不开对现代文明和时代精神的汲取彰显。一个国家的文化，只有坚守民族文化基因，才能在国际文化竞争中站稳根基、保持特质、展示魅力；只有体现时代精神风貌，才能更好地走向世界、引发共鸣、产生影响。我们在革命、建设和改革实践中创造的当代中国文化，是提升国家文化软实力的现实基础。当代中国文化与中国特色社会主义伟大实践紧密联系，包含对我国现代化建设的积极探索、对人民追求幸福生活的生动诠释，是世界了解当代中国的钥匙。提升国家文化软实力，必须突出对当代中国主流价值与精神风貌的展示，不应厚古薄今，不能当文化上的“啃老族”。对外全面展示中华文化的传统精髓与当代风采，要求我们既积极倡导和传播讲仁爱、重民本、守诚信、崇正义、尚和合、求大同等优秀传统文化，又要立足我国改革发展的实践进行文化创新，切实把那些思想深刻、艺术性强，具有鲜明中华文化特色的优秀精神文化产品推向世界，全方位展现一个古老而又年轻、传统而又开放的当代中国。

传播力决定影响力，话语权决定主动权。国家文化软实力，既取决于传播渠道和网络平台，也取决于议题设置和话语表达能力。近年来我们加大了传播渠道和网络平台建设力度，但总的来看，在欧洲、北美这两个全球主要舆论发源地的力量还较薄弱，在互联网等新兴传播平台建设运用上还比较滞后。相对于传播载体建设，话语体系的构建更为复杂。话语体系不仅仅是概念、词语的表述，而且还体现和引导着一定的价值追求、制度安排和行为模式。西方发达国家凭借其经济先发优势，创造了自由人权、民主法治、市场经济等一系列概念，垄断了这些话语的解释权，形成了话语霸权。在改革开放的实践中，我们形成和发展了中国特色社会主义理论，并创造性地提出了一些重要概念，比如，小康社会、协商民主、中国梦等；创造性地提出了一些重要倡议，比如，和谐世界、人类命运共同体、新型国际关系、新发展观、“一带一路”倡议等，都为中国与西方两种话语体系的对话与竞争打下了基础、提供了条件。提升国家文化软实力，既要加快构建技术先进、传输快捷、覆盖广泛的现代传播体系，又要加快形成独具中国特色、能与国际交流的对外话语体系，不断增强对外传播的说服力和认可度。

提升国家文化软实力，文化工作者承担着重要职责，需要增强担当意识、发挥主力军作用。同时，仅靠专业文化队伍是不够的，需要社会各方面的自觉行动和广泛参与，激发每一个公民、企业、社会组织的积极性主动性。提升国家文化软实力，不单是文化人的事情，更是每个中国人的事情，社会各方面都要认识自己的责任。统筹发挥专业文化队伍与社会力量的作用，要求我们把人才资源作为文化软实力建设的第一资源，优化人才结构，建强文化队伍。同时，强化人人代表国家形象的意识，采取各种形式，推动出国公民、企业、社会机构等“入境随俗”，自觉遵守当地的法律法规和行为准则，展示良好的文明素质和精神风貌。

| 第十六篇 |

反对历史虚无主义

近些年来，国内掀起了以“重评历史”“解构历史”为旗号的历史虚无主义浪潮，对史学界乃至全社会都产生了不良的影响，这其中以中国近现代史首当其冲，而中国共产党领导的新民主主义和社会主义革命更是站在了时代的风口浪尖，成为某些人的攻击对象。习近平总书记曾指出，“要警惕和抵制历史虚无主义的影响，坚决抵制、反对党史问题上存在的错误观点和错误倾向”。

拿起辩证法反对历史虚无主义

历史虚无主义思潮的泛滥，已经对我国的经济、政治和文化安全构成了现实威胁。反对历史虚无主义，保卫中国历史，尤其是保卫中国革命建设改革的历史免遭歪曲和篡改，已经成为坚持民族独立、维护国家主权、实现民族复兴的迫切要求。历史虚无主义思潮的本质是历史唯心主义，其目的在于否定社会主义道路、否定中国共产党领导、否定马克思主义指导思想。要把历史虚无主义反得彻底，就要拿起辩证法的武器。

必须坚持反对唯心主义与反对机械决定论的统一。在历史领域，机械决定论只讲客观性不讲主观性，只讲必然性不讲偶然性，只讲本质方面不讲非本质方面，把复杂、曲折的历史过程看作一条直线，把用唯物史观研究历史当作按图索骥式的演绎推导。这种违背历史研究规律的错误倾向，往往以唯物史观的名义大行其道，因而让后者的形象受到玷污和损害。其结果是让唯心主义抓住“把柄”，钻了空子，从而使历史遭遇更加深广的破坏。事实就是这样，机械决定论看上去好像是和唯心主义对立的东西，其实它们是兄弟，总是要跑到前台来表现自己。只有把清理机械决定论和清理唯心主义的工作全都进行到底，才能剥夺它们相互依赖的依据，堵塞它们得以招摇过市的空间。当然，这两项工作在不同时期有不同的重点，当下的重点是清理唯心主义。

必须坚持自由与责任的统一。给人以思想自由和学术自由，既为社会发展的客观趋势所决定，也是繁荣史学研究的必然要求。但是，自由不是一厢情愿的幻想，而是脚踏实地的社会实践。既然是社会实践，就离不开群体和社会；既然离不开群体和社会，就要对群体和社会承担责任或义务，而不能想怎么样就怎么样。连法国资产阶级的《人权宣言》都说："自由就是指有权从事一切无害于他人的行为。"自我放纵不是自由，而是无政府主义的自专。恶搞历史、抹黑历史绝不是学术，而是对国家利益的严重伤害，对学术自由的粗暴践踏。这好比过日子，你吃着自家的饭又砸着自家的锅，哪里还有全家人吃饭的自由？要对搞历史虚无主义的人提出告诫：既然身为中华人民共和国公民，那么无论你怎样强调个人的思想自由，也不能逾越爱国主义的底线；无论你怎样翻转腾挪，也不能侵犯国家民族的利益。在这个地球上，凡有人群的地方，都没有绝对的自由。即使是在某些学者、作家视为自由天堂的美国，也绝不允许抹黑美国独立的历史，污辱华盛顿、林肯这样的领袖人物。2012年，恶搞林肯的电影《亚伯拉罕·林肯：吸血鬼猎人》刚一出笼，即遭到美国民众的"拍砖"。

必须坚持主体性与客体性的统一。无论是历史研究还是文艺创作，都是复杂的精神劳动。没有主体的主观能动性，不可能产生任何成果。不过，问题还有另一面，即主体性不能离开客体性的依托，主观意识不能背离历史的真实。对于史家来说，越是尊重历史的客体性，其主体性（见识、眼界、才情等）越能得到积极的激发和表现。司马迁倘若不尊重历史真实，不可能有"无韵之离骚"的才气挥洒。海登·怀特式的放纵语言、放纵历史的"文学性"写作，只能导致史家才能的虚掷或禁锢。

对于文艺家来说，坚持客体性，并不是要求作家像史学家那样去追求历史事件、历史情节的真实，而是要求必须尊重历史本质的真实。

革命与破坏的考辨

谁是近代中国的破坏者？

中国有辉煌的过去，然而在近代却遭到了空前惨烈的破坏。这到底是谁之罪？是革命者还是革命的对象？这个问题只能由历史的事实来回答。

众所周知，中国近代史始于1840年的鸦片战争。从那时起到1945年，英、法、德、日、美、俄等帝国主义列强对中国发动的大小侵略战争不断。除20世纪三四十年代的日本侵华战争以外，所有这些战争无一不以中国失败而告终。失败的结果，就是任人宰割和蹂躏。

仅仅百年，中国就与外国签订了1100多个条约和章程，其中的绝大部分都是列强强迫中国接受的。正如第二次鸦片战争时期，英国侵华军全权专使额尔金谈到《天津条约》时所说的那样，这些条款是“用手枪抵在咽喉上逼勒而成的”。通过一系列的不平等条约，列强强占我国大片领土，获得各种名目的巨额赔款和数不清的特权。如此贪婪的榨取和残忍的肢解，即使是再富足的国家也不堪其祸，何况羸弱凋敝的中国。

更为骇人听闻的是惨绝人寰的杀戮、抢劫和毁灭。英法联军对圆明园的劫后焚毁，八国联军对古都北京的疯狂洗劫，如此等等，不胜枚举。据不完全统计，从1931年九一八事变到1945年抗战结束，中国军民伤亡3500多万人；按1937年的比值折算，中国直接经济损失1000亿美元，间接经济损失5000亿美元。

人们常说，落后就要挨打，这无疑是对的。不过，我们似乎还应进一步追问：近代中国为什么落后？原因不是别的，就在于中国封建统治的反动性和腐朽性。

首先是封建统治者拒绝革新和进步，就像将头扎入沙堆的鸵鸟一样，无视外面世界发生的巨变，死死抱住陈旧的封建政治体制、经济体制和文化观念不放。社会活力的缺乏、生产方式的落后，直接导致综合国力的虚弱。仅在第一次鸦片战争期间，中国就几乎耗尽了国库储备，以后的财政状况更加糟糕。

其次是极端的专制。清朝的统治者专制，窃取辛亥革命成果的袁世凯则由假民主真专制到赤裸裸专制，打着三民主义旗号的蒋介石同样是专制统治的行家里手。

再次是袁世凯之后的军阀混战。“洒向人间都是怨。”直奉大战、蒋桂大战、蒋冯阎大战等，都是封建军阀们演出的一场场祸乱国家、荼毒生灵的丑剧。

最后是官僚机构的结构性腐败，对百姓盘剥的日益加重。早在鸦片战争之前，著名爱国主义诗人龚自珍就非常愤怒地指出：那些封建官僚都是“老成之典型”，“因阅历而审顾，因审顾而退葸，因退葸而尸玩”。这就是说，不作为、各顾各，是他们的共同特点。非但如此，他们还疯狂聚敛财富，过着骄奢淫逸的生活，从朝廷到地方几乎层层吃赃，于是“贪官污吏，布满天下”，搞得民怨沸腾、社会动荡。至于后来的各色封建统治者，同样在盘剥、腐败的道路上下滑不止。1949年，据美国中央情报局和财政部调查，蒋、宋、孔、陈四大家族在美来历不明的财产达20亿美元。看了这份报告之后，美国总统杜鲁门在议会上气得大骂：贼！他们是一群贼！一群可恶的贼！面对国民党无可挽回的腐败，萧公权尖锐地指出：“三民主义已沦为权贵豪门的镇宅灵符，总理遗嘱已是当代最大的讽刺文学。”

毫无疑问，如此僵化、腐败的封建政权，已经失去了基本的社会支撑，更谈不上什么国防动员力。在西方列强面前，他们除了战败、妥协、依附，与列强一道镇压人民反抗以求维持虚弱的统治之外，恐怕是别无出路。“量中华之物力，结与国之欢心”，慈禧太后的这句话，大抵道出了近代中国所有封建统治者主动的或者是无奈的选择。

然而，自由主义的代表人物胡适却说：破坏中国的是“贫穷、疾病、贪污、愚昧、扰乱”这“五大仇敌”，而这“五大仇敌”则不应当将帝国主义、封建主义包括在内。当时，著名学者梁漱溟曾公开致书胡适，针锋相对地指出：贫穷出于帝国主义的经济侵略，扰乱出于帝国主义操纵的军阀。故帝国主义实为症结所在。今日三尺童子，皆知此理。先生闭眼不看，自说自话，岂能令人心服！穆藕初是一位与共产党立场不同的民族实业家，但是他在历经无数挫折之后也明确指出：要发展民族实业、实现国家富强，“对内急应铲除建设之各种障碍，对外则应解除帝国主义对中国之束缚”。英国国家人文与社会科学院院士安格斯·麦迪森在《中国经济的长期表现》一书中也特意指出：15世纪之前，中国经济一直是全世界的领先国家。但是，由于“内部动荡和帝国主义侵略的影响”，“中国在世界GDP中的份额从1/3降到了1/20。它的实际人均收入从世界平均水平的90%降到了它的1/4”。仅从以上援引的几例就可以清楚地看出：说帝国主义、封建主义是近代中国的最大破坏者，绝非共产党人“革命史观”的偏见，而是中外一切严肃学者和有识之士基于事实得出的共识。

革命是历史发展到一定程度的必然选择

面对近代中国的破坏，有人说，不用去管它，心甘情愿地做个殖民地，中国也就实现了现代化。这不能不说是一种罔顾世界发展大势的虚浮之论。

世界大势是什么？就是国际资本主义在相继征服美洲、非洲之后，又通过鸦片战争实现对中国这个亚洲最大国家的征服。至此，资本主义已经形成一个比较完整的世界体系。在这个体系中，国际资本主义居于中心位置，而亚非拉美的广大第三世界国家则处于边缘地带。中心与边缘的关系，是主宰与从属的关系、剥削与被剥削的关系、压迫与被压迫的关系。资本的逻辑是弱肉强食，是其不知餍足的扩张。这种逻辑决定国际资本主义绝对不可能放弃在中国既得的经济利益，更不容许再出现一个富强的大国来与它们争夺资源和市场。从一定意义上说，一部中国近代史，就是国际资本主义反对中国实现现代化的历史。

当然，我们不能说国际资本从来没有在中国搞过建设。比如列强在上海、天津等地建造的“飞地”和在东北铺筑的铁路，都曾具有一定的规模。但是所有这些，都不是为了中国的发展繁荣，而是为了更加方便地对中国进行金融控制、资源掠夺和军事侵略。1926年，英国麦加利银行的豪华大楼在天津落成之际，就被英国驻华公使夫人称为停泊于中国的“一艘巨大的金融战舰”；日本侵华期间，南满铁路株式会社一直是日本的所谓“野战铁道部队”。对于这一问题的实质，西方列强有时是并不回避的。20世纪初，美国总统顾问亨利·亚当姆斯曾公开扬言：“决不能容许中国和亚洲实现工业化和政治上的独立”，如果容许中国“以无尽藏的黄河流域的生产资料为供应的民族工业体系成功地组织起来，对西方文明来说，将是不可思议的罪行”。

当然，这类伤害民族感情的论调，无论是过去还是现在，在中国的土地上都没有多大的市场。依靠自己的力量救亡图存、发愤图强，才是中华民族的执着探索。在这一进程中，有过不少采用平和手段的尝试。洋务救国、改良救国、教育救国、科学救国、实业救国等，都曾发出过闪亮的光彩，然而又先后归于寂灭。这是因为，诸如此类的举措都奈何不得帝国主义、封建主义这两大破坏者。而奈何不得这两大破坏者，中国的生产方式就不可能有任何实质性的改变，中华民族伟大复兴的中国梦就永远像海市蜃楼一样可望而不可即。于是，革命——用暴力手段推翻帝国主义和封建主义的统治，就成为历史的必然。

进一步说，即使是近代中国的革命者，革命对于他们当中的绝大多数来说，都是万般无奈的最后选择。孙中山是中国革命的先行者，然而他的第一选择却是“以和平之手段、渐进之方法请愿于朝廷，俾倡行新政”，即在体制内解决问题。1894年6月，他专程赴天津上书李鸿章，提出带有资本主义性质的强国方略，被置之不理。迫不得已，孙中山才在同年11月组织兴中会，明确提出“创立合众政府”的革命纲领。即使在投身革命以后，孙中山也是将矛头主要指向清王朝的封建统治，而对于帝国主义的破坏性则缺乏足够的认识。在经历了帝国主义的一次次冷遇、欺骗和打击之后，孙中山才终于认识到：阻碍中国实现民族独立和国家富强的，不仅有封建主义，还有帝国主义，而后者是比前者更为强大的反革命势力，因而明确提出了“反帝国主义的革命纲领”。

当陈独秀还是新文化运动的旗手时，起初同样对帝国主义心存幻想。巴黎和会召开之前，美国总统威尔逊发表“十四条宣言”，公开声明：“对殖民地之处置，须推心置腹，以绝对的公道为判断。”据此，陈独秀曾撰文称颂威尔逊为“世界上第一好人”。然而，中国的合理要求却遭到列强拒绝。非但如此，列强竟然还决定把德国在中国山东夺取的特权转让给日本。无耻的强权，再次使中国人从“公理战胜”的迷梦中惊醒。正是因为这样的沉痛教训，才使得陈独秀选择了俄国十月革命的道路。青年毛泽东也曾是一个平和派。1919年7月，他在《湘江评论》的《创刊宣言》中提出，要向强权发起“忠告运动”，实行“呼声革命”“无血革命”。直到1920年，他的认识才发生根本性的转变。同年12月1日，他在给蔡和森等人的信中曾这样倾诉心曲：“俄国式的革命，是无可如何的山穷水尽诸路皆走不通了的一个变计，并不是有更好的方法弃而不采，单要采这个恐怖的方法。”①

中国共产党成立之初，其工作重点也是放在工农运动上，对掌握革命武装则没有给予足够的重视。为此，革命者付出了惨重的代价。“四一二”反革命政变以后，短短3天的时间内，仅上海一地，就有300多共产党人和革命群众惨遭杀害，500多人被捕，5000多人失踪。“宁可错杀三千，绝不放过一个”的反革命暴力，教育并迫使中国共产党人和

① 《毛泽东书信选集》，人民出版社1983年第1版，第6页。

革命群众拿起了枪杆子。

当然，革命是暴动，是一个阶级推翻另一个阶级的暴烈的行动。这种强烈的社会震荡，必然要带来这样或那样的破坏。但是就其本质来说，则是对于破坏者的破坏，为建设扫除障碍的破坏，孕育新生和希望的破坏。正如鲁迅所说："革命有血，有污秽，但有婴孩。"如果我们只是指责革命的破坏而讳言反动暴力的破坏，而且拒不承认首先是因为有了反动暴力对于国家、民族的破坏才有革命对于反动暴力的破坏，这样的观点显然是违背史实、有失公正的。

革命者是热诚的建设者

早在20世纪初，针对改良派攻击革命"破坏一切"的谰言，孙中山指出："革命之破坏与革命之建设必相辅而行，犹人之两足、鸟之双翼也。"纵观近代中国的革命者，几乎没有一个是为了破坏而革命，几乎都对建设怀有强烈的热情和殷切的期待。

孙中山于1912年4月1日解职之后明确宣布：革命已告结束，从今以后将专注于建设和民生问题。即使是在革命失败、建设告吹以后，孙中山依然不曾忘怀于建设。1917—1920年，他完成了著名的《建国方略》。这本书由《孙文学说》《实业计划》《民权初步》三部分组成，描绘了一幅工业化的资产阶级共和国的蓝图。在中国北部、中部、南部沿海各建一个大港，在长江上游建设三峡大坝，让火车开进西藏等设想，就是在《实业计划》中提出的。

至于中国共产党人，则从来都不曾简单地将历史划为"破坏"与"建设"两个阶段，从来都是在破坏旧世界的同时努力地建设新世界。土地革命时期，毛泽东亲自搞过调查的江西兴国县的长冈乡，就是"苏维埃工作的模范"。这里的政治建设、经济建设和文化建设都搞得热火朝天。1934年11月，国民党军在攻占中央苏区宁都县后，也搞了社会调查。调查发现，在成为苏区以前，全县仅有15所小学和一些私塾；成立苏区以后，"遍设列宁小学及俱乐部，尤以消灭文盲运动更为积极，每家悬挂一识字牌”。这一巨大变化，使国民党的调查者颇为感慨，认为苏区文化教育的“办理精神足资仿效”。

1940年1月，也就是在抗日战争还处于战略相持阶段的时候，毛泽东就以高远的科学预见描画了战乱中国的光辉未来。《新民主主义论》这一光辉文献，既是对革命根据地建设实践的总结、前景的展望，又是我党在此后建设解放区以至创建新中国的根本指南。

政治上，当年抗日根据地的“三三制”，就是实践人民民主的成功创造。恰如在延安深入调查的美国记者冈瑟·斯坦所说：中国共产党“建立了一个对人民不构成沉重负担的，同时又勇于承担重大责任的行政机构，即一个从人民中产生，通过民主方式选举出来并向他们负责的政府”。经济上，从土地革命战争时期的打土豪、分田地开始，经过抗日战争时期的减租减息，到解放战争时期声势浩大的土地改革，中国共产党终于在中国历史上第一次实现了“耕者有其田”。文化上，马克思主义中国化的日益深入，诞生了指引中国走向光明的毛泽东思想；从红船精神、井冈山精神、长征精神、延安精神一直到西柏坡精神，中国共产党及其领导下的广大人民群众将民族精神和时代精神不断地升华到新的高峰；革命文艺工作者、进步文艺工作者和广大革命群众创作的大量优秀文艺作品，构成了一个令人叹为观止的璀璨星空。

解放战争时期，面对每一座将要解放的城市，中国共产党人都精心谋划怎样才能为日后的建设保存更多的物质、文化基础。为此，我们以最大努力促成北平的和平解放；为此，我们在解放上海时严令不得使用重型武器。而在解放每一座城市之后，我们更是以惊人的效率稳定社会秩序，保障居民生活，恢复、发展生产及各项社会事业。

在推翻帝国主义、封建主义的反动统治，从而清除中国建设的最大障碍之后，中国共产党人和全国各族人民更是以踔厉风发的姿态投入建设新中国的壮阔进程。如今，一个独立自主、繁荣昌盛的中国已经傲然屹立在世界的东方；如今，我们比历史上任何时期都更接近中华民族伟大复兴的目标！有人说，“沿着1789—1871—1917的道路”，中国人民获得的“只能是大灾难和大倒退”。这种论点在举国上下同心追梦的火热现实面前显得何等苍白，这种心理又与中国人民的豪迈情怀相去何远！

只有在新中国成立以来迅猛发展与旧中国百年艰难坎坷的比较中，我们才能够更全面、更深刻地领会近代革命对于国家、民族究竟意味着什么。正是摧枯拉朽的革命，洗雪了百年耻辱，争得了民族独立和人民解放，开辟了民族伟大复兴的广阔前景。历史雄辩地证明：革命是建设的序曲，是历史前进的火车头，是照亮国家、民族前途的火炬，是人民告别苦难、驶向幸福彼岸的航船。

否定革命就是否定中国近代史

反帝反封建是中国近代史的主线

近年来一些学者试图提出一种新的认识，认为“近代史不仅仅是三大革命（太平天国、义和团、辛亥革命）的历史，还应当包括洋务运动、戊戌变法等改良运动的历史”，即“两条线索”的中国近代史。进入新世纪以后，他们还特别提出，不能再把革命当作圣物。

说到中国近代历史，其“历”上下109年；其“史”汗牛充栋、不可胜数。你的本事再大，也不可能一气吞下这么多东西。研究中国近代史，只能一条线索一条线索、一个专题一个专题地研究。这好比穿糖葫芦，这样一穿成了一串，那样一穿又成了一串。穿的串串越多，我们就越接近历史的全貌。所以说，研究中国近代史不是一条线索，也不是两条线索，而是N条线索。

不过，这里要注意两个问题。

一是各条线索对历史进程的作用或影响是不一样的。这里有主次之分、本质方面与非本质方面之分，甚至还有一级本质与二级本质之分。显而易见的是，反帝反封建，也就是太平天国、义和团、辛亥革命这一条线索，才是中国近代史的本质方面，对中华民族伟大复兴产生根本性影响的方面。没有反帝反封建，中国就不可能获得民族独立和人民解放；而没有民族独立和人民解放，中华民族伟大复兴也就成了空中楼阁。多年来，史学界有人企图通过抬高蒋廷黻或“自铸伟词”来反对胡绳的《从鸦片战争到五四运动》（矛头所指还包括毛泽东的《中国革命和中国共产党》及范文澜的《中国近代史》）。胡绳的这本书当然可以讨论，可以批评。比如说，不能将义和团运动看成一场革命，因为它没有比较完整、稳定的奋斗纲领和相对严密的统一性组织，准确地说，它是一场以农民和小手工业者为主体的自发的爱国主义运动。但是如果连胡绳提出的一条红线（反帝反封建）和两个过程（帝国主义、封建主义将中国变成半殖民地半封建社会的过程；中国人民反帝反封建，争取民族独立、人民解放的过程）都一起反对掉，也就消解了中国近代史的本质方面，从而斩断了近代中国与当代中国的联系。

二是各条线索并非孤立地存在，而是相互交叉、相互渗透、相互转化的。比如说，有人搞中国近代服饰史或礼仪史，就必然要碰到这样的问题：官员的补服为什么改成了中山装？跪拜、作揖为什么换成了鞠躬、握手？大人、老爷的称谓为什么被先生、同志所取代？研究这些问题，是绕不过辛亥革命的。再举一例，就是蒋廷黻的近代化线索。从这条线索研究中国近代史是很有意义的一件事。但是，这位蒋先生却认为，近代中国的根本问题只有一个，就是能否赶上西洋，实现近代化。而要赶上西洋，就不能反抗西洋。从这种妥协史观出发，他大胆假设，如果让林则徐再战，则必然失败，“败则中国会速和”，“维新或可提早二十年”；从这种妥协史观出发，九一八事变以后，他力主“为了对日和平不惜任何代价”，吹捧蒋介石的不抵抗政策，说“蒋先生为民族计忍受国人的非议和敌人的无礼，绝不轻言战，亦绝不放松民族近代化之推进。我们能从九一八到七七得着宝贝光阴的建设，这是蒋先生深谋远见的结果”。

一直到1965年，他在临终遗嘱中，仍然将当年未能实现中日媾和引为终生的憾事，而此时此际已是中国人民抗日战争胜利后的第20个年头。“信念”固然执着得可爱，但是他的那一套东西符合近代中国的实际么？按照他的主张，旧中国能够实现近代化么？一条好端端的线索，就这样被蒋先生搞砸了，可惜呀！倘若不对反帝怀有偏见，循着这样一条线索沿波讨源，就一定会得出这样的结论：要实现中国近代化，就必须学习西方；而要学习西方，就必须反抗西方的侵略；不把西方的侵略势力赶出中国，就无法学习西方，当然也就不能实现近代化。中国近代史的本质方面，就是这样无处不在地影响着、主导着其他线索，躲也躲不开，逃也逃不掉。换一种说法就是：离开反帝反封建，其他的一切线索都无所附丽，因而也就从根本上消解了中国近代史。这就好比一个人，你把他的脊梁抽掉，他将会变成什么样子呢？

至于另一条线索，即洋务运动、戊戌变法的历史，当然也要研究，而且是具有重要价值的研究。在这条线索上，还可以再续上几个线段，如清末新政、民国宪政、第三条道路等。但是，这些研究只要是沿着求实的方向前进，就会清晰地发现：在半殖民地半封建的旧中国，用平和的手段、改良的办法来达到救亡图强的目的是不可能的。这就从另一个角度揭示了反帝反封建的历史必然性。

评价历史事件和历史人物的几个问题

现在国内正在掀起一股“重评历史人物”“重评历史事件”的浪潮。像慈禧太后、李鸿章、袁世凯这样一些历史人物开始得到推崇，而太平天国、义和团、辛亥革命这些历史事件却越来越受到负面评价。

史学界的这种思潮其实还是否定革命的产物或者说是另一种表现形式。

对于慈禧太后的评价，我认为关键在于她是否反对维新变法。为她辩护的人说，这位老佛爷是不反对变法的，怪也只能怪维新派策略失当，太冒失了。她后来不是还主动搞了清末新政吗？这种说法是经不住推敲的。不错，慈禧太后公开表态时并不反对变法，但那是迫于《马关条约》签订以后的压力。日本拿走台湾全岛和澎湖列岛，又外加2.315亿两的白银；两年后德国又霸占了胶州湾，搞得举国哗然、民怨沸腾。面对这种危局，即使再专制、再顽固的统治者也不能不有所顾忌。慈禧太后的所谓不反对变法，不过是平息民怨、摆脱危机的权变而已。其实，在怎样对付维新派的问题上，这位老佛爷早已成竹在胸。宣布变法后的第4天，即1898年6月14日，她就罢免了帝党首领、光绪帝的老师，维新派在朝廷中最主要的支持者翁同龢。变法第5天，她又逼迫光绪帝连下三道圣谕，使她得以把持朝廷的人事任免和京津地区的军政大权，为控制局势做了最关键的准备。变法推行之际，守旧派则纷纷上书，敦请慈禧太后垂帘听政，杀康、梁以谢天下。正是在守旧派磨刀霍霍的危急关头，才发生了谭嗣同密访袁世凯要求护驾的事。哪里是什么维新派的“冒失”才惹怒了老佛爷呢？当然，维新派出台变法举措是急了一些，集中了一些，但是不急、不集中又能怎样呢？变法尽管是体制内的改良，但毕竟要触动贵族及其他八旗人的利益。毋庸说更厉害的条款，单是取消旗人由国家供养这一条，在慈禧太后及其他贵族那里就通不过。镇压维新派以后，慈禧太后虽颁布了要继续改革的懿旨，但也是做样子的。该旨劈头写道：“国家制治保邦，纲常名教，亘古为昭。”时人孙宝瑄的《忘山庐日记》记载：有人问他，“政府已主张变法，所不变者惟心术耳……此何意耶？”他回答说：“心术者，即君权之代表也。彼惧怕变法而民权之说起，故以心术二字压倒之。”值得注意的是，孙宝瑄并非维新派，而且其父其兄其岳父均任清廷要职，他的话应当是客观的。

至于清末新政，更像是拿立宪派当猴耍的一场闹剧。1906年9月1日，清廷发布上谕，宣称“仿行宪政，大权统于朝廷，庶政公诸舆论，以立国家万年有道之基”。于是成立了内阁，但12个内阁成员中有9个是皇族大员。这叫什么？换汤不换药。立宪派不甘失败，组团赴京请愿、伏阙上疏，但是一点儿用也没有。请愿代表“押解回籍”，继续抗争者发戍新疆。立宪派痛心疾首，发表《宣告全国书》，哀叹："新内阁如此，议员等一再呼号请命而不得，救亡之策穷矣！"

纵观慈禧太后掌政，不能说她一点国家民族意识也没有，但是在掂量国家民族与统治集团利益的时候，她绝对把统治集团利益放在第一位；在掂量统治集团中一般成员与皇族利益的时候，她绝对把皇族利益放在第一位；在掂量皇族成员与她自己利益的时候，她绝对将个人利益放在第一位。而这些利益，还多是眼前而非长远的东西。正是这样极端的自私、狭隘和僵化，使得她对中国进步的消极作用千万倍地大于积极作用。说她在中国近代史上乏善可陈，似乎并不为过。有人说，如果慈禧太后不死，又不发生什么革命，中国早就实现了近代化。这样的议论只能当作笑话听。

说到李鸿章，我们首先要肯定他对洋务运动的贡献。尽管洋务运动的初衷是维持清王朝风雨飘摇的统治，尽管洋务运动以失败告终，但它毕竟引进了西方的一些科技成果，培养了一批像詹天佑那样的留学生，兴建了若干工业企业。毛泽东说：讲重工业，不能忘了张之洞。余类推，我们也不能忘了李鸿章。但是，对于李鸿章评价的主要分歧，不在这个地方，而在他对外妥协的问题上。推崇李鸿章的人说，李鸿章的妥协是忍辱负重，应当给以体谅。有一部电视剧，把李鸿章在《马关条约》上签字的情节渲染得极为悲壮，俨然有担荷天下罪恶的释迦胸怀，这就未免太过虚张。

当然，我们并不一般地反对妥协。十月革命胜利以后，列宁曾与德国及其同盟签订过《布列斯特条约》。尽管搞了妥协，列宁非但没有受到诟病，反而威望飙升。原因何在呢？以《布列斯特条约》和《马关条约》的签订做一番比较。先看签约前的局势：就苏维埃政权来说，沙俄因参加第一次世界大战而使俄国大伤元气，苏维埃政权接过来的是一个百孔千疮的乱摊子，亟须恢复、发展经济；革命虽然胜利，但是革命武装并未形成规模；新生政权岌岌可危，随时可能被国内反革命势力和14国反动武装颠覆。可见，在当时的情况下，苏维埃政权不作出妥协必定是死路一条。就中国来说，大东沟一战，日本海军虽略占上风，但中国海军并未丧失再战能力，可是李鸿章一战胆寒，从此避敌保船，拱手让出了制海权，终至北洋水师覆灭。甲午战败后，中国国力羸弱不堪，日本也几乎到了灯油将尽的地步。但是，中国地大人多，尚有相当可以调动的资源；日本小国寡民，回旋余地不大。倘若咬紧牙关，举全国之力再战，胜算的天平大抵是向中国倾斜的。也就是说，在当时的形势下，李鸿章是可以不妥协或者作出小退让的。再看妥协的目的：列宁是以空间换时间，巩固苏维埃政权；李鸿章则是苟且偷安，凑合一天是一天。从妥协的结果看，列宁达到了巩固苏维埃政权、最终战胜敌人的目的；李鸿章则引来了更大的瓜分狂潮，6年之后，中国又与11国签订丧权辱国的《辛丑条约》。同是妥协，列宁与李鸿章就是这样泾渭分明，怎能等量齐观呢？张謇在弹劾李鸿章时指出：李鸿章自任北洋大臣以来，凡遇外洋侵侮中国之事，无一不坚持和议。以四朝之元老，筹三省之海防，统胜兵精卒五十营，设机厂、学堂六、七处，历时二十年之久，用财数千万之多，一旦有事，只能漫为大言，挟制朝野。曾无一端立于可战之地，以善可和之局。李鸿章不但败战，而且败和。应当说，张謇的评价是实事求是的。

李鸿章对外妥协，其实还有个人的目的。1896年，也就是签订《马关条约》次年，李鸿章又与沙俄签订《中俄密约》，使俄国不费一枪一弹就把中国东北纳入了自己的势力范围。其间，沙俄承诺给李鸿章三百万卢布（约合白银210万两）的酬金。沙皇冬宫档案资料表明，李鸿章至少拿到了其中的170多万卢布，因而被俄国人称为“最厚颜无耻地出卖民族利益的老手”。而此时的中国老百姓，却正在抽血抽髓，为《马关条约》那两亿多两白银买单，真个是“宰相合肥天下瘦”！截至李鸿章去世，李家来源不明的财产达白银4000万两之多。至于他算不算卖国贼，可以暂时搁置争议。现在我们完全有把握的，是把他作为丧权辱国的一个代表性人物。20世纪80年代，邓小平说：如果不能如期收回香港，我就是李鸿章！

说到推崇袁世凯的那些议论，多属强词夺理、漏洞百出、牵强附会之类，不值得我们在这里讨论。不过也有一个比较有迷惑性的论点，就是袁世凯重视建设，理由是在他当政期间民族经济发展较快。不错，在20世纪早期，中国的民族工业确实得到了前所未有的发展，但那是因为袁世凯领导得好吗？当然，我们不能说袁世凯没有搞过一点儿建设，但是把当时民族经济发展的功劳记在他的头上，则是不公平的。当时民族经济发展主要取决于两大因素：从外部环境来说，此时恰在第一次世界大战期间，帝国主义列强忙着打仗，从而放松了对中国的经济压迫，这就给中国民族经济发展腾出了一定的空间；从内部动力来说，则多是由于张謇、穆藕初、简照南、简玉阶、荣德生等一大批杰出实业家的艰苦奋斗。不错，袁世凯是经常将建设挂在嘴边的，在攻击革命党时也不忘给他们扣上一顶“有革命习惯无建设思想”的帽子，好像只有他才是一个建设型的领导者。其实，他所处心积虑的是如何翦灭革命党人，自己当皇帝。建设与他的这一“工作重心”相比，则不知道要轻多少倍。也许有为自己塑造建设形象的考虑，他曾任命著名实业家张謇为内阁的农商总长。在两年的任期内，为发展民族实业，张謇殚精竭虑、呕心沥血，起草了20余种法令、条例，制订了一套完整的实业发展计划，但是在袁世凯的领导下，这一切都成了一纸空文。建设无望，张謇只好自炒鱿鱼。他在辞呈里不无心酸地说：“是謇就职时之设计已穷，日在官署画诺纸尾……国民实业前途，茫无方向。”如果袁世凯真是一个建设型的领导者，张謇会一筹莫展、无所作为么？

在今天，骂太平天国、义和团和辛亥革命的都不少，但比较而言，太平天国和义和团挨骂更多，这里要谈一下对太平天国和义和团的评价问题。

洪秀全的故乡——广州市花都区的官禄㘵，那里陈列着一首当时的民谣：“官禄㘵，官禄㘵，食粥送薯茨。苍蝇咬粒饭，追到新街渡。”老百姓穷到这个份上，能不造反吗？太平天国有没有问题？问题多得很。

前期纲领超越现实，后期涣散、内讧、腐败，等等。但是他们坚决反对清王朝的反动统治，坚决反对帝国主义的侵略，这就是太平天国的本质方面。

为了说明问题，需要介绍一个史实。拜上帝会是经过太平军改造的基督教组织，或者叫太平军特色的基督教组织。信仰的同一性，让西方列强以为太平军可以成为他们一伙的人。因此，当初他们是支持太平军打倒清王朝的。英国官方媒体《北华捷报》在1854年1月7日的社论中热情地说："我们把他（指洪秀全）看作是以快速步伐推进中国真正开放的动力，他能促进与西方世界的联系，我们相信在他的更开明的统治下，我们的商人将能迅速摆脱目前的困难，赢得自由、互惠、清白无瑕的贸易的一切好处。"但是经过一段时间，他们发觉这个如意算盘打得不对。太平军不仅反对清政府，也反对他们侵略中国。1860年，他们与清政府签订《北京条约》，从而在中国获得很多特权，可是在太平军的根据地内，这些特权都不算数。太平军不但不与他们进行鸦片这个"清白无瑕的贸易"，而且还焚烧鸦片。于是他们便转而支持清政府镇压太平军。以前夸奖太平军的《北华捷报》，又开始大骂太平军是"打家劫舍"的"盗匪"，并且扬言："为了尽快结束这长期不止的动乱，无论采取什么手段几乎都无人计较，因为叛乱正在使贸易受到损害。"美国专员列卫廉则向华盛顿报告："一度认为有巨大影响的叛乱，现在却被视作应予结束的有害的灾变。对此帝国政府应予支持。"从此，他们不但为清政府提供洋枪、洋炮和洋钱，而且还直接组织雇佣兵去杀太平军。我们不难推想，如果太平军仅仅是为了个人富贵，他们完全可以与列强沆瀣一气；与列强沆瀣一气，即使自身有再多的毛病，也能够取代清王朝的统治。但是他们心里有国家、有民族，这就是值得我们肯定、尊敬之处。

太平天国作为中国近代史上空前的农民革命，沉重地打击了帝国主义和封建主义的统治，有力推进了中国人民争取民族独立、人民解放的进程。这一历史的功勋，不是几个文人的口水就能湮灭的。

还要谈一谈义和团（包括红灯照等）。我[①]上小学六年级的时候，历史课本上印的那面义和团团旗，就是唐山市遵化县（当时叫州）的。旗虽残破，但字迹清晰可辨。我们那个村，当时参加义和团的人也不少，我爷爷就是义和团员。童年时期，我经常听祖辈、父辈（父辈多属转述）讲义和团的故事。其中正面的、负面的都有。我的一位未出五服的大伯（年龄和我爷爷差不多），叫刘锡珍，就是当地义和团的首领，自称练就了刀枪不入的本事。他的二叔不信，说这是骗人的，大伯说是真的。他二叔说，那咱们就试一试。这位大伯被逼到这个份上，只好硬着头皮允诺。于是他二叔拿起一杆鸟枪，装了几粒铁砂，拉开不至于致命的距离，朝他的后背开火，结果有两粒铁砂嵌入大伯的后背。这是一个负面的故事。当然，更多的是正面的故事，他们视死如归，手持原始武器抗击侵略者的故事。当时参加义和团的，不只是贫苦农民和小手工业者，也有一些富家子弟甚至下层官吏。我的爷爷和前面说到的那位大伯，都是大地主家的少爷。他们参加义和团不是为了混一碗饭吃或趁机捞点什么，只是因为不能忍受洋人在中国的土地上横行霸道。

“还我江山还我权，刀山火海爷敢钻。”这就是义和团的精神，这就是义和团的气概！1900年6月，英国海军大将西摩率领八国联军2000多人，由天津进犯北京。义和团员手持大刀、长矛，在落垡、廊坊等地与侵略军展开激战。面对敌人的枪林弹雨，义和团的勇士们面无惧色，奋勇地向他们发起冲锋。一位勇士甚至逼近联军副统帅麦卡加拉，用长矛向他猛刺过去，结果壮烈地倒在麦卡加拉的手枪之下。此次交锋，敌军死伤近300人，不得不狼狈逃回天津。

正是他们的英勇斗争沉重打击了帝国主义的侵略势力，显示了中华民族有同自己的敌人血战到底的气概，有在自力更生的基础上光复旧物的决心，有自立于世界民族之林的能力。时人林鹤年先生在为《红灯照》所写的序中说：“天生忠义，成此国殇。二十二行省得此番小儿女一振疲

① 指刘润为。——编者注

窿，不特寒众国之心，且壮中原之气。”八国联军统帅瓦德西在给德皇威廉二世的报告中说：“皇上诚然有瓜分中国的思想”，可是“彼等在实际上，尚含无限蓬勃生气”，“可于此次‘拳民运动’中见之”，“故瓜分一策，实为下策”。英国老牌的殖民者、中国通赫德，更是透过义和团运动看到了中国的未来。他说：“义和团运动是为使中国强盛的爱国主义运动，是一个将要发生变革的世纪的序曲，是远东未来历史的主调：公元2000年的中国将大大不同于1900年的中国。无论如何，外国人绝不可能期望永远保持他们的治外法权地位以及中国被迫让与的种种通商条件。终有一天，外国人在中国国土上为所欲为地发号施令必须停止。”特别值得一提的是，美国著名作家马克·吐温也旗帜鲜明地站在义和团一边。他在演讲中说：“洋人们在中国只是惹是生非，中国为什么不应摆脱他们？我无论何时都站在义和团一边。我祝愿它成功。我也是一个义和团员。”

听了这四个人的评价，就会知道，那些把义和团骂得一无是处的人，其认识水平和求实态度连古人、洋人都不如，甚至连殖民者、侵略者都不如。当然，我们必须如实地承认，义和团确有简单排外、迷信、愚昧等以小生产为特征的历史局限性，但是如果因此而对他们作出否定的评价，甚至进行无端的指责和辱骂，则无论如何不能说是公正的，中国人民在感情上也是难以接受的。

保卫革命就是保卫未来

“1789—1871—1917的道路”中的年份都是世界近现代史上的重要节点，这条道路及其意义是什么呢？为什么有些人会认为“沿着这条道路，中国人民获得的‘只能是大灾难和大倒退’”？

这些年份都分别指代世界近现代史上的重大事件，影响人类历史进程的重大事件。1789，指法国大革命；1871，指法国巴黎公社；1917，指俄国十月革命。这是一条人类进步的路线。法国大革命尽管流血很多，但是它“反映了当时整个世界的要求”[①]。巴黎公社尽管以失败告终，但是它毕竟是人类建立人民民主、共同富裕的美好社会的第一次尝试，因而“公社的原则是永存的”[②]。十月革命尽管也付出代价，但是第一次将巴黎公社的基本原则落到了实处，从而开辟了人类历史的新纪元。我们都知道黑格尔，他因为用绝对精神七拐八拐地论证了普鲁士的封建专制是人类最完美的社会制度（就像福山以前坚持的历史终结论一样），因而被称为保守主义哲学家。但是，他又是怎样看待法国大革命的呢？他说那是“一次壮丽的日出”，而且这一立场始终不渝。老年黑格尔针对诬蔑法国大革命是破坏的论调，明确指出：“这个（启蒙哲学的）否定方面以破坏的方式对待了本身已经破坏了的东西……他们攻击的是什么国家？是大臣和他们的宠姬仆妇的最盲目的统治。”1820年，为纪念法国大革命，他特邀好友到家中相聚。席间，他深情地说：“今天是7月14日。为攻破巴士底狱干掉这一杯！”俄罗斯著名学者和作家季诺维耶夫，早在青年时代就和几个同学策划暗杀斯大林，后来一直反对十月革命，反对苏维埃制度，因此而被迫流落海外。但是在目睹东欧剧变给祖国和人民带来的灾难性后果以后，他从苏维埃制度的激烈批判者变成了苏维埃制度的坚定捍卫者。1994年，他在米兰的一次学术会议上坦言：“我写了30本反对共产主义的书，但是假如我知道这一切会有这样的结果，我就永远不会去写这些书。”1997年，他在《文学报》上撰文，明确表示：“我接受整个十月革命和它的产物——共产主义社会。这也是我的革命，这也是我的社会。”一个近代的保守主义者，一个当代的“反革命”，都能或早或晚对革命作出公正的评价，何以今天中国的某些人却偏要把革命说成“大灾难和大倒退”呢？这绝不是学风、认识、视野的问题，而是出于一种政治上的动机。

毛泽东在《中国人民英雄纪念碑碑文》中写道：“由此上溯到一千八百四十年，从那时起，为了反对内外敌人，争取民族独立和人民

① 马克思语。——作者注

② 马克思语。——作者注

自由幸福，在历次斗争中牺牲的人民英雄们永垂不朽！”他又在《贺新郎·读史》中写道：“盗跖庄屩流誉后，更陈王奋起挥黄钺。歌未竟，东方白。”所有这些都告诉我们：不管古今中外，凡是革命，都有牵一发而动全身的内在联系，肯定了这个就必然要肯定那个，否定了这个就必然要否定那个。这个道理不仅共产党人明白，那些搞所谓宪政改革的人同样明白。否定太平天国、辛亥革命也好，否定法国大革命、巴黎公社、十月革命也好，其目的都在于否定中国的新民主主义革命。否定了新民主主义革命，中国共产党的领导地位、中国的人民民主政权和社会主义道路就失去了历史依据。这样一来，所谓宪政派就能振振有词地要求共产党下台，实行多党制；让全国人民代表大会和全国政治协商会议解散，实行西方的两院议会制；让中国特色社会主义靠边，代之以依附式的资本主义。这就是他们否定革命的如意算盘。如果他们的图谋得逞，那才真正是中国的“大灾难和大倒退”，又何谈实现中华民族伟大复兴的中国梦？正所谓“灭人之国，必先去其史”啊！所以，我们说，保卫革命就是保卫新中国，就是保卫中国人民的福祉，就是保卫中华民族的光明未来。

历史虚无主义泛滥的根源

自新中国成立直到改革开放初期，“革命”一词都站在中国主流话语体系的制高点，代表正面的力量；但进入新时期以来，“革命”却越来越多地同“激进”“极左”等概念相联系，以致出现彻底否定革命的倾向，有人说今天已经把革命驱逐到了话语体系的边缘地带。这是什么原因？

新中国成立以后，“革命”的确是一个好词、一个热词。那个时候，几乎没有人肯于承认自己是不革命的，更罕见有人像今天这样公开否定革命、谮毁革命、咒骂革命。我给你们讲一个故事，那是我上高小的时候，亲见一位不识字的农民问我的老师：“岳老师，你有文化，你给我说一说革命到底是啥？”我的老师是一位人情练达的人。他大概知道，向一位不识字的农民讲理论是不应该的。于是，他略作思忖之后说：“革命就是好哇！”那位农民听后，高兴得几乎要跳起来，竖起大拇指连声说：“徐老师这个！徐老师这个！谁也没有把革命给我说得这样透亮。革命打跑了小日本，革命分房子、分地，还让我娶上媳妇。革命可不就是好哇！”我讲这个故事是想说明两个问题：一是那时距离革命的时间还近，广大人民群众尚能清晰地记得革命给自己带来的实际利益；二是当时认同革命的广度和深度，连普通的讲不出任何理论的农民都打心眼里拥护革命，可见革命之深入人心。

革命受到公开的责难，起自20世纪70年代末，以后则有愈演愈烈的态势，甚至发展到某些主流媒体为这样的言论提供传播平台的地步。但是，说否定革命是今天的主流话语，则未免夸大其词。其实，否定革命论的主要市场在精英圈子。这个圈子包括一些人文学科的教师、学者，一些党政干部，一些散落内企、外企的“白领”，还有一些不知道从哪里讨生活的自由知识分子。这些人加起来，即使作最大胆的估计，也超不出中国总人口的1%。而另外那99%的人则是不认同他们的说教的。比如大骂中国革命和毛泽东的言论，如果给工人、农民去讲，他们肯定不买账，十有八九还要被轰下台去。这样的事件已经发生过不止一次。他们就那么一点儿人，即使再能折腾，搞出再大的动静，也只是泰山上的一铲土。区区一铲土，怎么能和泰山相比呢？

不过，我们绝不能因此而对这种思潮放松警惕。古人说：“蝼蚁之穴，溃堤万里。”在常态环境下，在江流平缓时，一个小小的蚂蚁窝成不了多大的气候，但是在洪水来临又疏导不当时，那个蚂蚁窝就有可能制造大灾难。因此，我们对这样一群蚂蚁又不可等闲视之。

否定革命思潮在精英层的泛滥，有其复杂的原因。

其一是“文化大革命”时极左倾向的影响。有些人以“革命”之名行极左之实，结果让革命这个好东西受到了玷污，就像李鬼让李逵蒙垢一样。在这方面，我的体会也是很深的。1970年，我姐姐从北大无线电系毕业。原定她是留校的，而且已经宣布了名单，但是等政审外调的老师回来之后，却宣布让她到北大653分校（地点在汉中市）附近的一个农村去劳动锻炼。其原因是政审不合格：姥爷是混进革命队伍的富农分子，舅舅是潜藏党内的日本特务。这在当时确实给姐姐造成了极大的精神伤害。姐姐并非鄙视劳动，而是调整分配去向的理由让她难以接受。当然，姥爷和舅舅的问题在1972年和1973年先后平反，这是后话。

其二是东欧剧变的消极影响。国内某些糊涂的人受到这种影响也开始怀疑革命，而某些另有图谋的人则大受鼓舞，以为机会来了，可以大干一场了。那时，就有西部的一个作家写了一部长篇小说，揶揄法国大革命、巴黎公社和十月革命，控诉共产党领导的人民革命剥夺了他家的“贵族”地位和生活。

其三是国际敌对势力对我加紧实施其西化、分化战略。这种战略又可以分为三个招数。第一招是外部的意识形态攻势，向我抛售什么历史虚无主义、普世价值、新自由主义、宪政民主那一套东西。光出自海外的歪曲中国革命的出版物就有多种。在这些出版物中，又有多少内容经得起事实检验呢？第二招是派人打进来。这些受命打进来的人，大多披着客座教授、公司高管之类的光鲜外衣。然后，西方又出钱把他们包装成意见领袖、网络大V之类。这样一来，这些人就既是成功人士又是名人，因而也就很容易俘获某些企盼成功又天真烂漫的青年的心。第三招是花钱买奴才。可悲的是，我们国内就有那么一些没出息、不长进的人，不顾国格人格，为了那么一点蝇头微利、蜗角虚名而甘当西方霸权的“牛马走”。这些人分布于经济、政治、法律、历史、教育、新闻、文艺等各个领域，为数不多，但由于有西方敌对势力和国内某种社会力量的支持，能量却不可小觑。

其四是党内的原因。有的领导干部过分爱惜自己的羽毛，乡愿作风严重，老想着两边讨好、四处结缘、八面玲珑，以塑造自己的开明形象。更有甚者，则走上了纵容、支持错误思潮的道路。党的十八大以后，以习近平同志为核心的党中央坚决抵制历史虚无主义及其他形形色色的错误思潮，明确强调新民主主义革命的胜利成果决不能丢失，社会主义革命和建设的成就决不能否定，改革开放和社会主义现代化建设的方向决不能动摇。中央的这一明确态度，大刹了错误思潮的气焰。

至于把革命同激进、极左等概念相联系，这是往革命的头上泼脏水——历史虚无主义惯用的伎俩。其实，这两个概念与革命之间连半毛钱的关系也没有。相反，正是因为中国共产党坚持不懈地反对极左倾向和激进主义，才领导人民革命从胜利走向更大的胜利。

把坏事变成好事

历史虚无主义不仅给党和国家造成极大危害，甚至试图动摇中华文明的根基。我们要加强舆论阵地建设，使之更加有力。

多年来，糟蹋本民族的历史，早已不仅仅是指向老一辈无产阶级革命家、中国共产党和新民主主义革命，就是古代的优秀人物也难逃口诛笔伐。如屈原是一个花下死的风流鬼，岳飞是千古罪人，如此等等，不一而足。总之，只要中华民族有了一位值得我们骄傲的人物，他们便要把他涂黑、矮化或者妖魔化。更有甚者，竟然说中华民族是犹太人的移民，根本没有自己的起源。综观世界，哪个民族能有这样糟蹋自己历史的现象？又有哪个国家能够容忍自己的历史被这样糟蹋？如果这种现象持续泛滥，人家会笑话我们，瞧不起我们。我们不能忘记郁达夫的警世之言："没有伟大人物出现的民族，是世界上最可怜的生物之群；有了伟大人物出现而不知崇敬爱戴的国家，则是没有希望的奴隶之邦！"

不过，坏事也可以变成好事。在20世纪五六十年代，小学、中学的历史教科书对重大历史事件、重要历史人物的结论基本正确，但由于课时有限，不可能写得详细，且某些结论有绝对化的不足。在这种教育环境、社会环境中成长起来的绝大多数人，包括非历史专业的知识分子在内，所得的历史知识差不多都来自教育和与这种教育保持一致的各种读物。随着岁月流逝，对于所学历史只记得结论和大致梗概，便是不可避免的事。然而，人们不曾预料，若干年过去，"标新立异"的来了。他们说原来的那些结论不对，甚至完全相反。读者没有充分掌握这些方面的资料，是听他们的呢？还是相信过去的结论呢？于是，迷惘、彷徨、动摇甚至跟着跑便在所难免。社会心理越是发生这样的波动，他们就越加放肆，以至汹汹嗷嗷，大有舀干四海、踏平五岳之势。既然他们挑战，我们就得应战。不管多么耗时费力，我们也要扎进故纸堆里，耐心地去寻找历史的真相，给当下和未来一个负责任的交代；不管因袭的思维惯性多大，我们也要解放思想、拾遗补阙，完善原来不完善的结论，把历史唯物主义的原则贯彻到底。这方面的工作做好了，历史唯物主义的各个结论就等于浴火重生，变得更加牢不可破。用它来教育青年、掌握群众，也就更加富有说服力。

当然，对历史虚无主义的消解进行反消解，光靠史学研究还不够，必须调动多方面的相关资源，形成全社会齐抓共管的态势。

（一）必须坚持舆论导向和利益导向相结合。在兜售历史虚无主义的人群中，除另有图谋者外，还有一些跟着起哄的青年。他们为什么要跟着历史虚无主义跑呢？就是因为那里边有“实惠”，往往可以轻轻松松地落得个“名利双收”。当务之急是必须从根本上扭转消极效应，让正派学者吃香，让造谣生事者风光不再。

（二）将上述一项延伸下来，就必须强调“学术无禁区，爱国有底线”。史学研究是一个汪洋大海，它不容忍任何形式的垄断。必须坚持“双百方针”，必须鼓励大胆创新，必须营造自由宽松的学术环境。但是，学术自由不等于无政府主义的自专，不能背离学术规范，不能背离尊重历史的科学精神，不能背离爱国主义的基本立场。目前，世界上有很多国家都在对待历史的问题上出台了法律、法令或法规。2009年，俄罗斯联邦总统签署第549号总统令，成立反击篡改历史、损害俄罗斯利益委员会，负责协调有关方面，共同应对虚无民族历史、损害国家利益的行为。2014年，俄罗斯正式出台法律，把否认纳粹二战罪行和歪曲苏联二战角色认定为违法行为，违法者将面临5年以下监禁或50万卢布（约合1.4万美元）以下罚款的惩治。当然，各国的国情有所不同，我们不一定要让篡改历史的人去坐班房，但是相应的法规和纪律是绝对必要的。起码我们应当做到：在党内，不允许存在特殊资格的党员（不管他资历多老），不允许他们恶搞我们党的历史、损害党的形象；在教育、文化领域，不给篡改中国历史特别是革命历史、损害国家利益的所谓教师、学者提供讲台和其他传播平台。这样坚持下去，就能在三五年内有效地净化学术环境，激发积极健康的创新活力，而绝不会阻碍文化的繁荣。在当今的法国，由于各方面保障得力，极少发生抹黑本国历史的现象，但是那里的历史研究和历史题材的文艺创作不是都很活跃么？要知道，恶搞绝不是繁荣，而是变态或病态。

（三）必须遵循经济基础与上层建筑统一的规律。功夫有时候是在“诗外”的。意识形态领域的工作要靠经济基础来支撑和保障。分配不公，基尼系数过大，人民群众就会对我们有意见，从而给历史虚无主义留下口实和空子。必须毫不动摇地坚持以公有制为主体、多种所有制经济共同发展的基本经济制度，不折不扣地贯彻公平正义的原则，诚心诚意地走共同富裕的道路。有了这个基础，我们说话就底气壮、有人听，就能掌握思想斗争的主动权，而历史虚无主义的日子就会变得一天比一天难过。

（四）必须有长期斗争的准备。鲁迅说得好：“战斗正未有穷期，老谱将不断袭用。”例如，早在20世纪初，改良派就攻击革命是破坏，只能导致“血流成河”“亡国灭种”。今日，那些诋毁革命的论调有什么新的东西吗？没有，不过拾前人牙慧而已。可以肯定，100年以后也还会有历史虚无主义。但是，中国历史的光辉不可遮蔽，中华民族伟大复兴的潮流不可阻挡。站在未来的制高点回望1840年以来的中国历史，必定是从苦难走向新生、从新生走向辉煌的壮美画卷。

| 第十七篇 |

金山银山绿水青山

党的十八大以来，以习近平同志为核心的党中央高度重视生态文明建设，确立了“建设美丽中国”的战略目标，提出了“生态兴则文明兴、生态衰则文明衰”，“良好生态环境就是最普惠的民生福祉”，“绿水青山就是金山银山”等重要论断，系统阐述了生态与文明、生态与民生、生态与生产力之间的关系，并就如何以系统工程思维抓生态文明建设、建立完善的生态文明制度等问题作了一系列深刻精辟论述。在党的十九大报告中，习近平总书记指出：“建设生态文明是中华民族永续发展的千年大计。”提出要“坚持人与自然和谐共生……像对待生命一样对待生态环境”，“建设美丽中国，为人民创造良好生产生活环境，为全球生态安全作出贡献”。这些思想是继承和发展马克思主义生态文明思想的最新理论成果，彰显了我们党对生态文明建设的高度自觉。习近平生态文明思想，对于在新时代坚定不移地把生态环境保护不断引向深入，推动形成绿色发展方式和生活方式，为全面建成小康社会提供强有力的生态环境保障，具有十分重要的意义。

生态兴则文明兴，生态衰则文明衰

以什么样的思想高度审视和把握自然生态问题，决定了我们以什么样的态度和力度推进生态文明建设。对于自然与人类社会的关系，习近平总书记指出，“良好生态环境是人和社会持续发展的根本基础”，人与自然是相互依存相互联系的整体，对自然界不能只讲索取不讲投入、只讲利用不讲建设。对于自然与人类文明的关系，2003年，习近平在《求是》杂志发表的《生态兴则文明兴——推进生态建设打造“绿色浙江”》一文中，首次提出了“生态兴则文明兴，生态衰则文明衰”的观点，并认为重视生态是“社会文明进步的重要标志”。2013年5月24日，习近平总书记在主持中共十八届中央政治局第六次集体学习时的讲话中重申了这一观点。2017年5月26日，在中共中央政治局第四十一次集体学习时的讲话中，习近平总书记再次强调：“人类发展活动必须尊重自然、顺应自然、保护自然，否则就会遭到大自然的报复。这个规律谁也无法抗拒。人因自然而生，人与自然是一种共生关系，对自然的伤害最终会伤及人类自身。只有尊重自然规律，才能有效防止在开发利用自然上走弯路。”这些论断深刻揭示了自然界是人类社会产生、存在和发展的前提和基础，人类社会要想持续发展，就必须正确认识到生态环境是人类文明的根基和命脉。只有坚持这样的观点，在生态文明建设中才会有高度的历史责任感和紧迫感。

“生态兴则文明兴，生态衰则文明衰”是与历史唯物主义高度一致的。马克思主义强调，人类社会是自然的一部分，人类本身就是自然的产物，是和所处的环境一起发展起来的，人不能仅靠自己而独立生存，人是靠自然而存活的。恩格斯指出：“我们每走一步都要记住：我们统治自然界，决不像征服者统治异族人那样，决不是像站在自然界之外的人似的，——相反地，我们连同我们的肉、血和头脑都是属于自然界和存在于自然之中的。”人类社会在从事物质资料生产过程中要发生两方面的关系：一方面，是人与自然之间的关系表现为生产力，是生产的自然属性；另一方面，是人与人之间的关系，表现为生产关系是生产的社会属性。人类所创造的一切物质财富，都来自自然的恩赐。人类社会之所以演化出不同的文明形态，是因为“不同的共同体在各自的自然环境中，找到不同的生产资料和不同的生活资料。因此，它们的生产方式生活方式和产品，也就各不相同”。与此相呼应，马克思指出，自然不仅仅具有客观实在性，就像人类文明一样，也有其历史性，自然史和人类史不可分割并彼此相互制约。恩格斯曾告诫我们：“我们不要过分陶醉于我们人类对自然界的胜利。对于每一次这样的胜利，自然界都对我们进行报复。”任何不以自然规律为依据的人类计划，只会带来灾难。

“生态兴则文明兴，生态衰则文明衰”与中华传统的古老生态智慧一脉相承。“万物各得其和以生，各得其养以成。”中华文明历来强调天人合一、尊重自然，强调人与自然的和谐发展。《老子》以“道法自然”为最高准则构建了一幅自然、人类、社会和谐相处的理想图景。“天人合一”等思想，本质上就是将天、地、人作为和谐的整体来看待，强调在保护自然资源的基础上进行人类开发活动，实现人与自然的和谐相处。我国古代生态文明思想具有两大基点：一是在人类开发中应遵循自然规律，保护生态环境，对自然加以适当改造与引导；二是注重维护生态平衡，使自然资源得以可持续利用。孟子指出：“不违农时，谷不可胜食也；数罟不入洿池，鱼鳖不可胜食也；斧斤以时入山林，材木不可胜用也。”意为不违背农作物耕种的时节，按照大自然的季节和节气，就会粮谷满仓，获得丰收。《吕氏春秋》从反面提道：“竭泽而渔，岂不获得，而明年无鱼。”意为只顾眼前利益，不顾长远利益，违背自然规律，过度索取，自然资源就会耗尽，就会有不良报应。

总之，“生态兴则文明兴，生态衰则文明衰”的思想，既蕴含深厚的中国传统文化的哲学思想智慧，也充分体现了马克思主义历史唯物主义和辩证唯物主义的哲学思想，是对人与自然关系的精辟诠释，是我们处理自然与人类文明关系的根本准则。

绿水青山就是金山银山

2005年8月24日，习近平以“哲欣”为笔名在《浙江日报》首次撰

安吉余村村口的巨石上刻着“绿水青山就是金山银山”

文阐述了“绿水青山”与“金山银山”的关系。随后2006年3月23日，他在《浙江日报》发表《从“两座山”看生态环境》，论述了实践中人们对“两座山”之间关系认识的三个阶段。就任中共中央总书记之后，他又在国内国际多个场合以“金山银山”与“绿水青山”的关系来阐述生态文明和美丽中国建设。2013年9月7日，习近平总书记在哈萨克斯坦纳扎尔巴耶夫大学发表演讲时，对他在2005年提出的有关“绿水青山就是金山银山”的观点再次做了全面、经典的阐释和强调——“我们既要绿水青山，也要金山银山。宁要绿水青山，不要金山银山，而且绿水青山就是金山银山”。这句话从和谐的角度阐明了发展经济与保护生态之间的辩证统一关系，既有侧重又不可分割，构成有机整体，是着眼党和国家事业发展全局作出的一项具有重大战略意义的科学论断，充分体现了我们党建设“美丽中国”的思想自觉和理论自觉。习近平总书记着重阐述了以下三个基本观点。

一是既要绿水青山，也要金山银山。“既要绿水青山，也要金山银山”的本质是经济发展必须与生态保护相协调，“经济要上台阶，生态文明也要上台阶”，脱离环境保护搞经济发展是“竭泽而渔”，离开经济发展抓环境保护是“缘木求鱼”，必须两手抓。如果只注重经济发展而忽视环境保护，这种“杀鸡取卵、竭泽而渔式的发展是不会长久的”。经济发展决定人们的生活水平，生态环境决定人们的生存条件。生态问题不能用停止发展的办法解决，保护优先不是反对发展，其核心是要坚持和贯彻新发展理念，正确处理保护与发展的关系，推动形成绿色发展方式和生活方式。应在发展中保护生态环境，用良好的生态环境保证可持续发展。我们既要反思“宁要金山银山，不要绿水青山”的片面追逐GDP的发展观，也要否定在自然生态面前自我桎梏的消极自然观，积极寻求可持续的发展道路。“我们追求人与自然的和谐、经济与社会的和谐，通俗地讲，就是要‘两座山’：既要金山银山，又要绿水青山。这‘两座山’之间是有矛盾的，但又可以辩证统一。”绿水青山和金山银山绝不是对立的，关键在人，关键在思路。让绿水青山充分发挥经济社会效益，不是要把它破坏了，而是要把它保护得更好。只要指导思想搞对了，只要把两者关系把握好、处理好了，就既可以加快发展，又能够守护好生态。

马克思主义的生产力理论认为，生产力是人类利用自然和改造自然的能力，是社会存在和发展的物质基础，是社会发展和进步的最终决定力量，在生产力复杂的系统结构中，劳动资料、劳动对象和劳动者是其基本要素。无论是劳动资料、劳动对象还是劳动者，都来源于自然界，关键在于如何有效利用自然。大工业把巨大的自然力和自然科学并入生产过程，必然大大提高劳动生产率，这一点是一目了然的。因此，利用和保护好自然生产力是有序和循环进行物质资料生产的必然要求，也是保护生产力可持续发展的重要措施。由此可见，既要金山银山，又要绿水青山，是对马克思主义生产力理论的继承和重大创新，是对人类生产力发展实践的深刻洞悉和科学总结。

二是宁要绿水青山，不要金山银山。“宁要绿水青山，不要金山银山”旗帜鲜明地回答了生态保护和经济发展不能兼得的时候该如何处理的问题。在习近平总书记看来，生态环境保护是一条不能逾越的底线，任何以绿水青山去换金山银山的做法，都是不被允许、不能原谅的。一旦两者发生冲突矛盾时，必须毫不犹豫地把保护生态放在首位，而绝不可再走用绿水青山去换金山银山的老路。因为绿水青山可带来金山银山，但金山银山却买不回绿水青山，“你善待环境，环境是友好的；你污染环境，环境总有一天会翻脸，会毫不留情地报复你。这是自然界的客观规律，不以人的意志为转移”。1985年，习近平在河北省正定县工作期间主持制定的《正定县经济、技术社会发展总体规划》就提出：保护环境，消除污染，治理开发利用资源，保持生态平衡，是现代化建设的重要任务，也是人民生产、生活的迫切要求。该规划特别强调，宁肯不要钱，也不要污染，严格防止污染搬家污染下乡。2005年，习近平又指出：“在鱼和熊掌不可兼得的情况下，我们必须懂得机会成本，善于选择，学会扬弃，做到有所为、有所不为，坚定不移地落实科学发展观，建设人与自然和谐相处的资源节约型、环境友好型社会。”因此，决不能为追逐当前的、眼前的利益而放弃了对生态环境的保护，“这种错误认识将使我们不得不重蹈‘先污染后治理’或‘边污染边治理’的覆辙，最终将使‘绿水青山’和‘金山银山’都落空”。因此，在生态环境保护上一定要算大账、算长远账、算整体账、算综合账，不能因小失大、顾此失彼、寅吃卯粮、急功近利。生态环境保护是一个长期任务，要时时守望，久久为功。

三是绿水青山就是金山银山。在传统的观念里面，保护生态和坚持发展是鱼和熊掌的关系，经济发展难免需要以牺牲生态环境为代价，过于注重生态环境质量势必阻碍发展。“绿水青山就是金山银山”则告诉我们，良好的生态环境不仅是经济发展的基础条件，也是长期持续发展的前提，“生态环境是资源，是资产，是潜在的发展优势和效益”，良好的生态环境是人和经济社会持续发展的根本基础。蓝天白云、青山绿水是长远发展的最大本钱；“破坏生态环境就是破坏生产力，保护生态环境就是保护生产力，改善生态环境就是发展生产力”。在福建宁德，习近平曾这样抒发冀望：“什么时候闽东的山都绿了，什么时候闽东就富裕了。”2005年，习近平在《之江新语》发表了题为《绿水青山也是金山银山》的评论，提出“生态环境优势转化为生态农业、生态工业、生态旅游等生态经济的优势，那么绿水青山也就变成了金山银山”。“浙江七山一水两分田”，许多地方“绿水逶迤去，青山相向开”，拥有良好的生态优势。如果能够把这些生态环境优势转化为生态农业、生态工业、生态旅游等生态经济的优势，那么绿水青山也就变成了金山银山。当然，绿水青山并不会自动变成金山银山，关键是要走生态优先、绿色发展之路，使绿水青山产生巨大的生态效益、经济效益、社会效益。浙江许多地方正是为了践行这一理念，取得了发展与生态的和谐共荣。比如，在舟山一个农村社区，因为坚守生态优先、坚持在保护中适度开发，生态旅游发展不断取得突破。2014年，这个社区旅游接待人数突破20万人次，经济总收入3500万元，人均收入22000元。社区的村民对前来调研的习近平总书记说：“我们这里空气好啊，老人都长寿。”“城里人来这里把水带回去泡茶喝。”“青山绿水可以发财。”“以前我们穷，现在办农家乐致了富，盖新房、买了车。”习近平总书记高兴地回答：“我在浙江工作时说‘绿水青山就是金山银山’，这话是大实话，现在越来越多的人理解了这个观点，这就是科学发展、可持续发展，我们就要奔着这个做。”舟山一个村落的发展变迁，正是对“绿水青山就是金山银山”最好的诠释。“生态优势变成经济优势，形成了浑然一体、和谐统一的关系。”

习近平总书记特别指出，人类对于“两座山”之间关系的认识，并不是一步到位的，而是经历了如下三个阶段：第一个阶段是用绿水青山去换金山银山，忽略或者很少考虑环境的承载能力，一味索取资源。第二个阶段是既要金山银山，但也要保住绿水青山，这时候经济发展与资源匮乏、环境恶化之间的矛盾开始凸显出来，人民意识到环境是我们生存发展的根本，要留得青山在，才能有柴烧。第三个阶段是认识到绿水青山可以源源不断地带来金山银山，绿水青山本身就是金山银山，我们种的常青树就是摇钱树，生态优势变成经济优势，形成了一种浑然一体、和谐统一的关系。第三阶段是一种更高的境界，体现了科学发展的要求，体现了发展循环经济、建设资源节约型和环境友好型社会的理念。以上这三个阶段，是经济增长方式转变的过程，是发展观念不断进步的过程，也是人与自然关系不断调整、趋向和谐的过程。“必须树立和践行绿水青山就是金山银山的理念”成为党的十九大报告关于中国特色社会主义思想和基本方略中“坚持人与自然和谐共生”的重要内容，成为习近平新时代中国特色社会主义生态文明观的重要论断之一。

良好生态环境是最普惠的民生福祉

2013年4月，习近平总书记在海南考察时指出：“良好生态环境是最公平的公共产品，是最普惠的民生福祉。”他在中共十八届三中全会第一次全体会议上的讲话中再次重申了这个观点，并且指出，要更加自觉地推进绿色发展、循环发展、低碳发展，决不以牺牲环境为代价去换取一时的经济增长。因为，保护生态环境就是保护人类自己，建设生态文明就是造福人类。

百代兴盛依清正，千秋基业仗民心。无产阶级政党的性质和全心全意为人民服务的根本宗旨，决定了以人民为中心是我们党最核心的价值理念，让人民群众过上幸福的生活是我们党的根本追求。建设生态文明，为人民群众创造良好的生产生活环境，是我们党一以贯之的优良传统。1958年，毛泽东就提出了美化中国的口号，1973年召开的第一次全国环境保护会议上通过的《关于保护和改善环境的若干规定》，确定了“保护环境、造福人民”的环保工作方针，将环境与人民幸福紧密地联系在一起。以邓小平同志为核心的第二代中央领导集体把环境保护确定为基本国策，邓小平提出了合理利用资源、保护自然环境等思想，并且强调可持续发展既要满足当代人需求，又不能危及下一代的发展。以江泽民同志为核心的第三代中央领导集体将可持续发展上升为国家战略，提出要推动整个社会走上生产发展、生活富裕、生态良好的生态文明道路，而提高人民生活水平和质量，是可持续发展的最终目标。党的十六大以来，以胡锦涛同志为总书记的党中央又对生态文明建设进行了新的探索，确立了以“可持续发展能力不断增强”为目标的全面建设小康社会的战略思想，提出“可持续发展战略”是“以改善和提高人类生活质量为目标的新的发展观、道德观和文明观”。2012年7月，胡锦涛在省部级主要领导干部专题研讨班上讲话时提出，要把生态文明建设纳入中国特色社会主义事业总体布局，进一步强调了生态文明建设的地位和作用。

党的十八大以来，以习近平同志为核心的党中央更为全面、深入地将生态文明与人民群众的根本利益联系在一起，把环境保护作为重大民生实事紧紧抓在手上。习近平总书记指出，建设生态文明，是民意，也是民生，“我们说以人为本，其中很重要的一条，就是不能在发展过程中摧残人自身生存的环境。如果人口资源环境出现了严重的偏差，还有谁能够安居乐业，和谐社会又从何谈起？”环境就是民生，青山就是美丽，蓝天也是幸福。我们要建设天蓝、地绿、水清的美丽中国，让老百姓在宜居的环境中享受生活，切实感受到经济发展带来的生态效益，头顶蓝天白云，在清洁的河道里畅快游泳，田地里盛产安全的瓜果蔬菜……这些是人民群众对生态文明最朴素的理解和对环境保护最起码的诉求。小康全面不全面，生态环境质量是关键。

生态环境是最普惠的民生福祉，这一科学论断深刻揭示了生态环境对于民生的重要价值。习近平总书记指出，生态环境是中国梦的一部分，衣食住行无不与环境有关，是老百姓最基础最现实的考虑，所有人概莫能外，空气质量直接关系到广大群众的幸福感。有研究表明，一个成年人每天呼吸2万多次，吸入空气15—20立方米。如果身处碧水蓝天，吸入的就是清洁的空气；如果环境恶劣、浊气熏天，人们的健康就会受到威胁，幸福感也就会大打折扣。

生态环境是最基本、最重要的公共物品，不仅是因为生态环境是全体人类共享共用，一旦失去则每个人都无法独善其身，而且其重要程度远远超越其他公共物品，它直接关系到每个人的生存和健康。随着社会发展和人民生活水平的不断提高，人民群众对干净的水、清新的空气、安全的食品、优美的环境等的要求越来越高，生态环境在群众生活幸福指数中的地位不断凸显，环境问题日益成为重要的民生问题。而环境问题又往往最容易引起群众不满，弄得不好也往往最容易引发群体性事件。所以，生态保护和治理要更加强调以解决群众关心的突出环境问题为重点。同理，推进生态建设“也是人民群众的切身利益和根本利益所在，有利于建设优美舒适的人居环境，生产安全可靠的绿色产品，实现自然资源的永续利用，从而有效改善人民群众的生活质量，不断提高人民群众的生活水平”。习近平总书记多次反复提及全国大范围长时间的雾霾污染天气等人民群众反映强烈的问题，指出如果不从现在起就把这项工作紧紧抓起来，将来会付出更大的代价。“民有所呼、我有所应”，雾霾是广大干部群众高度关注、国际社会高度关注的问题，所以我们必须处置。同样，其他许多生态问题也都应该从保障民生出发加以考量。正如习近平总书记指出的，植树造林是实现天蓝、地绿、水净的重要途径，是最普惠的民生工程，全社会要更加重视。

习近平总书记指出：“为人民群众提供更多生态公共产品，提高生活质量和幸福指数，让老百姓在分享发展红利的同时，更充分地享受绿色福利，使生态文明建设成果更好地惠及全体人民，造福子孙后代。”生态环境问题，归根结底是资源过度开发、粗放利用、奢侈消费造成的。资源开发利用既要支撑当代人过上幸福生活，也要为子孙后代留下生存根基。因此，要清醒认识保护生态环境、治理环境污染的紧迫性和艰巨性，清醒认识加强生态文明建设的重要性和必要性，以对人民群众、对子孙后代高度负责的态度，加大力度，攻坚克难，全面推进生态文明建设。习近平总书记对如何使生态文明建设真正惠及人民的探索，既内含了生态为民生的现实考虑，又饱含着生态为子孙的长远关切。

习近平总书记指出，老百姓过去“盼温饱”，现在“盼环保”；过去“求生存”，现在“求生态”。在未来，如果仍是粗放发展，即使实现了国内生产总值翻一番的目标，那污染又会是一种什么情况？习近平总书记在2013年4月25日十八届中共中央政治局常委会会议上关于第一季度经济形势的讲话中提出了这个问题并郑重做了解答，他的判断是，届时资源环境恐怕完全承载不了。想一想，在现有基础上不转变经济发展方式实现经济总量增加一倍，产能继续过剩那将是一种什么样的生态环境？经济上去了，老百姓的幸福感大打折扣，甚至强烈的不满情绪上来了，那是什么形势？所以，我们不能把加强生态文明建设、加强生态环境保护、提倡绿色低碳生活方式等仅仅作为经济问题。这里面有很大的政治问题。因此，要坚决摒弃损害甚至破坏生态环境的发展模式，坚决摒弃以牺牲生态环境换取一时一地经济增长的做法，让良好的生态环境成为人民生活的增长点、成为经济社会持续健康发展的支撑点、成为展现我国良好形象的发力点，让中华大地天更蓝、山更绿、水更清、环境更优美。要协调推进新型工业化、信息化、城镇化、农业现代化和绿色化，走出一条经济发展和生态文明相辅相成、相得益彰的新发展道路，让老百姓切实感受到经济发展带来的实实在在的环境效益，为子孙后代留下可持续发展的“绿色银行”。

我们不是为生态而生态，而是使青山常在、清水长流、空气常新，让人民群众在良好的生态环境中生产生活。我们今天建设生态文明并不是简单地等同于生态中心主义，而是兼容平衡与发展两种取向，既符合人类利益，又符合生态规律。要把增进民生福祉作为推进生态文明建设的价值目标和检验生态建设成效的基本尺度，“让居民望得见山、看得见水、记得住乡愁”。这就深刻地将生态问题与老百姓的需求、老百姓的福利结合起来，“从老百姓满意不满意、答应不答应出发，生态环境非常重要；从改善民生的着力点看，也是这点最重要”。“十三五”以来，“生态惠民”成为重要的发展理念，为人民群众提供更多优质生态产品，推动形成绿色发展方式和生活方式已成为我们党的一个宏伟目标和一份庄严承诺。

建设美丽中国是实现中华民族伟大复兴的主要内容

良好的生态环境是实现国家富强、民族振兴的生态条件。“走向生态文明新时代，建设美丽中国，是实现中华民族伟大复兴的中国梦的重要内容。”

习近平总书记指出，改革开放以来，我国经济社会发展取得历史性成就，这是值得我们自豪和骄傲的。同时，我们在快速发展中也积累了大量生态环境问题，成为明显的短板，成为人民群众反映强烈的突出问题。这样的状况，必须下大力气扭转。他进一步指出，“要清醒认识保护生态环境、治理环境污染的紧迫性和艰巨性，清醒认识加强生态文明建设的重要性和必要性”，用“两个清醒认识”揭示了当前我国生态环境所面临的严峻现实。习近平总书记指出，中国自改革开放以来，实现了年均9.8%的持续快速增长，与此同时，资源和环境对发展的瓶颈制约也日益突出，我们要以实事求是的科学态度及时总结经验，创新发展理念，推动中国发展道路和发展模式在实践中不断完善。当前，我国发展的能源资源约束已经日益强化，石油等重要资源的对外依存度快速上升；耕地逼近18亿亩红线，水土流失、土地沙化、草原退化情况严重；一些地区由于盲目开发、过度开发、无序开发，已经接近或超过资源环境承载能力的极限；一些地区持续遭遇雾霾袭击，大气污染、水污染、土壤污染等各类环境污染呈高发态势。这种状况不改变，能源资源将难以支撑，生态环境将不堪重负，反过来必然对经济社会可持续发展带来严重影响，我国发展的空间和后劲将越来越小。环境经济学里有一条著名的曲线，叫作环境库兹涅茨曲线。这条倒“U”形环境曲线讲述的是发达国家在走向现代化进程中无一例外遭遇过的一段困境：随着经济的发展，环境污染日趋严重，直到跨越环境库兹涅茨曲线的顶端，生态环境问题才得以逐步缓解。今天的中国正攀爬在这条曲线顶端附近陡峭的上升区间，处于环境污染最为严重的时期和环境矛盾的集中爆发期。习近平总书记指出，我国发展已经到了必须加快推进生态文明建设的阶段。生态文明建设是加快转变经济发展方式、实现绿色发展的必然要求。因此，我们必须排除发展遭遇的阻碍，正视生态危机的困局，寻找一条新的发展道路，实现中华文明的永续发展。

正是从这样的历史使命感出发，从实现中华民族伟大复兴和永续发展的全局出发，党的十八大首次把“美丽中国”作为生态文明建设的宏伟目标，把生态文明建设摆到了中国特色社会主义“五位一体”总体布局的战略高度上。党的十八届三中全会之后我国不仅高度重视生态文明，而且将生态文明建设作为我们党的行动纲领，充分说明了党中央对于推动生态文明建设的历史担当。

习近平总书记指出生态文明不仅仅是一个国家所能决定的，建设美丽中国，必须和建设美丽世界紧密结合起来。他多次强调，应该从全人类出发来思考生态文明。在气候变化巴黎大会开幕式上的讲话中，习近平总书记强调，要提出公平、合理、有效的全球应对气候变化解决方案，探索人类可持续的发展路径和治理模式。

作为世界第二大经济体，中国建设生态文明就是在践行一个大国应有的国际责任。2013年7月，习近平总书记向生态文明贵阳国际论坛2013年年会致贺信时谈到，中国将同世界各国深入开展生态文明领域的交流合作，推动成果分享，携手共建生态良好的地球美好家园。他还指出，推动形成公平合理、合作共赢的全球气候治理体系，中国在其中扮演着不可或缺的角色，中国要为推动世界绿色发展、维护全球生态安全作出积极贡献。中国把应对气候变化融入国家经济社会发展中长期规划，坚持减缓和适应气候变化并重，承诺将于2030年前后使二氧化碳排放达到峰值并争取尽早实现。在推进国内生态文明建设的同时，要深度参与全球气候治理，积极参与应对全球气候变化谈判。积极承担与我国基本国情、发展阶段和实际能力相符的国际义务，从全球视野加快推进生态文明建设，把绿色发展转化为新的综合国力和国际竞争新优势，为推动世界绿色发展、维护全球生态安全作出积极贡献。习近平总书记对全球生态环境的担当意识，得到了国际社会的高度肯定。联合国副秘书长阿奇姆·施泰纳这样评价道：中国在生态文明这个领域中，不仅是给自己，而且给世界一个机会，让我们更好地朝着绿色经济转型。

努力完成建设美丽中国的重点任务

党的十九大报告从4个方面提出了后5年建设美丽中国的重点任务，完成好这些任务，我国生态文明建设将再上一个新台阶。

一是推进绿色发展。这是建设美丽中国的重要基础。加快建立绿色生产和消费的法律制度和政策导向，建立健全绿色低碳循环发展的经济体系，就是要从源头上推动经济实现绿色转型，减少资源消耗。减少污染排放、减少生态破坏。构建市场导向的绿色技术创新体系，就是要在创新驱动发展中，面向市场需求促进绿色技术的研发转化推广，用绿色技术改造形成绿色经济。发展绿色金融，就是要积极发展绿色信贷、绿色债券、绿色基金等，推进金融更好服务于实体经济的绿色转型。壮大节能环保产业、清洁生产产业、清洁能源产业，就是要在这些绿色产业培育形成更多市场主体和新的增长点。推进能源生产和消费革命，就是要紧跟世界能源技术进步和产业变革新趋势，构建清洁低碳、安全高效的能源体系。推进资源全面节约和循环利用，就是要坚持节约资源的基本国策，推进节能、节水、节地、节材、节矿，节约一切自然资源。实施国家节水行动，就是要把节水提升到国家战略层面，大幅度减少水资源消耗，扭转水资源短缺的困局。实现生产系统和生活系统循环链接，就是要打通生产与消费环节，更好地推进循环经济发展。倡导简约适度绿色低碳的生活方式，就是要使绿色消费成为每一个公民的责任，从自身做起，从自己的每一个行为做起，自觉为美丽中国建设作贡献。

二是着力解决突出环境问题。这是人民群众最关心的问题。坚持全民共治，源头防治，这是防治污染、治理环境的基本方针。要继续打好大气污染防治、水污染防治、土壤污染管控和修复“三大战役”，努力完成既定目标任务。加强农业污染防治，开展农村人居环境整治行动，就是要针对农业农村污染防治相对薄弱的问题，坚持城乡环境治理并重，加大对农业农村污染防治的工作力度和资金投入，发展绿色农业、建设美丽乡村。提高污染排放标准，强化排污者责任，健全环保信用评价、信息强制性披露、严惩重罚等制度，就是要改革这些领域的体制机制，加快污染防治基础制度建设，尽快补上制度漏洞。构建政府为主导、企业为主体、社会组织和公众共同参与的环境治理体系，就是要明确环境治理中各主体的责任义务，政府履行主导职责，企业承担主体责任，社会组织和公众发挥参与和监督作用。积极参与全球环境治理，就是要坚持共同但有区别的责任原则、公平原则、各自能力原则，积极参与应对气候变化国际合作，落实减排承诺，为全球环境治理作出贡献。

三是加大生态系统保护力度。这是建设美丽中国的长远大计。实施重要生态系统保护和修复重大工程，就是要在国家重点生态功能区构筑生态安全战略格局。完成生态保护红线、永久基本农田、城镇开发边界三条控制线划定工作，就是要通过规划体制改革，建立全国统一的空间规划体系，从国家、省、市县三个层级划定三条控制线，明确城镇空间、农业空间、生态空间，为各类开发建设活动提供依据。开展国土绿化行动，就是要针对我国缺林少绿的国情，集中连片建设森林，并持之以恒地推进荒漠化、石漠化、水土流失综合治理，强化湿地保护和恢复，加强地质灾害防治，为国土增添绿装。完善天然林保护制度，就是要在停止天然林采伐基础上，完善相关政策，使这项制度得以持续。扩大退耕还林还草，就是要在25度以上坡耕地、严重沙化耕地、重要水源地等恢复这类国土的生态功能。严格保护耕地，扩大轮作休耕制度试点，就是要在坚持最严格的耕地保护制度基础上，针对耕地退化问题，抓住粮食高产量、高库存的有利时机，通过轮作休耕等使超载的耕地休养生息。

建立市场化、多元化生态补偿机制，就是要建立政府主导、企业和社会各界参与、市场化运作、可持续的生态补偿机制。

四是改革生态环境监管体制。这是建设美丽中国的体制保障。设立国有自然资源资产管理和自然生态监管机构，完善生态环境管理制度，就是要改革目前资源和生态环境领域“九龙治水”的管理体制，推进资源和生态环境保护领域国家治理体系和治理能力现代化。构建国土空间开发保护制度，就是要建立健全以法律为依据、以空间规划为基础、以用途管制和市场化机制为重要手段的制度体系。完善主体功能区配套政策，就是要按照主体功能区规划，完善相关的财政投资、产业、土地、人口、环境等政策，保障主体功能区制度有效落实。建立以国家公园为主体的自然保护地体系，就是要整合目前分头设置的自然保护区、风景名胜区、森林公园、地质公园等，形成中国特色的自然保护地体系。坚决制止和惩处破坏生态环境行为，就是要对破坏生态环境的行为，严厉打击、严罚重惩，形成不敢且不能破坏生态环境的高压态势和社会氛围。

| 第十八篇 |

实现全体人民共同富裕

在中国传统文化理念中，共同富裕一直是中国人民千百年来追求的理想。尤其在新中国成立之后，中国共产党人在马克思主义指导下，为实现共同富裕的美好理想和目标，进行了长达70年的探索和实践。

艰辛的探索

近代以来，中国的共同富裕思想不仅深受中国传统文化的影响，而且深受马克思主义经典作家对共同富裕的论述及思想的影响，因而中国共产党人的共同富裕思想具有了马克思主义的理论指导。我国社会主义改造完成之后，在社会主义建设的过程中，以毛泽东为核心的中国共产党，为实现人民的共同富裕进行了长期而艰辛的探索。在社会主义建设初期，中国先是照搬照抄斯大林模式，但在发现斯大林模式的严重弊端之后，开始探索自己的道路。1953年12月，在《关于发展农业生产合作社的决议》中就提出了“共同富裕”这一概念。1955年，毛泽东指出：“在逐步地实现社会主义工业化和实现对于手工业、对于资本主义工商业的社会主义改造的同时，逐步地实现对于整个农业的社会主义改造，即实现合作化，在农村中消灭富农经济制度和个体经济制度，使全体农村人民共同富裕起来。”可以看出，毛泽东希望通过社会主义改造达到共同富裕的目的。毛泽东还认为实现共同富裕必须坚持社会主义制度，坚持工业化道路，但一定要防止和警惕两极分化现象。中共八大提出把党的工作重心转移到发展生产力和进行经济建设上来，实现共同富裕，但在随后的实践中因追求生产关系的“一大二公三纯”，出现“大跃进”和人民公社等情况，共同富裕理想并没有实现。

共同富裕是根本目标

邓小平指出，“社会主义的本质，是解放生产力，发展生产力，消灭剥削，消除两极分化，最终达到共同富裕”。在社会主义制度条件下，解放和发展生产力是手段，共同富裕是目的。

中国特色社会主义要走共同富裕的路子，不走两极分化的邪路。这实际上是走坚持四项基本原则的路子，不走资产阶级自由化的路子。资产阶级自由化，企图否定四项基本原则，主张走西方资本主义国家的发展道路。邓小平认为，中国绝对不能走这条路，中国只能走社会主义道路，即共同富裕的路子。

邓小平指出：“所谓资产阶级自由化，就是要中国全盘西化，走资本主义道路。中国根据自己的经验，不可能走资本主义道路。道理很简单，中国十亿人口，现在还处于落后状态，如果走资本主义道路，可能在某些局部地区少数人更快地富起来，形成一个新的资产阶级，产生一批百万富翁，但顶多也不会达到人口的百分之一，而大量的人仍然摆脱不了贫穷，甚至连温饱都不可能解决。只有社会主义制度才能从根本上解决摆脱贫穷的问题。”[①]他还说：“我们坚持社会主义道路，根本目标是实现共同富裕。”

邓小平始终主张中国只能走共同富裕的路子。他明确地说：“社会主义的目的就是要全国人民共同富裕，不是两极分化。如果我们的政策导

① 《邓小平文选》第3卷，人民出版社1993年版，第207—208页。

致两极分化，我们就失败了；如果产生了什么新的资产阶级，那我们就真是走了邪路了。我们提倡一部分地区先富裕起来，是为了激励和带动落后的地区更好地发展。提倡人民中有一部分人先富裕起来，也是同样的道理。对一部分先富裕起来的个人，也要有一些限制。”①

1986年9月，邓小平告诉一位美国的采访记者：“我们允许一部分人先好起来，一部分地区先好起来，目的是更快地实现共同富裕。正因为如此，所以我们的政策是不使社会导致两极分化，就是说，不会导致富的越富，贫的越贫。坦率地说，我们不会容许产生新的资产阶级。”

邓小平最不愿意看到在中国社会出现两极分化，他的目标是让所有的人都富起来。他说：“共同致富，我们从改革一开始就讲，将来总有一天要成为中心课题。社会主义不是少数人富起来，大多数人穷，不是那个样子。社会主义最大的优越性就是共同富裕，这是体现社会主义本质的一个东西。如果搞两极分化，情况就不同了，民族矛盾、区域间矛盾、阶级矛盾都会发展，相应的中央和地方的矛盾也会发展，就可能出乱子。我们只能走社会主义道路，逐步实现共同富裕。”

走共同富裕的路子，是邓小平的选择，更是人民的选择。

人民心里有杆秤，共同富裕的路子走得对不对？他们心里最清楚，最明白。邓小平总是说：“我们现在的路子走对了，人民高兴，我们也有信心。”②

正确理解邓小平共同富裕思想，要特别注意几个问题。第一，共同富裕不是同步富裕或是平均主义。邓小平在1986年3月会见新西兰总理朗伊时指出：“我们坚持走社会主义道路，根本目标就是实现共同富裕，然而平均发展是不可能的。过去搞平均主义，吃‘大锅饭’，实际上是共同落后，共同贫穷，我们是吃过这个亏，改革首先要打破平均主义，打破‘大锅饭’，现在看来这个路子是对的。”第二，共同富裕需要勤劳致富，合法致富。1983年1月，邓小平在同国家计委等单位负责人的谈话

---

① 《邓小平文选》第3卷，人民出版社1993年版，第110—111页。

② 《邓小平文选》第3卷，人民出版社1993年版，第29页。

中提道:“农村、城市都要允许一部分人先富起来，勤劳致富是正当的。”第三，共同富裕既是物质上的共富也是精神上的共富。邓小平共同富裕思想不仅仅停留在物质层面的富裕，他还十分注重精神层面的富裕和社会的和谐。1979年10月，邓小平在中国文学艺术工作者第四次代表大会上致祝词时指出:“我们要在建设高度物质文明的同时，提高全民族的科学文化水平，发展高尚的丰富多彩的文化生活，建设高度的社会主义精神文明。”邓小平突破了传统共同富裕概念的片面性，赋予了共同富裕概念以物质和精神富裕相统一的丰富内涵。

邓小平揭示了共同富裕是社会主义的最终目标，准确把握了科学社会主义共同富裕思想的实质，开创了马克思主义共同富裕思想的新境界，并为共同富裕思想从理论到实践的新转变作出了勇敢的探索，为共同富裕的建设和发展提供了实践和理论支持。

朝着共同富裕的方向稳步前进

以江泽民同志为核心的党的第三代中央领导集体对共同富裕思想进行了更深一步探索与创新。党的十四大提出:“运用包括市场在内的各种调节手段，既鼓励先进，促进效率，合理拉开收入差距，又防止两极分化，逐步实现共同富裕。”江泽民对在社会主义市场经济条件下实现共同富裕进行了大胆的探索，他既要强调公平，更强调效率，要兼顾效率与公平，最终实现共同富裕。党的十四届五中全会报告《中共中央关于制定国民经济和社会发展“九五”计划和2010年远景目标的建议》指出:“要以邓小平同志关于让一部分地区、一部分人先富起来，逐步实现共同富裕的战略思想来统一全党的认识。实现共同富裕是社会主义的根本原则和本质特征，绝不能动摇。”该报告还指出要把缩小地区差距和实现共同富裕作为一条长期坚持的重要方针。江泽民在《正确处理社会主义现代化建设中的若干重大关系》中再次强调要以邓小平同志先富带动后富，逐步实现共同富裕的思想来统一全党的认识，避免收入差距悬殊扩大以造成严重后果。

在社会主义建设实践过程中，第三代领导集体采取了一系列措施探索实现共同富裕的道路。例如：1994年通过了《“八七”扶贫攻坚计划》，加大对贫困人口的扶贫；在国有企业改革过程中，先后出台一系列保障措施保障下岗职工的利益；1999年实施“西部大开发”，推动西部地区的发展和走向共同富裕。2000年2月，江泽民同志提出了“三个代表”重要思想，而共同富裕就是其中核心内容之一。党的十六大报告在强调贯彻“三个代表”重要思想时指出：“制定和贯彻党的方针政策，基本着眼点是要代表最广大人民的根本利益，正确反映和兼顾不同方面群众的利益，使全体人民朝着共同富裕的方向稳步前进。”党的十六大还提出了全面建设小康社会的目标，提出在21世纪头20年建设惠及十几亿人口的小康社会，明确提出了共同富裕的阶段性目标。

进入21世纪，我国经历20余年的改革开放，人均GDP突破1000美元，人民生活总体达到小康水平，共同富裕的水平需要向更高的阶段进发。但与此同时，我国地区之间、城乡之间、产业之间和人群之间的收入差距进一步拉大，人民群众对社会公平的呼声越来越高，实现共同富裕的考验也越来越严峻。

2003年，以胡锦涛同志为总书记的党中央，提出了以人为本为核心的科学发展观，又一次丰富了共同富裕的内涵。科学发展观要求：“要始终把实现好、维护好、发展好最广大人民的根本利益作为党和国家一切工作的出发点和落脚点，尊重人民主体地位，发挥人民首创精神，保障人民各项权益，走共同富裕道路，促进人的全面发展，做到发展为了人民、发展依靠人民、发展成果由人民共享。”科学发展观不仅在理论上对共同富裕思想有所发展，还在实现手段上也提供了根本方法。科学发展观的根本方法就是统筹兼顾，做到“五个统筹”，为实现共同富裕开辟了新的路径。2006年，党的十六届六中全会指出：“社会和谐是中国特色社会主义的本质属性。”而构建和谐社会的核心任务之一就是要“实现全面建设惠及十几亿人口的更高水平的小康社会的目标，努力形成全体人民各尽其能、各得其所又和谐相处的局面”。把社会和谐作为社会主义本质属性提出来，凸显了以胡锦涛同志为总书记的党中央对共同富裕与社会和谐的辩证认识，也是对共同富裕思想的大胆探索与创新。在党的十七大上，胡锦涛进一步提出：“努力使全体人民学有所教、劳有所得、病有所医、老有所养、住有所居，推动建设和谐社会。”胡锦涛的这一论述，“唤醒了人们对‘大同’社会的久远向往，又使人们对社会主义条件下实现共同富裕充满了希望”。

在推进共同富裕的社会主义建设过程中，以胡锦涛同志为总书记的党中央也进行了卓有成效的探索和创新。在实施统筹城乡发展的过程中，党的十六届五中全会提出了建设社会主义新农村的任务，一系列的支农惠农政策改善了农村生存环境，提高了农村人口的生活质量，推动了农村向共同富裕迈进。在实施统筹区域发展的过程中，党中央大力推行实施西部大开发，振兴东北地区老工业基地、促进中部地区崛起，支持东部地区率先发展的政策。

实现共同富裕的路线图

习近平总书记在党的十九大报告中提出，经过长期努力，中国特色社会主义进入了新时代。这个新时代的鲜明特征之一就是全国各族人民团结奋斗、不断创造美好生活、逐步实现全体人民共同富裕。具体说来，就是要到2035年基本实现社会主义现代化时，全体人民共同富裕迈出坚实步伐，到21世纪中叶把我国建成富强民主文明和谐美丽的社会主义现代化强国时，全体人民共同富裕基本实现。

这是我们党历史上第一次把全体人民共同富裕的社会主义本质外化为具体奋斗目标，并安排了进度表、设定了路线图，对新时代中国特色社会主义的全面推进具有重大指导意义。

习近平总书记在党的十九大报告中对两个阶段的“共同富裕”目标安排了实际的任务表，勾勒出了明确的路线图。第一个阶段，2035年，在我国基本实现现代化之时，全体人民共同富裕迈出坚实步伐。第二个阶段，2050年，在我国建成富强民主文明和谐美丽的社会主义现代化强国之时，全体人民共同富裕基本实现，我国人民将享有更加幸福安康的生活，中华民族将以更加昂扬的姿态屹立于世界民族之林。共同富裕从迈出坚实步伐到基本实现，是一个历史性的跨越，必须明确好两个目标实现的标准及其路径。首先，全体人民共同富裕迈出坚实步伐是建立在人民生活更为宽裕、中等收入群体比例明显提高、城乡区域发展差距和居民生活水平差距显著缩小、基本公共服务均等化基本实现等各方面发展的基础之上，也就是我国在基本实现现代化的进程中，要不断加强人民群众收入差距，特别是党的十八届五中全会中五大发展理念中的“共享”理念，将发展成果和改革红利惠及广大人民群众，特别是注重低收入人群生活水平的提高。其次，全体人民共同富裕基本实现是建立在我国物质文明、政治文明、精神文明、社会文明、生态文明全面提升、国家治理体系和治理能力现代化实现等基础之上，也就是我国在建成富强民主文明和谐美丽的社会主义现代化强国的道路上，不仅注重建设社会主义现代化经济体系，同步发展新型工业化、信息化、城镇化、农业现代化，加快物质文明的推进，更是以人民为中心地推动中国特色社会主义政治文明、精神文明、社会文明、生态文明的建设。

共同富裕总是作为贫富分化的对立面出现的，对贫富分化的判断可以作为我们判断共同富裕的一个参照标准。社会贫富两极越分化，共同富裕的实现程度就越低；反之，则共同富裕的实现程度越高。党的十八大以来，在以习近平同志为核心的党中央坚强领导下，各地区各部门坚持以人民为中心的发展思想，认真贯彻落实全面建成小康社会的战略目标和方针政策，城乡居民收入持续较快增长，收入差距不断缩小，消费水平和质量持续提高，生活环境明显改善，为到2020年全面建成小康社会的宏伟目标奠定了坚实的基础。到2018年，人民生活持续改善。居民人均可支配收入实际增长6.5%。提高个人所得税起征点，设立6项专项附加扣除税。加大基本养老、基本医疗等保障力度，资助各类学校家庭困难学生近1亿人次。棚户区住房改造620多万套，农村危房改造190万户。城乡居民生活水平又有新提高。

实现共同富裕的困难挑战。在中国特色社会主义的建设和科学发展过程中，会碰到各种障碍和困难，需要不断克服。转变经济增长和发展方式，调整经济结构，全面协调可持续发展等，都不是在平坦大道上顺利前进的事情。实现共同富裕，除了要解决发展方面的难题，更重要的是怎样坚持和发展公有制为主体和按劳分配为主体的制度性难题。我国人民群众主要就职于非公有制企业，一般而言，由于财产性收入、生产性收入等影响，非公有制经济会产生更大的贫富差距，难以实现社会主义本质所要求的共同富裕。同时，我们必须毫不动摇地鼓励、支持、引导非公有制经济发展，激发非公有制经济活力和创造力。所以，我国需通过政府和市场两种手段来调节两者之间的矛盾。从贫富差距的现状来看，我国实现共同富裕也存在一定的挑战，特别是现阶段不平衡不充分的发展。根据国家统计局各项指标分析，我国财富差距、收入差距、城乡收入差距、区域收入差距、行业收入差距等问题亟待协调处理。所以，习近平总书记在比利时布鲁日欧洲学院演讲时指出，让13亿多人都过上好日子，还需要付出长期艰苦努力。

实现共同富裕的基本方略。在近14亿人口的国家实现共同富裕，是前无古人的宏伟事业和艰巨复杂的历史任务。我国仍处于不平衡不充分的发展状态，不能单纯通过改进分配就可以实现共同富裕，必须充分发挥市场在资源配置中的决定性作用，必须通过寻找可持续利用资源的方式来不断发展生产力，创造和积累财富，同时改进分配，才能实现共同富裕。实现共同富裕，我国必须主要抓好以下三件大事：一是以经济建设为中心，充分发挥市场在资源配置中的决定性作用，又好又快地发展生产力，夯实共同富裕的物质基础。二是巩固和完善基本经济制度，坚持两个“毫不动摇”，搞活、搞好和发展公有制经济，夯实共同富裕的制度保证。只有巩固和发展社会主义公有制，才能从根本上保证广大人民对生产资料的所有权，消除劳动力与生产资料相结合的制度障碍。三是确立以民生建设为导向的发展模式，使政府的投入和政策向普惠型转变。民生事业进步本身就是社会富裕的直接体现，它可以使民众更多地在社会生产力发展中享受到发展的成果。同时，民生事业还可在一定程度上有效缓解收入分配差距所带来的影响。四是坚决打赢脱贫攻坚战，坚持精准扶贫、精准脱贫，注重扶贫同扶志、扶智相结合，确保到2020年我国现行标准下农村贫困人口实现脱贫，贫困县全部摘帽，解决区域性整体贫困，做到脱真贫、真脱贫。

面对实现共同富裕征程上的挑战与困难，我们要保持战略定力，紧密团结在以习近平同志为核心的党中央周围，锐意进取，埋头苦干，为实现基本共同富裕的伟大目标，实现中华民族伟大复兴的中国梦、实现人民对美好生活的向往而不懈奋斗！

| 第十九篇 |

遵纪守法做表率

纪律是革命和建设胜利的保证。在战争年代，有了严格的纪律，才能把千军万马组织在一起，汇聚成一股拖不垮、打不散，攻必克、守必固的力量；在建设时期，有了严格的纪律，才能将亿万人民紧密团结在党中央周围，同心同德，投身改革浪潮，致力现代化建设。

毛泽东严格遵守医院的制度，自觉离开关向应的病房；徐特立排队就诊，把方便让给别人；刘志丹自罚挑水，在群众中誉为美谈。他们事事以身作则，处处率先垂范，不愧为自觉遵守纪律的楷模，深受广大人民群众的拥护和爱戴。

没有规矩，不成方圆。自觉遵守各项规章制度，是做好一切工作的保障，是每个公民应尽的义务和责任，是共产主义道德修养的起码要求。

我们党是靠革命理想和铁的纪律组织起来的马克思主义政党，纪律严明是党的光荣传统和独特优势。习近平总书记强调：“党要管党、从严治党，靠什么管，凭什么治？就要靠严明纪律。”我们党有9000多万名党员，在一个幅员辽阔、人口众多的发展中大国执政，如果没有铁的纪律，就没有党的团结统一，党的凝聚力和战斗力就会大大削弱，党的领导能力和执政能力就会大大削弱。只有把纪律挺在前面，坚持纪严于法、纪在法前，才能用纪律管住全体党员，激发出全党步调一致向前进的气势。

严明党的纪律，首先要严格遵守党章。党章是党的根本大法，是全党必须遵循的总规矩。每一个共产党员都要牢固树立党章意识，自觉用党章规范自己的一言一行，在任何情况下都要做到政治信仰不变、政治立场不移、政治方向不偏。把学习党章作为必修课，自觉遵守党章、贯彻党章、维护党章，做认真学习党章、严格遵守党章的模范。加强对遵守党章、执行党章情况的督促检查，对党章意识不强、不按照党章规定办事的要及时提醒，对严重违反党章规定的行为要坚决纠正，全党共同来维护党章的权威性和严肃性。

严明党的纪律，要增强纪律教育针对性。开展经常性纪律教育，把党章党规党纪作为党校、干部学院和党委（党组）理论学习中心组的必修课，增强教育实效性，让党员干部知敬畏、存戒惧、守底线，习惯在受监督和约束的环境中工作生活。发挥先进典型引领作用，让党员干部学有榜样、行有示范、赶有目标。提高警示教育的政治性，凡查出的党员领导干部违纪违法案件，都要在本地区本部门本单位开展警示教育，以案明纪、引为镜鉴，使铁的纪律转化为党员干部的日常习惯和自觉遵循。

严明党的纪律，要深化运用监督执纪“四种形态”。党的十九大把运用监督执纪“四种形态”写入党章，这是全面从严治党的重大举措。“禁微则易，救末者难。”坚持惩前毖后、治病救人方针，坚持严管和厚爱结合，在早发现上深化，把纪律挺在前面，提高发现违纪问题能力，抓早抓小、防微杜渐；在分类处置上深化，强化分析研究，提高精准把握执纪标准和运用政策能力，防止出现适用不当、尺度不准、畸轻畸重现象；在用好第一种形态上深化，下大功夫加强日常管理和监督，使批评教育成为常态，关口前移、防患未然；在谈话函询上深化，被谈话函询的党员干部要在民主生活会上作出说明，发挥采信告知的教育激励作用和抽查核实的监督作用，防止敷衍塞责、欺骗组织，对边谈边犯、边询边犯的从严从重处理。强化日常监督执纪，做到真管真严、敢管敢严、长管长严，使纪律始终成为带电的高压线。

严纪严法处决贪污犯

1951年12月14日，河北省委根据调查和侦讯结果，向华北局提出了对刘青山、张子善的处理意见。

刘青山曾任石家庄市委副书记，张子善曾任天津地委书记，1951年2月，因贪污罪被判处死刑。图为1951年2月10日，河北省人民法院临时法庭在保定举行的刘青山、张子善贪污案公审大会

新中国成立之初，还没有形成健全完善的法律体系，对刘、张二犯的处理，既无明确的法律条文可以依据，又无现成的案例可以参照，而且刘、张曾是党的高级干部，有功于革命事业，因此对其处理必须慎之又慎。

中共中央华北局在接到河北省委关于对刘、张二犯“处以死刑”的意见后，对报告和其他材料进行了认真的研究，综合各方面意见，于12月20日向党中央提出了处理刘、张的意见。

在华北局的报告中，原则上同意了河北省委“处以死刑”的意见，但是增加了一句：“或缓期二年执行。”华北局第一书记薄一波回忆说：“当时之所以加了‘或缓期二年执行’，是考虑到中央决策时可以有回旋的余地。”

河北省委、华北局的意见，都汇集到了党中央，汇集到了毛泽东的手里。是杀？还是不杀？人们在等待着中央的最后决定。

据有关资料记载，当周恩来将华北局的报告送交毛泽东时，毛泽东看后许久不语。周恩来就问："主席的意见呢？"毛泽东张口说出两个字："死刑。"周恩来又问："万一有人出面讲情呢？"毛泽东还是两个字："不准。"

当刘青山、张子善将被处决的消息在内部传开之后，在河北省各级干部中引起极大的震动。一些干部特别是当年曾和刘青山、张子善一起出生入死闹革命的干部，感到惋惜，有不少的议论……

这些意见和呼声，集中地反映到了当时的天津市委书记那里。他觉得有必要向毛泽东和党中央反映一下，于是他找到了华北局第一书记薄一波。

在这种情况下，薄一波如实地向毛泽东转达了"枪下留人"的意见。

毛泽东在听了薄一波转述的意见后，抽着烟，沉思了一会儿，对薄一波说了几句话："正因为他们两人的地位高，功劳大，影响大，所以才要下决心处决他们。只有处决他们，才可能挽救二十个、两百个、两千个、两万个犯有各种不同程度错误的干部。我建议你们重读一下《资治通鉴》。治国就是治吏！礼义廉耻，国之四维。四维不张，国之不国。"

1952年2月10日，刘青山、张子善贪污案公审大会在保定市体育场举行。

当判决书宣读完毕时，公审大会会场立刻响起了一片口号声。"拥护廉洁奉公的人民政府！""拥护光荣、伟大的中国共产党！""毛主席万岁！""共产党万岁！"

听到这样的宣判，这样的口号，刘青山浑身一颤，下意识地挺一下脖子，抬头看了一眼，又无力地垂下了头。而张子善则明显地被"死刑"二字吓瘫了，双膝一软，直往下出溜，若不是两个民警扶持着，肯定会瘫倒在地。

宣判之后，刘、张二犯被捆绑起来，押赴刑场。刑车驶进大校场中央，民警将刘青山、张子善从车上押了下来。刘青山一下地，僵硬的双腿似乎失去了知觉，虽然他想努力站稳，但还是踉踉跄跄差点跌倒。在民警的押解下，他自己走向土坑，跪了下来。而张子善几乎是被民警抬下车的，两名民警架拖着将他带到土坑前跪下，人们看见他脸上湿乎乎的，满是泪水。

刑场上肃静无声。人们静静地等待着……

时年，刘青山36岁，张子善38岁，正是年富力强、本可大有作为的年纪。在刑场，早已准备好了两口通体紫红的松木棺材，收殓了这两个曾经的革命功臣，今日的人民罪人。

刘青山、张子善被处以死刑。枪声一响，举世震惊。老百姓说，这两个人头换来中国官场上至少20年的廉政。

遵纪守法好榜样

毛泽东严格遵守医院制度，自觉离开关向应的病房。

延安时期，一天，毛泽东主席到中央医院去看望关向应同志。他轻轻推开门，走进病房，跟关向应同志握过手，亲切地问：“身体好些了吗？”

这时候，进来一个年轻的护士，她是刚到医院工作的，看床边有个人在和关向应谈话，就说：“同志，请原谅。医生吩咐过，关政委需要静养，不能多说话。”

毛泽东转过身，笑了笑说：“啊，对不起，我不知道医生的吩咐。”说着，站起来，安慰了关向应几句，就出了病房。

毛泽东想了解关向应的病情，来到护士办公室，正巧又碰上了那个护士，毛泽东和气地问：“小同志，你叫什么名字？多大了？”

“大家都叫我小刘，16啦。请坐吧，同志！”小刘回答说。毛泽东向小刘询问了她的工作情况、生活情况，又仔细地询问了关向应的病情，然后亲切地说：“小同志，你要好好照看关政委。”

毛泽东走了，小刘又回到了关向应的病房，关向应笑着说：“小刘，你知道刚才来的是谁吗？”

“不知道。外面有警卫员，我想可能是位首长。不过，既然医生嘱咐过，您需要静养，我就不能让客人打扰您。”

“对。可是，你知道吗？他就是毛主席呀！”“啊！毛主席！”小刘睁大眼睛喊起来。

以后，小刘见人就讲，毛主席多么和蔼，多么关心同志，又是多么严格地遵守医院的制度。

邓小平经常查自家有无违法乱纪的事。

邓小平在1989年5月31日同两位中央负责同志谈话时说：“对腐败的现象我也很不满意啊！反对腐败，几年来我一直在讲，你们也多次听到我讲过，我还经常查我家里有没有违法乱纪的事。”

党的十一届三中全会以来，邓小平曾在各种场合多次强调要抓好执政党的自身建设，他说：这个党该抓了，不抓不行了。他希望党中央能做几件人民满意的事情，一个是更大胆地改革开放，另一个是抓紧惩治腐败。他指出：“惩治腐败，至少抓一二十件大案，透明度要高，处理不能迟。”“不惩治腐败，特别是党内的高层的腐败现象，确实有失败的危险。新的领导要首先抓这个问题，这也是整党的一个重要内容。你这里艰苦创业，他那里贪污腐败，怎么行？”“我们一手抓改革开放，一手抓惩治腐败，这两件事结合起来，对照起来，就可以使我们的政策更加明朗，更能获得人心。”

1931年8月，中共特派员邓小平与妻子金维映奉命来到中央苏区，随即邓小平担任了瑞金县县委书记。邓小平很喜欢瑞金群众中流传的一句话：“当官不为民作主，不如回家种番薯。”他要求干部了解群众的愿望，切实为群众解决困难，同时，又由于中华苏维埃第一次全国工农兵代表大会在瑞金召开，中华民族历史上第一个代表工农大众的全国性革命政权——中华苏维埃共和国临时中央政府在瑞金诞生，瑞金县城成为中华苏维埃共和国的首都，瑞金县划为中央直属县，年仅27岁的邓小平挑起了中央直属县县委书记的重任，中央政府建都瑞金，住的吃的用的等都要增加，这给原本就很薄弱的瑞金经济带来更大的困难，眼下必须将瑞金的生产建设搞上去。

邹书春在一篇回忆文章中写道：邓小平把县委、县里的干部召集起来开会，郑重地和大家商量道："我们要发动广大的劳苦群众，特别是党团员，积极行动起来，出谋划策，多想办法，发展生产，发展经济。既要保证中央机关的生活需要，又要保障红军的供给，也不能让人民群众挨冻受饿，要以实际行动来保卫红色政权，保卫胜利果……"之后，一个确保农业丰收、发展瑞金经济的运动在全县展开，兴修石水、武阳水库的工程和手田、桃阳、安治等地区的水坝渠道破土动工了；纸槽厂、纸烟厂、被服厂、硝盐厂相继开办了；耕牛合作社、消费合作社、粮食合作社建立起来了；劳动互助队、妇女耕田队、积肥突击队在劳动竞赛中干得热火朝天，瑞金出现了生产"热气腾腾"的局面。

为支援革命战争，邓小平带头厉行节约，节衣缩食，并号召全县干部、机关工作人员，节省募捐，支援前方。

邓小平到瑞金后，住在老百姓的民房里，有时甚至住在祠堂、庙宇里。在瑞金10个多月，先后迁居五六次。他常穿的是机织布中山装，吃的与大家一样。他吃红薯不剥皮，还风趣地说："红薯皮营养高，吃了不怕风吹雨打，丢了太可惜。"

他对妻子金维映的要求很严格。金维映喜欢吃粉干。那时县城附近只有一家粉干厂在秘密生产粉干，支援前方。一天，金维映有病吃不下饭，想吃点粉干，但她知道邓小平的脾气，不敢让他知道，便自己偷偷地到南门岗去买粉干吃。这件事被邓小平知道了，他将金维映严肃地批评了一顿。他说："人人像你这样，还怎么去支援前方。你不能因为我是县委书记，就可以搞特殊化。不行啊，同志！”

邓小平为民办事、严以律己、以身作则的模范作用，遂使清正廉洁成为红都的风尚。

周恩来遵守图书馆借书规章。

1960年秋季的一天，下着大雨，北戴河外宾阅览室里，忽然电话铃响了。管理员小王拿起话筒一听，原来是北戴河疗养所外事处的一位同志打来的，说是有位领导要看世界地图和其他一些书籍，请图书室的同志给送去。小王看了一下墙上挂的借书规定，又望了望窗外正下着大雨，就委婉地回答说：“图书室有规定，这些书不外借，如果需要请到图书室里来看。”小王放下话筒，又望着窗外越下越大的雨，心想：这样的天气，一定不会有人来借书了。

不一会儿，图书室的门开了，走进一个身材魁伟的人，手里拿着一把水淋淋的雨伞，裤脚已经湿透了。他走到小王面前，笑着向她借书。

小王把书拿出来，抬头把这位同志仔细看了看，惊叫了一声：“啊，是周总理！”她赶紧把书捧给周总理，后悔自己在电话里没有问清，是哪位领导借书，早知道是周总理，无论如何也要给送去。她望者周总理，喃喃地表示歉意。

周恩来爽朗地笑着说：“你把图书管理得很好么。有一套制度，这很好，没有章程、制度，办不好事情，无论什么人都应遵守制度。”说完，周恩来就拿起书坐在桌边认真地查阅起来。离去时，周恩来握着小王的手，再次说：“一定要办好图书室。”

小王激动地表示：“听总理的话，改进工作，办好图书室。”

彭德怀遵守停车场的规定。

1949年6月的一天，在西北战场上的莲花镇，第一野战军军直警卫连一个入伍不久的小战士在执勤。他的任务是警卫树阴下的4辆吉普车，非经允许，不准任何人接近车辆。

过了一会儿，有个人从镇子上走过来。只见他高高的个子，宽宽的脸膛，身着破旧军装，脚穿黑布鞋，样子像个炊事员。不想，那人竟上了吉普车。警卫战士一个箭步抢过去，说："下来，你是干什么的？"那人一条腿搭在车上，一只脚蹬在地上说："同志，我是……"

没等那人说完，警卫战士又喝问："你是哪个单位的？快下来！"那人一边下车，一边和气地说："我是野司的。"

"不管是野司的还是野政的，这是上级的命令，请你马上离开这里！"

那人还想再说什么，警卫员又严肃地说："快走！快走！不然，我可对你不客气了！"

那人连连点头，走到200米以外的地方徘徊起来。

过了一会儿，司令部参谋长从屋子里出来。经过询问，那战士才知道，刚才被自己训斥的那人就是野战军司令员彭德怀。他的脸上一阵发烧，心里不停地敲着小鼓，不知如何是好。

可是彭老总一点儿没有生气，和颜悦色地向小战士问长问短。他拍了拍小战士的肩膀说："好战士，责任心很强。"

徐特立排队就诊。

一天，徐特立同志到北京医院去看病，候诊室里的人很多，都坐在长靠背椅上等着叫号。徐老的警卫员一看这么多人，有点急了，心想：徐老是最爱惜时间的，就这么等着，得空耗多少时间啊。他走过去悄声问道："徐老，人太多了，我去跟医院张主任说声，给您先看，好不好？"

徐老连忙摆手说："不行，不行，不要告诉他，还是按次序看好，稍等一下没关系。"

警卫员望了望墙上的钟，噘着嘴说："那够等的啦。"

徐老看警卫员有点不高兴，便招呼他坐下，拍着他的肩膀耐心地说："自己的时间宝贵，别人的时间就不值钱吗？我们要是不按次序看病，别人就要多等。无论做什么事，总要多替别人想一想，不能光图自己一个人的方便。再说，你去找张主任，咱们跟他熟，就特殊照顾，可以不按顺序看病，如果熟人都不遵守制度，这里的秩序还怎么维持呢？”

警卫员听了，觉得徐老说的话很有道理，也就耐下性子和徐老一起等着叫号了。

林伯渠请大家监督他遵守时间。

1946年，林伯渠担任陕甘宁边区政府主席。一天，办公厅党支部讨论一个同志的入党问题，支部书记考虑到林伯渠工作繁忙，没有通知他参加会议。

会议刚开始，林老就来了。当大家对那个同志的入党问题举手表决后，主持会议的人请林老讲话。林老语重心长地说：“我今天讲两点，一是检查，二是请求。我所检查的是参加党员大会，是每个党员组织观念强弱的表现，我没有准时参加，应该受到批评。二是请求支部书记不要取消我参加党日活动的资格。”

支部书记听了连忙说：“林老，你工作那么忙我不愿打扰你。”林老说：“你不打扰我，自由主义就要来打扰我，你要记住，我是一个普通党员，没有什么特权可讲。”他望了望大家，然后诚恳地说：“还要请大家监督执行。”

罗瑞卿补票。

罗瑞卿

一天，公安部部长罗瑞卿到火车站去接客人。时间晚了，随行的同志进站时未来得及买站台票，只是对检票员说：“我们是公安部的，来接客人！”说罢，便领着罗瑞卿进了站。

在回去的路上，罗瑞卿问身边的同志：“你们进站时买站台票了吗？”

“没有时间啦！”

“那么，出站时为什么不补票？”

随行的同志面红耳赤，答不上来了。

等把客人送到住处之后，罗瑞卿对随行的一位同志说："现在你到车站去，补交3张站台票钱！公安人员应当做遵守规则的模范，不能有特权思想！中国有句古话：'勿以恶小而为之，勿以善小而不为'，要防微杜渐嘛！"

王树声饭堂排队。

1959年，王树声将军到军事科学院上任不久，一天中午，他和往常一样来到食堂排队吃饭，看见前面一个年轻战士拿着一套饭盒，就同他亲切地拉家常："小伙子，一个人吃饭，带这么多饭盒子，干啥？"战士回答说："给首长打饭。"王树声又问："哪位首长？我怎么不认识呀？"战士又回答说："我们是刚从外地调来的。"战士打回饭，对自己的首长说了这件事。首长让他打听一下问话人。

第二天，年轻战士又提着饭盒来打饭，并有意站到昨日跟自己搭话人的后边，想弄个明白。俩人一见面，王树声像招呼老朋友一样打趣说："哎！小伙子！我见你先下楼，怎么反而站到我的后头？看来我还是吃饭的积极分子哩！"周围的人都乐了。战士笑着问："老同志，您贵姓？"王树声微笑着答道："噢，王树声。"战士听了，惊愕地背过脸一伸舌头。他回去对自己的首长一说，那位师级首长很不自在，从此，也自己去食堂排队买饭了。

刘志丹自罚挑水。

1934年春末，陕甘边界到处是一片葱绿，田里的麦子早已抽穗扬花。上级命令红二军团去执行一项战斗任务，刘志丹率领部队从南梁出发，昼夜兼程地向指定地点突进。

一天黄昏，部队来到一个村头场院准备宿营。这时刘志丹把大家召集在一起，他心情沉重地问道：

"同志们，我们是什么队伍啊？"

“老百姓的队伍呗！”大家回答。

“老百姓的队伍要是违反了群众纪律怎么办？”

“那就处罚吧。”

“要是领导呢？”

“领导咋的？一样处罚！”

“对啊，爱护群众利益光荣，损坏群众利益可耻，谁破坏纪律都得受处罚。”刘志丹坚定地说。

刘志丹

话说到这，大家心里很纳闷，你看我，我看你，不知道发生了什么事。刘志丹来回踱了几步，痛心地说：“违反群众纪律的不是别人，正是我。今天在看地形的时候，我的马吃了群众的麦子。大家讨论讨论吧，该怎么处理？”

一听这话，大家先是一愣，接着，场院里像开了锅，七嘴八舌地议论开了，马夫急忙站起来解释：“这事不怪首长，那马是我没看住。应该处分我。”刘志丹站起来说：“我的马我负责，谁也不能顶罪。”停了一会儿，他又接着说：“我是领导，领导做错了就更应该严格执行纪律。”

会场上又静了下来，大家琢磨着、沉思着，都感到首长的话入情在理，有的点头同意，有的表示：“处分就处分吧。”看到这情景，刘志丹满意地笑了，诚恳地说：“现在请大家说说，给我个什么处分？”话题拉开，同志们又争论起来。有的说：“向群众赔礼道歉，赔偿损失。”有的说：“就吃那十多棵麦子，检讨一下算了。”“那可不行。”有的不同意。这时有人提议罚他给老乡挑水。大家都说：“对，对，这个法子好，就这么办。”刘志丹愉快地接受了罚他挑水的处分。

部队进了村，人人都忙着做群众工作，刘志丹便挑着水桶，一担一担不停地挑。他出这家，进那家，头上的汗水顺着脸直往下淌，连挑了十多家。

杨成武因遵规延迟刮胡子。

20世纪50年代末，杨成武将军下某部二连锻炼。平时，连队的学习、训练日程排得很紧，大多数晚上也安排了集体活动。

杨成武

一天晚上，杨成武听排长宣布“今晚不点名了”，便抓住这个机会刮起胡子来，可刚刮到一半，情况发生了变化，领导又临时决定要开始晚点名了。面对突然的变化，杨成武毫不犹豫地擦掉脸上的肥皂沫，跑步来到外面站队集合。点完名回到班里，他重新抹上肥皂，想继续把胡子刮完。刚拿起刮胡子刀，值班员吹响了熄灯哨。“怎么办？刮？还是不刮？……不能刮，按时熄灯是连队的制度，我不能破坏制度啊！”想到这里，杨成武再次擦掉脸上的肥皂沫，按时上床睡下了。就这样，杨成武的胡子直到第二天早上才刮完。

第二十篇

“一国两制”利港澳

作为中国特色社会主义的重要组成部分，“一国两制”是中国共产党人为解决历史遗留的台湾、香港、澳门问题，实现祖国完全统一，把马克思主义基本原理同中国具体实际相结合的伟大创举。这一伟大创举从中国现实国情出发，将唯物辩证法中的对立统一思想与中国传统文化中求同存异的和合理念有机结合，创造性提出了在统一的国家之内，国家主体实行社会主义制度，个别地区依法实行资本主义制度。这一伟大构想以超凡的理论视野和政治魄力丰富和发展了马克思主义国家学说，是中华民族对人类政治文明的独特贡献。邓小平同志深刻指出，“如果‘一国两制’的构想是一个对国际上有意义的想法的话，那要归功于马克思主义的辩证唯物主义和历史唯物主义，用毛泽东主席的话来讲就是实事求是”。正是由于牢牢扎根于中国土壤，充分汲取马克思主义的智慧，“一国两制”一经提出就展现出指导和推动祖国和平统一进程的强大力量，并在香港、澳门回归祖国后由伟大构想变成生动现实。习近平总书记在纪念马克思诞辰200周年大会上指出，“实践证明，马克思主义的命运早已同中国共产党的命运、中国人民的命运、中华民族的命运紧紧连在一起，它的科学性和真理性在中国得到了充分检验，它的人民性和实践性在中国得到了充分贯彻，它的开放性和时代性在中国得到了充分彰显！”“一国两制”在香港的成功实践，正是对这一重要论断的生动体现和有力证明。

坚持“一国两制”，保持香港、澳门长期繁荣稳定，是实现中华民族伟大复兴的必然要求。习近平总书记所作的党的十九大报告站在时代和全局的高度，深刻总结了香港、澳门回归祖国以来“一国两制”实践取得的巨大成功和积累的宝贵经验，深刻阐明了坚持“一国两制”方针、深入推进“一国两制”实践的基本立场和重大原则，对做好港澳工作提出了明确要求，充分反映了我们党对“一国两制”实践的规律性认识达到一个新高度。我们一定要认真学习贯彻党的十九大精神，保持高度自信和战略定力，继续把“一国两制”事业成功推向前进。

“一国两制”是最佳方案

“一国两制”是邓小平同志以超凡的智慧和胆略提出的，是中国的一个伟大创举。为什么说是伟大创举？创就创在一个统一的国家内，国家主体实行社会主义制度，个别地区依法实行资本主义制度，这在以往的人类政治实践中从未有过；创就创在按照“一国两制”的指引，通过外交谈判，顺利解决了历史遗留的香港、澳门问题，这改变了历史上但凡收复失地都要大动干戈的所谓定势；创就创在“一国两制”由伟大构想变成生动现实，展现出强大生命力，深化内地和港澳地区合作发展，妥善应对和处理一系列重大问题，推动“一国两制”事业开创了新局面、迈上了新台阶。尤其是，中央始终重视发挥“一国两制”的制度优势，鼓励和支持港澳在国家整体发展战略中找准定位、发挥所长，积极对接国家发展规划，确保港澳实现长期繁荣稳定。

运用“一国两制”解决历史遗留的香港问题，充分体现了马克思主义的人民性和实践性。习近平总书记在视察香港时指出，“按照‘一国两制’伟大构想，香港实现了和平回归，改变了历史上但凡收复失地都要大动干戈的所谓定势，这在古今中外都是很少见的”。采用“一国两制”伟大构想和平解决香港问题，符合内地人民坚持走社会主义道路和香港同胞保持资本主义制度、生活方式不变的愿望，符合中华民族的根本利益，彰显了中国共产党为中国人民谋幸福、为中华民族谋复兴的初心和使命。人心民意的极大凝聚，使“一国两制”由伟大构想逐步变为中国政府对台湾、香港、澳门的一系列方针政策，并在香港、澳门基本法制定后形成系统的制度安排和法律规定，更在香港、澳门回归祖国后成为一种崭新的政治实践和管治模式，为人类政治文明发展作出了重大贡献。

香港"一国两制"实践取得的巨大成功，有力证明了马克思主义的科学性和真理性。党的十九大报告指出，"香港、澳门回归祖国以来，'一国两制'实践取得举世公认的成功。事实证明，'一国两制'是解决历史遗留的香港、澳门问题的最佳方案，也是香港、澳门回归后保持长期繁荣稳定的最佳制度。"回归以来，香港已经融入中华民族伟大复兴的壮阔征程，其自身特色和优势得以保持，中西合璧的风采浪漫依然，活力之都的魅力更胜往昔。在国家支持下，香港成功应对亚洲金融危机、非典疫情、国际金融危机等一系列风险和挑战，本地生产总值由1997年的1.4万亿港元增加到2017年的2.7万亿港元，年均增长3.4%；男女平均寿命分别达81.3岁和87.3岁，双双跃居世界第一；连续24年被国际权威机构评为全球最自由经济体。所有这些都雄辩地证明，作为马克思主义中国化重要成果的"一国两制"具有强大生命力，完全经得起历史的检验。

"一国两制"理论和实践的不断丰富发展，深刻彰显了马克思主义的开放性和时代性。习近平总书记在视察香港时指出，"作为直辖于中央政府的一个特别行政区，香港从回归之日起，重新纳入国家治理体系"。这表明，不断推进香港"一国两制"的成功实践已经成为我国国家治理体系的重要组成部分。从党的十六届四中全会提出"保持香港、澳门长期繁荣稳定是党在新形势下治国理政面临的崭新课题"，到党的十九大报告中将"坚持'一国两制'和推进祖国统一"上升为新时代坚持和发展中国特色社会主义的一条基本方略，既充分体现了我们党对"一国两制"规律性认识的不断深化，也标志着"一国两制"实现了由国家统一理论与实践到国家治理理论与实践的历史性飞跃，深刻彰显了马克思主义在我国新时代新征程中不断与时俱进的开放性和时代性。

关于香港、澳门与内地的关系，习近平总书记指出："香港、澳门与祖国内地的命运始终紧密相连。实现中华民族伟大复兴的中国梦，需要香港、澳门与祖国内地坚持优势互补、共同发展，需要港澳同胞与内地人民坚持守望相助、携手共进。”

这几年，内地与香港、澳门在CEPA框架下不断扩大和升级经贸合作，“沪港通”“深港通”“债券通”等金融市场互联互通机制有序开启，香港离岸人民币业务全面发展，澳门海域范围得以明确，港珠澳大桥、广深港高铁等基建项目加速推进，“一带一路”建设、粤港澳大湾区建设为港澳发展提供了新的重大机遇。在中央政府和祖国内地的大力支持下，港澳发展动力更加强劲、发展空间更加广阔，发展前景更加光明，中华民族伟大复兴壮阔征程的步伐不断加快，广大港澳同胞对港澳保持繁荣稳定的信心、对国家发展和民族复兴的信心不断增强。

全面准确贯彻“一国两制”方针

当前，“一国两制”事业正站在新的历史起点上。推进“一国两制”的成功实践，保持香港、澳门繁荣稳定，面临难得的历史机遇，具备许多有利条件。作为坚强后盾的伟大祖国日益繁荣昌盛，中央政府和内地人民的支持更加有力，香港、澳门回归以来积累的经验不断丰富，打下的基础更加坚实，特别行政区政府和社会各界人士团结奋斗的局面日益巩固。同时也要看到，作为一项前无古人的开创性事业，“一国两制”需要在实践中不断探索前进，不可避免地会遇到一些新情况新问题。比如，香港维护国家主权、安全、发展利益的制度还须完善，对国家历史、民族文化的教育宣传有待加强，社会在一些重大政治法律问题上还缺乏共识，经济发展也面临不少挑战，传统优势相对减弱，新的经济增长点尚未形成，住房等民生问题比较突出。澳门经济结构单一，多元发展任务艰巨。这些问题，都是“一国两制”实践前进中的问题，仍要靠继续前进来解决。我们必须全面准确贯彻“一国两制”方针，确保“一国两制”方针不会变、不动摇，确保“一国两制”实践不变形、不走样。

全面准确贯彻“一国两制”方针，首先要正确理解和把握“一国”和“两制”的关系。“一国两制”是一个完整的概念。“一国”是实行“两制”的前提和基础，“两制”从属和派生于“一国”，并统一于“一国”之内。正如习近平总书记所指出的：“一国是根，根深才能叶茂；一国是本，本固才能枝荣。”必须认识到，国家主体坚持实行社会主义制度是香港澳门实行资本主义制度保持繁荣稳定的前提和保障；香港澳门依照基本法实行“港人治港”“澳人治澳”、高度自治，必须充分尊重国家主体实行的社会主义制度。要牢固树立“一国”意识，坚守“一国”原则，正确处理特别行政区和中央的关系。任何危害国家主权安全、挑战中央权力和特别行政区基本法权威，利用港澳对内地进行渗透破坏的活动，都是对底线的触碰，都是绝不能允许的。要把坚持“一国”原则和尊重“两制”差异有机结合起来，做到坚守“一国”之本，实现“两制”和谐相处相互促进，把实行社会主义制度的内地建设好，把实行资本主义制度的香港、澳门建设好。

全面准确贯彻“一国两制”方针，必须把维护中央对香港、澳门特别行政区全面管治权和保障特别行政区高度自治权有机结合起来。这是长期以来特别是党的十八大以来推进“一国两制”的成功经验，必须牢牢把握、始终坚持。我国是单一制国家，中央对包括香港、澳门特别行政区在内的所有地方行政区域拥有全面管治权。香港、澳门两个特别行政区的高度自治权不是固有的，其唯一来源是中央授权。高度自治不是完全自治，中央对高度自治权的行使具有监督的权力，绝不允许以“高度自治”为名对抗中央的权力。近年来，香港社会有些人鼓吹香港有所谓“固有权力”“自主权力”等，否认或歪曲中央对香港的管治权。主权问题不容讨论，国家主权、安全、发展利益必须坚定维护。邓小平同志早在20世纪80年代就指出：“切不要以为香港的事情全由香港人来管，中央一点都不管，就万事大吉了。这是不行的，这种想法不实际。”在推进“一国两制”实践中，必须把维护中央对香港、澳门特别行政区全面管治权和保障特别行政区高度自治权有机结合起来，任何时候都不能偏废。只有这样，“一国两制”方针才能得到全面准确贯彻，“一国两制”事业才能沿着正确方向行稳致远。

以习近平新时代中国特色社会主义思想为指导，深入推进“一国两制”实践

习近平总书记在纪念马克思诞辰200周年大会上的重要讲话中指出，“新时代，中国共产党人仍然要学习马克思，学习和实践马克思主义，不断从中汲取科学智慧和理论力量”。习近平新时代中国特色社会主义思想是马克思主义中国化最新成果，是当代中国马克思主义、21世纪马克思主义。作为习近平新时代中国特色社会主义思想的“港澳篇”，习近平治港治澳思想和方略内涵丰富、博大精深，科学回答了新时代香港和澳门工作“怎么看”和“怎么干”等一系列重大问题，是做好新时代香港和澳门工作的根本遵循。特别是习近平总书记视察香港时向全世界郑重宣示，“我们既要把实行社会主义制度的内地建设好，也要把实行资本主义制度的香港建设好”，为新时代香港“一国两制”事业赋予了崭新的历史使命和更高的政治定位。

深入推进“一国两制”的成功实践，是新时代坚持和发展中国特色社会主义的重要内容，是实现中华民族伟大复兴中国梦的重要组成部分。我们必须从战略和全局上提高思想认识，增强对“一国两制”的制度自信和践行自觉，坚定不移把“一国两制”实践向纵深推进，扎扎实实做好港澳工作，奋力谱写香港、澳门繁荣稳定的新篇章。

要把人民幸福作为新时代香港、澳门工作的出发点和落脚点。习近

平总书记在视察香港时强调，香港特区政府“要以人为本、纾困解难，着力解决市民关注的经济民生方面的突出问题，切实提高民众获得感和幸福感”；在党的十九大报告中提出要“让香港、澳门同胞同祖国人民共担民族复兴的历史责任、共享祖国繁荣富强的伟大荣光”。习近平总书记在日理万机的繁忙工作中始终关心关注香港与澳门同胞的安危冷暖、所思所盼。新时代，我们要深入践行以人民为中心的发展思想，按照中央的决策部署，支持香港与澳门发展经济、改善民生，积极研究出台便利香港与澳门同胞在内地学习、就业、生活的具体措施，不仅要惠商，更要惠民、惠青，使香港与澳门同胞与内地人民同享新时代新征程中的巨大机遇和红利，更好实现对美好生活的向往。

严格依照宪法和基本法办事。这是“一国两制”实践的必然要求，也是全面推进依法治国和维护特别行政区法治的应有之义。宪法是国家根本大法，是全国各族人民共同意志的体现，是特别行政区制度的法律渊源。基本法是根据宪法制定的基本法律，规定了在特别行政区实行的制度和政策，是“一国两制”方针的法律化、制度化，为“一国两制”在特别行政区的实践提供了法律保障。宪法和基本法共同构成了特别行政区的宪制基础。推进“一国两制”实践，必须严格依照宪法和基本法办事，完善与基本法实施相关的制度和机制，落实宪法和基本法确定的特别行政区宪制秩序。要把中央依法行使权力和特别行政区履行主体责任有机结合起来，确保宪法和基本法赋予中央的权力不受侵犯，保障特别行政区依法享有的行政管理权、立法权、独立的司法权和终审权。要适应“一国两制”实践的发展要求，围绕中央对特别行政区法律备案权、行政长官和主要官员任命权、基本法解释权和修改权、中央政府向行政长官发出指令权等，健全落实基本法的具有可操作性的制度和机制，确保基本法得到全面准确贯彻执行。

支持特别行政区政府和行政长官依法施政、积极作为。这是中央一贯的鲜明立场，也是落实“港人治港”“澳人治澳”、高度自治的一个最重要的体现。党的十八大以来，在以习近平同志为核心的党中央的坚定支持下，特别行政区政府和行政长官依法施政，积极发展经济、改善民生、维护法治、推进民主、促进和谐，推动港澳各项事业取得了新进展新成效。当前，港澳内外环境出现了许多新的变化，特别行政区政府在推动经济发展上面临不少新挑战，在维护社会和谐稳定上面临许多新课题。中央将一如既往地支持特别行政区政府和行政长官依法施政、积极作为，团结带领香港澳门各界人士齐心协力谋发展、促和谐，保障和改善民生，有序推进民主，维护社会稳定，履行维护国家主权安全、发展利益的宪制责任。

支持香港澳门融入国家发展大局。香港澳门发展同内地发展紧密相连。这些年国家的持续快速发展，为港澳发展提供了难得机遇、不竭动力、广阔空间，协助港澳抵御风浪、战胜挑战赢得先机。同时，港澳一直积极参与国家改革开放和现代化建设，在国家经济发展和对外开放中的地位和功能不断提升，作出了特殊而重要的贡献。实践表明，支持香港澳门融入国家发展大局，是发挥“一国两制”优势，保持香港澳门长期繁荣稳定的必然要求。要以粤港澳大湾区建设、粤港澳合作、泛珠三角区域合作等为重点，全面推进内地与香港澳门互利合作，更好发挥港澳背靠祖国、面向世界的有利发展条件和独特竞争优势，不断拓宽港澳与内地共同发展的路径和渠道。要制定完善便利香港澳门居民在内地发展的政策措施，为港澳同胞到广阔的祖国内地发展提供更多机会，使港澳同胞在服务国家的同时实现自身更好的发展，同祖国内地人民一起创造更加美好的生活。

发展壮大爱国爱港爱澳力量。在爱国爱港爱澳旗帜下实现最广泛的团结，符合国家根本利益和港澳整体利益、长远利益，是实现港澳长治久安繁荣发展的根本所在。邓小平同志曾在谈到香港问题时指出：“港人治港有个界限和标准，就是必须由以爱国者为主体的港人来治理香港。”习近平总书记强调，要相信自己、相信香港、相信国家，香港同胞完全有能力、有智慧把香港管理好、建设好、发展好。要坚持爱国者为主体的“港人治港”“澳人治澳”，发展壮大爱国爱港爱澳力量，为保持“一国两制”实践的正确方向，为维护国家主权、安全、发展利益，为维护港澳长期繁荣稳定和港澳同胞的福祉，提供坚强而可靠的保证。要增强香港澳门同胞的国家意识和爱国精神，使爱国爱港爱澳光荣传统薪火相传，使“一国两制”事业后继有人，让香港澳门同胞同祖国人民共担民族复兴的历史责任，共享祖国繁荣富强的伟大荣光。

充分发挥香港与澳门在推进“一带一路”建设中的特殊重要作用。习近平总书记在视察香港时指出，“香港是重要的国际金融、航运、贸易中心，是连接内地和国际市场的重要中介，是国家‘引进来’‘走出去’的双向服务平台”。在人类交往的世界性比过去任何时候都更深入广泛、各国相互联系和彼此依存比过去任何时候都更频繁紧密的今天，“一带一路”建设作为我国积极促进国际合作、推动世界各国共同发展的重要举措，为香港与澳门在国家支持下放大自身优势、拓展国际经贸联系提供了广阔舞台。我们要站在世界历史的高度认识支持香港与澳门参与和助力“一带一路”建设的重大意义，推动香港与澳门进一步发挥区位优势、先发优势和现代服务业专业化优势及人文优势，在金融和投资、基础设施建设与航运、经贸交流与合作、民心相通、加强对接合作与争议解决服务等领域积极作为，从而在助力国家发展的过程中为构建人类命运共同体、建设更加包容和谐的世界作出新的更大贡献。

| 第二十一篇 |

倡导两岸一家亲

习近平总书记所作的党的十九大报告，深刻总结党的十八大以来对台工作取得的新进展和新经验，准确把握两岸关系发展现状和趋势，提出了当前和今后一个时期对台工作的大政方针和重大举措。我们要认真贯彻落实、继续坚持“和平统一、一国两制”方针，推动两岸关系和平发展，推进祖国和平统一进程。

习近平总书记在党的十九大报告中明确提出，“我们秉持‘两岸一家亲’理念，尊重台湾现有的社会制度和台湾同胞生活方式，愿意率先同台湾同胞分享大陆发展的机遇”。秉持“两岸一家亲”理念，把握住了两岸同胞的血脉联系，有利于汇聚两岸同胞的力量来实现中华民族伟大复兴。

“两岸一家亲”，是习近平总书记倡导的两岸关系和平发展理念。两岸一家亲，亲就亲在两岸是割舍不断的命运共同体、两岸同胞是一家人，大家有着共同的血脉、共同的历史、共同的文化、共同的命运。回顾历史，两岸同胞共同开发了祖国的大好河山，共同抗御了外敌入侵，共同推动了国家发展进步，共同延续了中华文明。面向未来，实现中华民族伟大复兴的中国梦，是两岸同胞共同的梦，是需要两岸同胞共同努力来实现的梦。

为两岸同胞谋福祉、共同创造全体中国人的美好未来，是大陆推进两岸关系和平发展的根本出发点和落脚点。秉持“两岸一家亲”理念，我们就要做到将心比心、推心置腹，理解台湾同胞因特殊历史遭遇和不同社会环境而形成的心态，尊重台湾同胞自己选择的社会制度和生活方式；就要着力做好有利于增进两岸同胞亲情和福祉的事情，充分照顾到台湾同胞利益的安排，多为台湾同胞办实事、解难事，率先同台湾同胞分享大陆发展的机遇。

习近平总书记说过："同胞亲情的力量，终于在上世纪80年代冲开了两岸封锁的大门。"随着"两岸一家亲"理念日益深入人心，同胞亲情将会不断增强，为两岸关系和平发展提供强大的推动力。

必须坚持一个中国原则

任何事物都是在一定的基础上存在和发展起来的。一个中国原则是两岸关系的政治基础。基础不牢，地动山摇。推动两岸关系和平发展，最根本的是坚持一个中国原则。没有一个中国原则，就没有两岸关系和平发展。任何背离一个中国原则的言行，都不利于两岸关系和平发展，都不利于增进两岸同胞福祉。要推动两岸关系和平发展，就必须不断维护和厚植两岸关系的政治基础，坚定不移地坚持一个中国原则。

一个中国原则具有不可动摇的事实和法理依据。虽然两岸迄今尚未统一，但中国的主权和领土完整从未分裂。两岸同属一个国家、两岸同胞同属一个民族，这一历史事实和法理基础从未改变，也不可能改变。1992年，海协会和台湾海基会受权就在两岸事务性商谈中表述坚持一个中国原则事宜进行协商，达成了各自以口头方式表述"海峡两岸均坚持一个中国原则"的共识，这个共识后来被概括为"九二共识"，其核心意涵是大陆和台湾同属一个中国，两岸关系不是国与国关系，也不是"一中一台"。体现一个中国原则的"九二共识"，明确界定了两岸关系的根本性质，是确保两岸关系和平发展的关键。正如习近平总书记所指出的，两岸关系能够实现和平发展，"关键在于双方确立了坚持'九二共识'、反对'台独'的共同政治基础。没有这个定海神针，和平发展之舟就会遭遇惊涛骇浪，甚至彻底颠覆"。

党的十九大报告明确提出："承认'九二共识'的历史事实，认同两

1993年4月27日至30日，在“九二共识”的基础上，在祖国大陆一年多来的积极推动下，海协会会长汪道涵与海基会董事长辜振甫，在新加坡正式举行第一次“汪辜会谈”。这是海峡两岸高层人士在长期隔绝之后的首度正式接触，是两岸走向和解的历史性突破，是两岸关系发展的“重要里程碑”

岸同属一个中国，两岸双方就能开展对话，协商解决两岸同胞关心的问题，台湾任何政党和团体同大陆交往也不会存在障碍。”这是对两岸关系和平发展的经验总结，也是为扭转当前两岸关系和平发展受挫局面指明根本出路。

2018年5月以来，两岸关系形势变得复杂严峻，两岸关系和平发展面临严峻挑战，其根源就是民进党当局没有放弃“台独”立场、拒不承认“九二共识”，破坏了两岸关系和平发展的政治基础。只有回到“九二共识”政治基础上来，两岸关系的发展才能拨云见日、重回正轨。

必须坚持和平统一方针

党的十九大报告强调指出："解决台湾问题、实现祖国完全统一，是全体中华儿女共同愿望，是中华民族根本利益所在。"这是对历史经验的科学总结，也是面向未来的庄严宣示。

中国自古就是一个统一的多民族国家，国家统一是中华民族发展史的主旋律，也是中国人民根深蒂固的价值体现。维护国家统一的人历来受到人民的尊崇，破坏国家统一的人历来遭到人民的唾弃。当年，面对中国四分五裂的悲惨状况，中华民族伟大的革命先行者孙中山先生曾经讲过："'统一'是中国全体国民的希望。能够统一，全国人民便享福；不能统一，便要受害。"新中国成立后，中国共产党人就一直把实现祖国完全统一作为自己的崇高历史任务，团结带领人民为祖国统一大业而奋斗。在实现与大陆统一方面，又先后于1997年实现香港回归祖国、于1999年实现澳门回归祖国，现在在继续为解决台湾问题、实现祖国完全统一而奋斗。

和平统一最符合包括台湾同胞在内的中华民族的整体利益。为了解决台湾问题，邓小平同志提出了"和平统一、一国两制"方针，我们党继而不断完善相关的政策，不断推进祖国和平统一进程。2008年后，两岸关系走上和平发展道路，这是一条维护两岸和平、促进共同发展、造福两岸同胞的正确道路，也是通向和平统一的光明大道。正如习近平总书记所指出的："两岸关系发展历程告诉我们，台海动荡紧张，两岸冲突对抗，民众深受其害；走和平发展之路，谋互利共赢之道，利在两岸当下，功在民族千秋。"党的十九大报告明确提出："必须继续坚持'和平统一、一国两制'方针，推动两岸关系和平发展，推进祖国和平统一进程。"这就昭告世人，解决台湾问题，我们坚持"和平统一、一国两制"方针，坚持两岸关系和平发展道路，继续为实现祖国和平统一而奋斗。

必须扩大两岸经济文化交流合作

党的十九大报告明确提出："我们将扩大两岸经济文化交流合作，实现互利互惠，逐步为台湾同胞在大陆学习、创业、就业生活提供与大陆同胞同等的待遇，增进台湾同胞福祉。"这是"两岸一家亲"理念的主要体现，也是深化两岸经济社会融合发展的内在要求。

两岸交流开启30年来，在两岸同胞的共同努力下，两岸经济合作在拓展，两岸人员往来在增加。据统计，1987年两岸人员往来不足5万人，两岸贸易额仅有15亿美元；2018年两岸人员往来超过905万人次，同比增长3.2%。其中台湾同胞来往大陆首次突破600万人次，"首来族"达到了40万人，均创历史新高。截至2018年底，台湾居民来大陆累计超过1亿人次。2018年有8000多名台湾基层民众热情参与第十届海峡论坛。1800多人参与了两岸青年运动会，第二届两岸学生棒球联赛继续掀起新热潮。报考大陆高校的台生也成倍增长。两岸形成了大交流、大合作、大发展的格局，增进了两岸同胞的亲情和福祉。

习近平总书记把握两岸交流合作大势和两岸同胞加强交流合作的共同愿望，提出了"深化两岸经济社会融合发展"的要求。他强调："我们将持续推进两岸各领域交流合作，深化两岸经济社会融合发展，增进同胞亲情和福祉，拉近同胞心灵距离，增强对命运共同体的认知。"

扩大两岸经济合作，关键是要把习近平总书记提出的加强宏观经济政策沟通、拓展产业合作、加快扩大双向投资、深化金融服务业合作、维护在大陆投资的台资企业合法权益、欢迎台湾同胞参与"一带一路"建设等主张落到实处。在两岸经济合作中，要充分考虑双方社会的心理感受，努力扩大两岸民众的受益面和获得感，让两岸同胞参与越多受益越多。

两岸经贸联系越来越密切，各领域交流交往持续扩大深化，更多台湾同胞来大陆就业、创业、学习、生活。2018年，两岸贸易往来再创历史新高，全年贸易额为2262亿美元，同比增长13.2%。台商投资稳步增长，全年共批准台商投资项目4911个，同比增长41.8%。截至2018年底，累计批准台资项目107190个，占实际使用外资项目总数的11.2%。有73家台企参加首届中国国际进口博览会，台湾工商界参加两岸企业家峰会年会人数已超过了往年。

党和政府心系广大台湾同胞利益福祉，采取一系列惠及广大台湾同胞的政策措施，为台胞办实事、做好事、解难事。出台促进两岸经济文化交流合作的“31条措施”，制发台湾居民居住证，取消台湾居民就业许可证，实现向金门供水，等等，在率先同台湾同胞分享大陆发展机遇、逐步为台胞台企提供同等待遇方面迈出新步伐。

扩大两岸文化交流，关键是要按照习近平总书记提出的要求，传承和弘扬中华文化优秀传统，增强同胞精神纽带，不断增强民族认同、文化认同、国家认同，为民族未来培养优秀人才，推动两岸同胞共同弘扬中华文化，促进心灵契合。

必须反对“台独”分裂势力及其活动

当前，对两岸关系和平发展的最大现实威胁是“台独”势力及其活动。习近平总书记明确指出：“‘台独’煽动两岸同胞敌意和对立，损害国家主权和领土完整，破坏台海和平稳定，阻挠两岸关系发展，只会给两岸同胞带来深重祸害。”

民进党顽固坚持“台独”立场，纵容支持各种形式的“去中国化”“台独”分裂活动，阻碍两岸交流合作，煽动两岸民意对立，企图挟洋自重，对两岸关系和平发展构成了严峻挑战。两岸同胞要坚决反对“台独”势力，共同维护来之不易的两岸关系和平发展局面。党的十九大报告明确提出："我们坚决维护国家主权和领土完整，绝不容忍国家分裂的历史悲剧重演。一切分裂祖国的活动都必将遭到全体中国人坚决反对。我们有坚定的意志、充分的信心、足够的能力挫败任何形式的'台独'分裂图谋。我们绝不允许任何人、任何组织、任何政党，在任何时候、以任何形式把任何一块中国领土从中国分裂出去！"这明确宣示了中国人民反对"台独"分裂势力及其活动的坚定决心和坚强意志，也再一次昭告了"台独"必然失败的历史下场。

我们要继续坚持一个中国原则和"九二共识"，坚决反对和遏制形形色色的"台独"分裂行径。加强与岛内认同"九二共识"、支持两岸关系和平发展的政党和团体交流对话，团结两岸同胞共同维护台海和平稳定。民进党当局在教育文化等领域推动"去中国化"的倒行逆施遭到岛内有识之士普遍反对，所谓"奥运正名公投"案遭到挫败。我们在国际上的朋友圈越来越大，一个中国原则越来越得到国际认同。

| 第二十二篇 |

“一带一路”互利共赢

中国古人说："万物得其本者生，百事得其道者成。"共建"一带一路"，顺应经济全球化的历史潮流，顺应全球治理体系变革的时代要求，顺应各国人民过上更好日子的强烈愿望。

传承丝路精神

"一带一路"是古代辉煌历史记忆的一次唤醒。古老的丝绸之路，发端于中国，是人类历史上涉及范围最广、持续时间最长的国际贸易和文化交流通道。2000多年前，各国人民就通过海陆两条丝绸之路开展商贸往来。从2100多年前张骞出使西域到600多年前郑和下西洋，海陆两条丝绸之路把中国的丝绸、茶叶、瓷器等产品输往沿途各国，也带去了中华民族的文明和友好，赢得了各国人民的赞誉和喜爱。

千百年来，丝绸之路推进了人类文明进步，是促进沿线各国繁荣发展的重要纽带，是东西方交流合作的象征，是世界各国共有的历史文化遗产。"这些开拓事业之所以名垂青史，是因为使用的不是战马和长矛，而是驼队和善意；依靠的不是坚船和利炮，而是宝船和友谊。"[①]"'一带一路'倡议，唤起了沿线国家的历史记忆。古代丝绸之路是一条贸易之路，更是一条友谊之路。在中华民族同其他民族的友好交往中，逐步形成了以和平合作、开放包容、互学互鉴、互利共赢为特征的丝绸之路精

① 《习近平谈治国理政》第2卷，外文出版社2012年版，第507页。

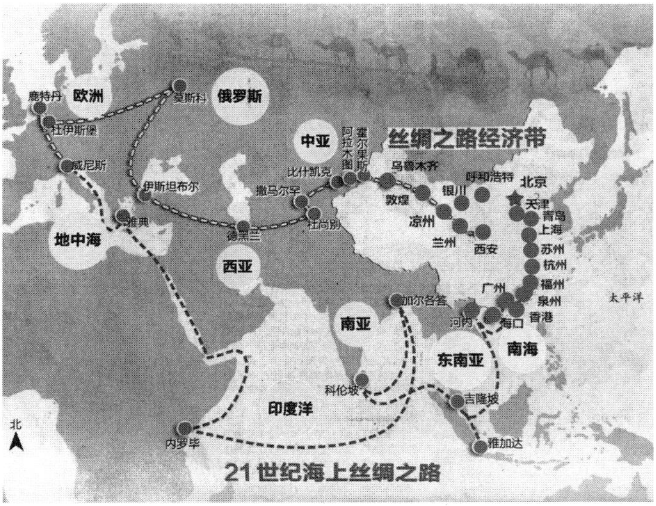

“一带一路”路线图

神。在新的历史条件下，我们提出‘一带一路’倡议，就是要继承和发扬丝绸之路精神，把我国发展同沿线国家发展结合起来，把中国梦同沿线各国人民的梦想结合起来，赋予古代丝绸之路以全新的时代内涵。”[①]

“一带一路”是中国梦和沿线各国人民的梦想的一次串联。“一带一路”倡议的提出，契合沿线国家的共同需求，为沿线国家优势互补、开放发展开启了实现发展梦想的机遇之窗。当前，经济全球化深入发展，区域经济一体化加快推进，无论是从发展经济、改善民生，还是从应对金融危机加快转型升级的角度来看，沿线各国的前途命运，从未像今天这样紧密相连、休戚与共。“古丝绸之路沿线地区曾经是‘流淌着牛奶与蜂蜜的地方’，如今很多地方却成了冲突动荡和危机挑战的代名词。这种状况不能再持续下去。”[②]

“一带一路”高举和平、发展、合作的旗帜，中国主动发展与沿线国家的经济合作伙伴关系，并且将这些合作作为双多边机制固定下来，打

① 《习近平谈治国理政》第2卷，外文出版社2017年版，第500—501页。
② 《习近平谈治国理政》第2卷，外文出版社2017年版，第511页。

造整体的区域合作平台，把中国现在的产能优势、技术优势、资金优势、经验和模式优势转化为市场与合作优势，将中国机遇惠及沿线各国，甚至延伸到世界各地，融通中国梦与世界梦。“历史是最好的老师。这段历史表明，无论相隔多远，只要我们勇敢迈出第一步，坚持相向而行，就能走出一条相遇相知、共同发展之路，走向幸福安宁和谐美好的远方。”①

“一带一路”是中国发展模式与众共分享的一次试验。“一带一路”在平等的文化认同框架下谈合作体现的是和平、交流、理解、包容、合作、共赢的国际精神。习近平总书记强调：“我多次说过，‘一带一路’建设不是另起炉灶推倒重来，而是实现战略对接、优势互补。”中国不仅向世界宣告中国的崛起不会以损害别国的利益为代价，而且以实际行动将自己的发展模式和成果与各国共享。广大发展中国家对西方模式日益失望，而对中国模式越来越感兴趣。中国模式内涵丰富，但一些管用的办法其实也不复杂。例如，要致富先修路，把基础设施搞好。“一带一路”首先是由铁路、公路、航空、航海、油气管道、输电线路、通信网络组成的综合性立体互联互通的交通网络，在这方面中国的经验丰富可鉴，沿线发展中国家可以从中得益，从中吸纳经验；再比如，搞区域集中发展，连片发展，也是中国模式。现在的丝绸之路经济带，以点带面，从线到片，也吸纳这个经验，是中国经验在更大区域大合作中的实践，集中建设经济走廊与经济发展带，已经成为标配，也将在沿线国家开花结果。“中国愿同世界各国分享发展经验，但不会干涉他国内政，不会输出社会制度和发展模式，更不会强加于人。我们推进‘一带一路’建设不会重复地缘博弈的老套路，而将开创合作共赢的新模式；不会形成破坏稳定的小集团，而将建设和谐共存的大家庭。”②正如习近平总书记在博鳌亚洲论坛2018年年会开幕式主旨演讲中所强调的，“共建‘一带一路’倡议源于中国，但机会和成果属于世界”。③

① 《习近平谈治国理政》第2卷，外文出版社2017年版，第508页。
② 《习近平谈治国理政》第2卷，外文出版社2017年版，第514页。
③ 习近平：《开放共创繁荣，创新引领未来》，《人民日报》2018年4月11日。

“一带一路”是抵御逆全球化的一剂良方。新自由主义是较长时间以来被广泛接受的全球化思潮，主要政策主张是全球关税减让和投资便利化。这种思潮对于全球化有推动作用，但其局限性在近年来也暴露无遗，在金融危机之后对保护主义显得无能为力。面对复苏乏力的全球经济形势，面对全球化受到质疑和逆转的局面，传承和弘扬丝绸之路精神更显重要和珍贵。中国提出，在经济全球化面临各种困难和问题的情况下，世界各国要携手努力、同舟共济共渡难关。“‘一带一路’建设要以文明交流超越文明隔阂、文明互鉴超越文明冲突、文明共存超越文明优越，推动各国相互理解、相互尊重、相互信任。”①中国围绕“一带一路”启动一系列连接欧亚大陆的基础设施投资，将有力地推动沿线国家发展战略的对接与耦合，发掘区域内市场的潜力，促进投资和消费，创造需求和就业，也将有力促进全球化继续走向深化。

“一带一路”是参与全球治理体系变革的中国行动。随着全球经济增长和贸易、投资格局正在酝酿深刻调整，全球经济治理体系也需要随之调整。“古丝绸之路，和时兴，战时衰。‘一带一路’建设离不开和平安宁的环境。我们要构建以合作共赢为核心的新型国际关系，打造对话不对抗、结伴不结盟的伙伴关系。各国应该尊重彼此主权、尊严、领土完整，尊重彼此发展道路和社会制度，尊重彼此核心利益和重大关切。”②中国致力于推动沿线各国实现经济政策协调，开展更大范围、更高水平、更深层次的区域合作，共同打造开放、包容、均衡、普惠的区域经济合作架构。共建“一带一路”符合国际社会的根本利益，彰显人类社会共同理想和美好追求，是国际合作以及全球治理新模式的积极探索，将为世界和平发展增添新的正能量。在长期西方主导的全球治理框架出现问题、利益格局分歧加剧的情况下，“一带一路”是发展中国家启动搭建的一个全方位、多层次国际经济合作新平台，不仅惠及发展中国家和发达国家，而且惠及富裕或贫穷的不同族群，还关系到不同的世代，既关乎

① 《习近平谈治国理论》第2卷，外文出版社2017年版，第513页。
② 《习近平谈治国理论》第2卷，外文出版社2017年版，第511页。

当代人的需求，也泽被后代人的利益。

总之，“古丝绸之路绵亘万里，延续千年，积淀了以和平合作、开放包容、互学互鉴、互利共赢为核心的丝路精神。这是人类文明的宝贵遗产”。习近平总书记提出的“一带一路”倡议，让古老的丝路在新的时代焕发出新的光辉，是一种跨越时空的创造性思维。其初衷是通过传承丝路精神，将中国的发展成果与世界共享，共建繁荣的百花园。

秉持共商、共建、共享原则

“一带一路”之所以能成为广受欢迎的国际公共产品，在于其遵循的原则得到了国际社会的广泛赞同。这个原则是习近平总书记从一开始就明确下来的：“一带一路”建设秉持共商、共建、共享原则，弘扬开放包容、互学互鉴的精神，坚持互利共赢、共同发展的目标，奉行以人为本、造福于民的宗旨，将给沿线各国人民带来实实在在的利益。“我们以

图中数据截至2019年4月

共商、共建、共享为'一带一路'建设的原则，以和平合作、开放包容、互学互鉴、互利共赢的丝绸之路精神为指引，以打造命运共同体和利益共同体为合作目标，得到沿线国家广泛认同。"[①]"中国的发展得益于国际社会，也愿为国际社会提供更多公共产品。"[②]

共商、共建、共享原则强调平等参与。在"一带一路"建设中要充分尊重沿线国家对参与合作事项的发言权，妥善处理各国利益关系。沿线国家无论大小、强弱、贫富，都是"一带一路"的平等参与者，都可以积极建言献策，都可以就本国需要对多边合作议程产生影响，但不能对别国所选择的发展路径指手画脚；通过双边或者多边沟通和磋商，实现经济优势的互补，实现发展战略的对接，实现成果的共享。参与建设"一带一路"的各方不搞"零和游戏"，各方利益和关切得到兼顾，能在互利共赢前提下寻求利益契合点和合作最大公约数，把各方优势和潜力、各方智慧和创意充分发挥出来。

共商、共建、共享原则旨在造福各国人民。随着中国经济的崛起和腾飞，中国在更多方面有能力帮助别国，特别是作为制造业大国，中国不仅可以输出丰富多彩、价廉物美的日常用品，而且能够向世界提供更多的技术和设备。作为全球主要外汇储备国，中国能够携手各国共同应对金融风险，中国有实力投资海外，与急需资金的国家共同把握发展机遇。这些国家普遍处于经济发展的上升期，开展互利合作的前景广阔，将给沿线各国人民带来实实在在的利益。

共商、共建、共享原则促进合作的开放性。习近平总书记指出："一带一路"建设、亚洲基础设施投资银行都是开放的，我们欢迎沿线国家和亚洲国家积极参与，也张开臂膀欢迎五大洲朋友共襄盛举。相关的国家和经济体只要认可共商共建共享原则，就可以参与进来，那些原本不属于古代丝绸之路的国家也可以参与进来，使丝路更为活络，覆盖面更宽，线路更长。

---

① 习近平：《携手共创丝绸之路新辉煌》，《人民日报》2016 年 6 月 23 日。
② 习近平：《中国发展新起点，全球增长新蓝图》，《人民日报》2016 年 9 月 4 日。

共商、共建、共享原则保障新机制运行。“一带一路”建设不是要替代现有地区合作机制和倡议，而是要在已有基础上，推动沿线国家实现发展战略相互对接、优势互补。要聚焦构建互利合作网络、新型合作模式、多元合作平台。“引进来、走出去”，传统的国际合作并不罕见，而“一带一路”的促进发展战略对接与合作，贵在其“新”。“一带一路”建设充分利用现有多边合作平台，包括利用上海合作组织（SCO）、中国—东盟“10+1”、亚太经合组织（APEC）、中阿合作论坛、中非合作论坛等现有多边合作机制，利用博鳌亚洲论坛、中国—东盟博览会、中国—南亚博览会、中国—阿拉伯博览会等。“一带一路”这种借力多区域、次区域相关机制和国际论坛的做法非常有实效。这种借力现有相关机制创新能延展开来，也在于共商、共建、共享原则的保障作用。

共商、共建、共享原则促进文明对话。“一带一路”倡议提出以来，很多国家便开始寻求与之进行战略对接。俄罗斯“欧亚经济联盟”、蒙古国“草原之路”战略、哈萨克斯坦“光明大道”、欧洲“容克投资计划”、越南“两廊一圈”等已经开始对接“一带一路”。不仅如此，不少国家希望成为“一带一路”上的关键节点。波兰曾表示力争成为“一带一路”物流中心；多哥希望成为“一带一路”在西非地区的支点。在这种框架对接中，兼容并蓄、共生共荣的文明对话随之产生。

互联互通是贯穿“丝绸之路”的血脉

“一带一路”要以互联互通为核心内容，这是习近平总书记概括和反复强调的。他指出：“互联互通是贯穿‘一带一路’的血脉。实现互联互通，要以亚洲国家为重点方向，以交通基础设施为突破口。”要抓紧制定战略规划，加强基础设施互联互通建设。建设“21世纪海上丝绸之路”，加强海上通道互联互通建设，拉紧相互利益纽带。

习近平总书记提出政策沟通、设施联通、贸易畅通、资金融通、民心相通“五通”，回答了“一带一路”合作的主体内容，使参与各方能更加聚焦、更加对标，干起来更加有条理。“五通”是互联互通内容的细化。政策沟通是指沿线国家和地区的政府之间加强沟通和交流，在宏观政策制定过程中，关切相互利益，协商合作中问题，是“一带一路”建设的重要保障；设施联通是指合作发展中的基础设施、流通管道、技术标准等网络化发展和对接，是“一带一路”建设的优先领域；贸易畅通是指围绕投资贸易便利化进行协调，尽快消除投资和贸易壁垒，对接好区域营商环境，激发释放商贸合作潜力，是“一带一路”建设的重点内容；资金融通是指围绕货币稳定体系、投融资体系和信用体系深化金融合作，扩大沿线国家双边本币互换、结算的范围和规模，是“一带一路”建设的重要支撑；民心相通是指通过各种文化交流、人才交流、人员往来等，促进友好合作精神的传播，为深化双多边合作营造良好社会氛围，是“一带一路”建设的重要基础。

习近平总书记的“五通”思想，契合全球化的新方向。美国学者康纳在《超级版图：全球供应链、超级城市与新商业文明的崛起》一书中说，全球化并未进入深水区，与之相反，世界正在进入超级全球化阶段，一幅全世界范围内互联互通的超级版图正在形成。何谓互联？传统的国界线表示国与国的隔离，强调本国的国土主权，限制人员、资本、资源、技术向外流动。而在互联时代，国家必须选择与其他国家、其他区域连接，连接的力量远远大于政治和军事的力量。如何实现连接？通过修建基础设施，打造供应链，实现资源、生产、服务、消费的连接。21世纪，各国间的竞争本质上是一场争夺供应链的角力，新军备竞赛的内容是连接全球各大市场。比起争夺领土，争夺连接本区城与其他区域的输油管道、铁路、公路、隧道、大洋航线、网络电缆和电网更符合各国利益。他认为以关税减让为主要特征的传统全球化，最多能推动世界经济增长5%，而以互联互通为主要特征的新型全球化，将推动世界经济增长

10%—15%。康纳以“一带一路”为例，来说明中国已经在理念和行动上走在新全球化的正确方向上并大大超前于美国，如果发达国家不跟进这个方向就会被抛在后面。他的这个结论说明，习近平总书记的互联互通思想不仅对“一带一路”建设发展起着重要引导作用，也是从理论上对传统全球化思维的扬弃，在国际学术界引起了高度关注。

习近平总书记做事要实的思想，在“一带一路”建设中正不断转换成合作的动力和具体的行动，推动各种项目陆续落地生根、深耕细作、持久发展，不断给世界带来惊喜，把一个个合作机遇变成丰硕的果实。近年来，“一带一路”已从理念转化为行动，从愿景开始转变为现实。

一是政策沟通。“一带一路”建设旨在实现战略对接、优势互补。我们同有关国家协调政策、对接规划，同40多个国家和国际组织签署了合作协议，同30多个国家开展机制化产能合作。各方通过政策对接，实现了“一加一大于二”的效果。

二是设施联通。以中巴、中蒙俄、新亚欧大陆桥等经济走廊为引领，以陆海空通道和信息高速路为骨架，以铁路、港口、管网等重大工程为依托，一个复合型的基础设施网络正在形成。

三是贸易畅通。2014年至2016年，中国同“一带一路”沿线国家贸易总额超过3万亿美元。中国对“一带一路”沿线国家投资累计超过500亿美元。中国企业已经在20多个国家建设56个经贸合作区，为有关国家创造了近11亿美元税收和18万个就业岗位。

四是资金融通。中国同参与国和参与组织开展了多种形式的金融合作，这些新型金融机制同世界银行等传统多边金融机构各有侧重、互为补充，形成层次清晰、粗具规模的“一带一路”金融合作网络。

五是民心相通。“一带一路”建设参与国开展智力丝绸之路、健康丝绸之路等建设，在科学、教育、文化、卫生、民间交往等各领域广泛开展合作，为“一带一路”建设夯实民意基础，筑牢社会根基。

推动共建“一带一路”沿着高质量发展方向前行

面向未来，我们要聚焦重点、深耕细作，共同绘制精谨细腻的“工笔画”，推动共建“一带一路”沿着高质量发展方向不断前进，让共建“一带一路”走深走实，更好造福各国人民。

习近平总书记期待着各国人民携手前行，共同开创共建“一带一路”的美好未来。他在第二届“一带一路”国际合作高峰论坛开幕式上指出：

——我们要秉持共商共建共享原则，倡导多边主义，大家的事大家商量着办，推动各方各施所长、各尽所能，通过双边合作、三方合作、多边合作等各种形式，把大家的优势和潜能充分发挥出来，聚沙成塔、积水成渊。

——我们要坚持开放、绿色、廉洁理念，不搞封闭排他的小圈子，把绿色作为底色，推动绿色基础设施建设、绿色投资、绿色金融，保护好我们赖以生存的共同家园，坚持一切合作都在阳光下运作，共同以零容忍态度打击腐败。我们发起了《廉洁丝绸之路北京倡议》，愿同各方共建风清气正的丝绸之路。

——我们要努力实现高标准、惠民生、可持续目标，引入各方普遍支持的规则标准，推动企业在项目建设、运营、采购、招投标等环节按照普遍接受的国际规则标准进行，同时要尊重各国法律法规。要坚持以人民为中心的发展思想，聚焦消除贫困、增加就业、改善民生，让共建“一带一路”成果更好惠及全体人民，为当地经济社会发展作出实实在在的贡献，同时确保商业和财政上的可持续性，做到善始善终、善作善成。

共建“一带一路”，有利于构建全球互联互通伙伴关系，实现共同发展繁荣。习近平总书记给我们指明了一条互利共赢的康庄大道。

基础设施是互联互通的基石，也是许多国家发展面临的瓶颈。建设高质量、可持续、抗风险、价格合理、包容可及的基础设施，有利于各国充分发挥资源禀赋，更好融入全球供应链、产业链、价值链，实现联动发展。中国将同各方继续努力，构建以新亚欧大陆桥等经济走廊为引领，以中欧班列、陆海新通道等大通道和信息高速路为骨架，以铁路、港口、管网等为依托的互联互通网络。我们将继续发挥共建“一带一路”专项贷款、丝路基金、各类专项投资基金的作用，发展丝路主题债券，支持多边开发融资合作中心有效运作。我们欢迎多边和各国金融机构参与共建“一带一路”投融资，鼓励开展第三方市场合作，通过多方参与实现共同受益的目标。

商品、资金、技术、人员流通，可以为经济增长提供强劲动力和广阔空间。“河海不择细流，故能就其深。”如果人为阻断江河的流入，再大的海，迟早都有干涸的一天。我们要促进贸易和投资自由化便利化，旗帜鲜明反对保护主义，推动经济全球化朝着更加开放、包容、普惠、平衡、共赢的方向发展。我们将同更多国家商签高标准自由贸易协定，加强海关、税收、审计监管等领域合作，建立共建“一带一路”税收征管合作机制，加快推广“经认证的经营者”国际互认合作。我们还制定了《“一带一路”融资指导原则》，发布了《“一带一路”债务可持续性分析框架》，为共建“一带一路”融资合作提供指南。

创新就是生产力，企业赖之以强，国家赖之以盛。我们要顺应第四次工业革命发展趋势，共同把握数字化、网络化、智能化发展机遇，共同探索新技术、新业态、新模式，探寻新的增长动能和发展路径，建设数字丝绸之路、创新丝绸之路。中国将继续实施共建“一带一路”科技创新行动计划，同各方一道推进科技人文交流、共建联合实验室、科技园区合作、技术转移四大举措。我们将积极实施创新人才交流项目，未来5年支持5000人次中外方创新人才开展交流、培训、合作研究。我们还将支持各国企业合作推进信息通信基础设施建设，提升网络互联互通水平。

发展不平衡是当今世界最大的不平衡。在共建“一带一路”过程中，要始终从发展的视角看问题，将可持续发展理念融入项目选择、实施、管理的方方面面。我们要致力于加强国际发展合作，为发展中国家营造更多发展机遇和空间，帮助他们摆脱贫困，实现可持续发展。为此，我们同各方共建"一带一路"可持续城市联盟、绿色发展国际联盟，制定《"一带一路"绿色投资原则》，发起"关爱儿童、共享发展，促进可持续发展目标实现"合作倡议。我们启动共建"一带一路"生态环保大数据服务平台，将继续实施绿色丝路使者计划，并同有关国家一道，实施"一带一路"应对气候变化"南南合作"计划。我们还将深化农业、卫生、减灾、水资源等领域合作，同联合国在发展领域加强合作，努力缩小发展差距。

我们要积极架设不同文明互学互鉴的桥梁，深入开展教育、科学、文化、体育、旅游、卫生、考古等各领域人文合作，加强议会、政党、民间组织往来，密切妇女、青年、残疾人等群体交流，形成多元互动的人文交流格局。未来5年，中国将邀请共建"一带一路"国家的政党、智库、民间组织等1万名代表来华交流。我们将鼓励和支持沿线国家社会组织广泛开展民生合作，联合开展一系列环保、反腐败等领域培训项目，深化各领域人力资源开发合作。我们将持续实施"丝绸之路"中国政府奖学金项目，举办"一带一路"青年创意与遗产论坛、青年学生"汉语桥"夏令营等活动。我们还将设立共建"一带一路"国际智库合作委员会、新闻合作联盟等机制，汇聚各方智慧和力量。

5年多来，共建"一带一路"合作取得了巨大的进展和重大的意义。共建"一带一路"是通向共同繁荣的机遇之路。自共建"一带一路"倡议提出以来，特别是首届高峰论坛以来，在各方共同努力下，政策沟通范围不断拓展，设施联通水平日益提升，经贸和投资合作又上新台阶，资金融通能力持续增强，人文交流往来更加密切。共建"一带一路"合作取得的早期收获，为各国和世界经济增长开辟了更多空间，为加强国际合作打造了平台，为构建人类命运共同体作出了新贡献。

5年多来，"一带一路"建设取得了实实在在的成果。在第二届"一带一路”国际合作高峰论坛筹备进程中和举办期间，各方达成了283项务实成果，包括签署政府间合作协议，开展务实项目合作，发起成立专业领域多边对话合作平台，发布共建“一带一路”进展报告、高峰论坛咨询委员会政策建议报告等。中方作为主席国，将汇总发布一份成果清单。论坛期间举行的企业家大会吸引了众多工商界人士参与，签署了总额640多亿美元的项目合作协议。这些成果充分说明，共建“一带一路”应潮流、得民心、惠民生、利天下。

中国将继续采取一系列重大改革开放措施，这对中国和世界都是好消息，将为共建“一带一路”和世界经济发展提供重要机遇。

共建“一带一路”的朋友圈越来越大，好伙伴越来越多，合作质量越来越高，发展前景越来越好。共建“一带一路”倡议源于中国，机会和成果属于世界。共建“一带一路”是一项长期工程，是合作伙伴们共同的事业。

共筑和平、繁荣、开放、创新、文明之路

为了推动“一带一路”建设行稳致远，迈向更加美好的未来，习近平总书记精心提出了建设“一带一路”的五点意见：

一是将“一带一路”建成和平之路。“一带一路”建设离不开和平安宁的环境。要构建以合作共赢为核心的新型国际关系，打造对话不对抗、结伴不结盟的伙伴关系。各国应该尊重彼此主权、尊严、领土完整，尊重彼此发展道路和社会制度，尊重彼此核心利益和重大关切。要树立共同、综合、合作、可持续的安全观，营造共建共享的安全格局。

二是将“一带一路”建成繁荣之路。要聚焦发展这个根本性问题，释放各国发展潜力，实现经济大融合、发展大联动、成果大共享。要深

入开展产业合作；要建立稳定、可持续、风险可控的金融保障体系，创新投资和融资模式；要着力推动陆上、海上、天上、网上四位一体的联通，扎实推进六大经济走廊建设，建设全球能源互联网，完善跨区域物流网建设；要促进政策规则标准三位一体的联通。

三是将"一带一路"建成开放之路。要以开放为导向，解决经济增长和平衡问题。要打造开放型合作平台，维护和发展开放型世界经济，共同创造有利于开放发展的环境，推动构建公正、合理、透明的国际经贸投资规则体系。要维护多边贸易体制，推动自由贸易区建设，促进贸易和投资自由化、便利化，着力解决发展失衡、治理困境、数字鸿沟、分配差距等问题，建设开放、包容、普惠、共赢的经济全球化。

四是将"一带一路"建成创新之路。要坚持创新驱动发展，建设21世纪的数字丝绸之路。要促进科技同产业、科技同金融深度融合，为互联网时代的各国青年打造创业空间、创业工场。要践行绿色发展新理念，共同实现2030年可持续发展目标。

五是将"一带一路"建成文明之路。要建立多层次人文合作机制，推动教育合作，发挥智库作用，推动文化、体育、卫生务实合作，用好历史文化遗产，密切各领域往来。要加强国际反腐合作，让"一带一路"成为廉洁之路。

| 第二十三篇 |

走和平发展道路

习近平总书记认为，走和平发展道路，是我们党根据时代发展潮流和我国根本利益作出的战略抉择。我们要以邓小平理论、“三个代表”重要思想、科学发展观、习近平新时代中国特色社会主义思想为指导，加强战略思维，增强战略定力，更好统筹国内国际两个大局，坚持开放的发展、合作的发展、共赢的发展，通过争取和平国际环境发展自己，又以自身发展维护和促进世界和平，不断提高我国综合国力，不断让广大人民群众享受到和平发展带来的利益，不断夯实走和平发展道路的物质基础和社会基础。

中华民族是爱好和平的民族

中华民族是爱好和平的民族。一个民族最深沉的精神追求，一定要在其薪火相传的民族精神中来进行基因测序。有5000多年历史的中华文明，始终崇尚和平，和平、和睦、和谐的追求深深植根于中华民族的精神世界之中，深深融化在中国人民的血脉之中。中国自古就提出了“国虽大，好战必亡”的箴言。“以和为贵”“和而不同”“化干戈为玉帛”“国泰民安”“睦邻友邦”“天下太平”“天下大同”等理念世代相传。中国历史上曾经长期是世界上最强大的国家之一，但没有留下殖民和侵略他国的记录。我们坚持走和平发展道路，是对几千年来中华民族热爱和平的文化传统的继承和发扬，也是中国人民从近代以后苦难遭遇中得出的必然结论。中国人民对战争带来的苦难有着刻骨铭心的记忆，对和平有孜孜不倦的追求，十分珍惜和平安定的生活。

我们的和平发展道路是新中国成立以来特别是改革开放以来，我们党经过艰辛探索和不断实践逐步形成的。我们党始终高举和平的旗帜，从来没有动摇过。在长期实践中，我们提出和坚持了和平共处五项原则，确立和举行了独立自主的和平外交政策，向世界作出了永远不称霸、永远不搞扩张的庄严承诺，强调中国始终是维护世界和平的坚定力量。这些我们必须始终不渝坚持下去，永远不能动摇。

党的十九大明确规划了实现“两个一百年”奋斗目标的战略步骤，为实现中华民族伟大复兴的中国梦指明了光辉的前景。实现我们的奋斗目标，必须有和平国际环境。没有和平，中国和世界都不可能顺利发展；没有发展，中国和世界也不可能有持久和平。我们一定要抓住机遇，集中精力把自己的事情办好，使国家更加富强，使人民更加富裕，依靠不断发展起来的力量更好走和平发展道路。

世界潮流，浩浩荡荡，顺之则昌，逆之则亡。纵观世界历史，依靠武力对外侵略扩张最终都是要失败的。这就是历史规律。世界繁荣稳定是中国的机遇，中国发展也是世界的机遇。和平发展道路能不能走得通，很大程度上要看我们能不能把世界的机遇转变为中国的机遇，把中国的机遇转变为世界的机遇，在中国与世界各国良性互动、互利共赢中开拓前进。我们要坚持从我国实际出发，坚定不移走自己的路，同时我们要树立世界眼光，更好把国内发展与对外开放统一起来，把中国发展与世界发展联系起来，把中国人民利益同各国人民共同利益结合起来，不断扩大同各国的互利合作，以更加积极的姿态参与国际事务，共同应对全球性挑战，努力为全球发展作出贡献。

坚持走和平发展道路

坚持走和平发展道路，就要按照党的十九大报告所指出的，“建设持久和平、普遍安全、共同繁荣、开放包容、清洁美丽的世界”，从政治、安全、经济、文化、生态五个方面着力推动人类的和平与发展。

一是政治上，要相互尊重、平等协商，坚决摒弃冷战思维和强权政治，走对话而不对抗、结伴而不结盟的国与国交往新路。人类历史上战乱频仍，生灵涂炭，教训惨痛而深刻。要和平、不要战争是各国人民朴素而真实的愿望。建设一个持久和平的世界，根本要义在于国家之间要构建平等相待、互商互谅的伙伴关系。大国往往是决定战争与和平的关键因素，也对地区和世界和平与发展负有更大责任。大国要尊重彼此核心利益和重大关切，管控矛盾分歧，努力构建不冲突不对抗、相互尊重、合作共赢的新型关系。大国对小国要平等相待，不搞唯我独尊、恃强凌弱的霸道。国家间出现矛盾和分歧，要通过平等协商处理，以最大诚意和耐心，坚持对话解决分歧。只有各国都走和平发展道路，各国才能共同发展，国与国才能和平相处。

与此同时，世界多极化、经济全球化、社会信息化、文化多样化发展，新兴市场国家和广大发展中国家快速崛起，日益改变国际力量对比，也日益重塑国际关系理论和实践。国际格局以西方占主导、国际关系理念以西方价值观为主要取向的“西方中心论”已难以为继，西方的治理理念、体系和模式越来越难以适应新的国际格局和时代潮流，各种弊端积重难返，甚至连西方大国自身都治理失灵、问题成堆。国际社会迫切呼唤新的全球治理理念，构建新的更加公正合理的国际体系和秩序，开辟人类更加美好的发展前景。

党的十八大以来，在新中国成立特别是改革开放以来我国发展取得重大成就基础上，党和国家事业发生历史性变革，我国发展站到了新的历史起点上，中国特色社会主义进入了新时代。这个新时代意味着近代以来久经磨难的中华民族迎来了从站起来、富起来到强起来的伟大飞跃，迎来了实现中华民族伟大复兴的光明前景；意味着科学社会主义在21世纪的中国焕发出强大生机活力，在世界上高高举起了中国特色社会主义伟大旗帜；意味着中国特色社会主义道路、理论、制度、文化不断发展，拓展了发展中国家走向现代化的途径，给世界上那些既希望加快发展又希望保持自身独立性的国家和民族提供了全新选择，为解决人类问题贡献了中国智慧和中国方案。在国际上，中国的治理理念和实践受到高度赞赏和广泛认同，国际影响力、感召力、塑造力进一步提高。中国有信心、有能力为世界作出更大贡献。

二是安全上，要坚持以对话解决争端、以协商化解分歧，统筹应对传统和非传统安全威胁，反对一切形式的恐怖主义。当前，国际安全形势动荡复杂，传统安全威胁和非传统安全威胁相互交织，安全问题的内涵和外延传统都在进一步拓展，同时人类越来越利益交融、安危与共。在这种新形势下，冷战思维、军事同盟、追求自身绝对安全那一套已经行不通了，各方应树立共同、综合、合作、可持续的新安全观。国家不论大小、强弱、贫富以及历史文化传统、社会制度存在多大差异，都要尊重和照顾其合理安全关切。要恪守尊重主权独立和领土完整、互不干涉内政等国际关系基本准则，统筹维护传统和非传统安全。各国都有平等参与地区安全事务的权利，也都有维护地区安全的责任，要以对话协商、互利合作的方式解决安全难题。

三是经济上，要同舟共济，促进贸易和投资自由化便利化，推动经济全球化朝着更加开放、包容、普惠、平衡、共赢的方向发展。发展是第一要务，适用于各国，而人类命运共同体追求的是共同发展。要增强各国发展能力，发展归根结底要靠本国自身努力，各国要根据自身禀赋特点，制定适合本国国情的发展战略。要改善国际发展环境，各国要共同维护国际和平，以和平促进发展，以发展巩固和平。要创造良好外部制度环境，加强全球经济治理，健全发展协调机制，各国特别是主要经济体要加强宏观经济政策协调。要维护世界贸易组织规则，支持开放、透明、包容、非歧视性的多边贸易体制，推动建设开放型世界经济。要优化发展伙伴关系，最大限度解决南北之间和地区内部发展失衡问题，让发展成果更多惠及全体人民，为世界经济全面可持续增长提供新动力。

四是文化上，要尊重世界文明多样性，以文明交流超越文明隔阂、文明互鉴超越文明冲突、文明共存超越文明优越。人类文明多样性是世界的基本特征，也是人类进步的源泉，多样带来交流，交流孕育融合，融合产生进步。不同文明凝聚着不同民族的智慧和贡献，没有高低之别，更无优劣之分。文明差异不应该成为世界冲突的根源，而应该成为人类文明进步的动力。要促进和而不同、兼收并蓄的文明交流对话，在竞争比较中取长补短，在交流互鉴中共同发展，使文明交流互鉴成为增进各国人民友谊的桥梁、推动人类社会进步的动力、维护世界和平的纽带。

五是生态上，要坚持环境友好，合作应对气候变化，保护好人类赖以生存的地球家园。人类可以利用自然、改造自然，但归根结底是自然的一部分，必须呵护自然，不能凌驾于自然之上。建设生态文明关乎人类未来。要解决好工业文明带来的矛盾，以人与自然和谐相处为目标，实现世界的可持续发展和人的全面发展。要牢固树立尊重自然、顺应自然、保护自然的意识，绿水青山就是金山银山。要坚持走绿色、低碳、循环、可持续发展之路，平衡推进2030年可持续发展议程，采取行动应对气候变化等新挑战，不断开拓生产发展、生活富裕、生态良好的文明发展道路，构筑尊崇自然、绿色发展的全球生态体系。

坚持扩大对外开放

新中国成立以来，中国人民立足本国国情，在实践中不断探索前进方向，开辟了中国特色社会主义道路。今天的中国，已经站在新的历史起点上。我们深知，尽管成就辉煌，但前方还有一座座山峰需要翻越，还有一个个险滩等待跋涉。我们将继续沿着中国特色社会主义道路大步向前，坚持全面深化改革，坚持高质量发展，坚持扩大对外开放，坚持走和平发展道路，推动构建人类命运共同体。

习近平总书记指出，中国将采取一系列重大改革开放举措，加强制度性、结构性安排，促进更高水平对外开放。

第一，更广领域扩大外资市场准入。公平竞争能够提高效率、带来繁荣。中国已实施准入前国民待遇加负面清单管理模式，未来将继续大幅缩减负面清单，推动现代服务业、制造业、农业全方位对外开放，并在更多领域允许外资控股或独资经营。我们将新布局一批自由贸易试验区，加快探索建设自由贸易港。我们将加快制定配套法规，确保严格实施《外商投资法》。我们将以公平竞争、开放合作推动国内供给侧结构性改革，有效淘汰落后和过剩产能，提高供给体系质量和效率。

第二，更大力度加强知识产权保护国际合作。没有创新就没有进步。加强知识产权保护，不仅是维护内外资企业合法权益的需要，更是推进创新型国家建设、推动高质量发展的内在要求。中国将着力营造尊重知识价值的营商环境，全面完善知识产权保护法律体系，大力强化执法，加强对外国知识产权人合法权益的保护，杜绝强制技术转让，完善商业秘密保护，依法严厉打击知识产权侵权行为。中国愿同世界各国加强知识产权保护合作，创造良好创新生态环境，推动同各国在市场化法治化原则基础上开展技术交流合作。

第三，更大规模增加商品和服务进口。中国既是“世界工厂”，也是“世界市场”。中国有世界上规模最大、成长最快的中等收入群体，消费增长潜力巨大。为满足人民日益增长的物质文化生活需要，增加消费者选择和福利，我们将进一步降低关税水平，消除各种非关税壁垒，不断开大中国市场大门，欢迎来自世界各国的高质量产品。我们不刻意追求贸易顺差，愿意进口更多国外有竞争力的优质农产品、制成品和服务，促进贸易平衡发展。

第四，更加有效实施国际宏观经济政策协调。全球化的经济需要全球化的治理。中国将加强同世界各主要经济体的宏观政策协调，努力创造正面外溢效应，共同促进世界经济强劲、可持续、平衡、包容增长。中国不搞以邻为壑的汇率贬值，将不断完善人民币汇率形成机制，使市场在资源配置中起决定性作用，保持人民币汇率在合理均衡水平上的基本稳定，促进世界经济稳定。规则和信用是国际治理体系有效运转的基石，也是国际经贸关系发展的前提。中国积极支持和参与世贸组织改革，共同构建更高水平的国际经贸规则。

第五，更加重视对外开放政策贯彻落实。中国人历来讲求“一诺千金”。我们高度重视履行同各国达成的多边和双边经贸协议，加强法治政府、诚信政府建设，建立有约束的国际协议履约执行机制，按照扩大开放的需要修改完善法律法规，在行政许可、市场监管等方面规范各级政府行为，清理废除妨碍公平竞争、扭曲市场的不合理规定、补贴和做法，公平对待所有企业和经营者，完善市场化、法治化、便利化的营商环境。

中国扩大开放的举措，是根据中国改革发展客观需要作出的自主选择，这有利于推动经济高质量发展，有利于满足人民对美好生活的向往，有利于世界和平、稳定、发展。一个更加开放的中国，将同世界形成更加良性的互动，带来更加进步和繁荣的中国和世界。

我们生活的世界充满希望，也充满挑战。中国人民历来富有正义感和同情心，历来把自己的前途命运同各国人民的前途命运紧密联系在一起，始终密切关注和无私帮助仍然生活在战火、动荡、饥饿、贫困中的有关国家的人民，始终愿意尽最大努力为人类和平与发展作出贡献。中国人民这个愿望是真诚的，中国决不会以牺牲别国利益为代价来发展自己，中国发展不对任何国家构成威胁，中国永远不称霸、永远不搞扩张。只有那些习惯于威胁他人的人，才会把所有人都看成威胁。对中国人民为人类和平与发展作贡献的真诚愿望和实际行动，任何人都不应该误读，更不应该曲解。人间自有公道在！

中国将继续高举和平、发展、合作、共赢的旗帜，始终不渝走和平发展道路、奉行互利共赢的开放战略。中国将继续积极维护国际公平正义，主张世界上的事情应该由各国人民商量着办，不会把自己的意志强加于人。中国将继续积极推进“一带一路”建设，加强同世界各国的交流合作，让中国改革发展造福人类。中国将继续积极参与全球治理体系变革和建设，为世界贡献更多中国智慧、中国方案、中国力量，推动建设持久和平、普遍安全、共同繁荣、开放包容、清洁美丽的世界，让人类命运共同体建设的阳光普照世界！

| 第二十四篇 |

人类命运共同体

习近平总书记在党的十九大报告的外交部分开宗明义地宣示："中国共产党是为中国人民谋幸福的政党，也是为人类进步事业而奋斗的政党。中国共产党始终把为人类作出新的更大的贡献作为自己的使命。"习近平总书记还指出："人类生活在同一个地球村，各国日益相互依存、命运与共，越来越成为你中有我、我中有你的命运共同体。"党的十八大以来，习近平总书记以卓越的政治家和战略家的宏大视野和战略思维，高瞻远瞩地提出构建人类命运共同体的重要思想。这是习近平新时代中国特色社会主义思想的重要组成部分，是当代中国对世界的重要思想和理论贡献，已经成为中国引领时代潮流和人类文明进步方向的鲜明旗帜。

人类命运共同体思想的内涵

2013年3月，习近平总书记在莫斯科国际关系学院发表演讲，首次向国际社会发出构建人类命运共同体的倡议。此后，经过不断丰富和完善，人类命运共同体思想已经成为一个完整的国际战略思想体系。撮其大要，可以归结为以下五个方面：

一是明确了人类社会发展的理想目标。这个目标就是"建设持久和平、普遍安全、共同繁荣、开放包容、清洁美丽的世界"。众所周知，人类社会的现实状况距离这样的目标还相当遥远。只有到了"天下为公”，[①]即人类能够对于社会财富进行共同控制的时候，这样的理想目标才能算是得到完全意义上的实现。人类命运共同体思想中所确立的人类社会发展目标具有很强的现实品格和实践品格。在现实的国际社会中，共产党人和一切进步人士每付出一滴心血或汗水，都是在实打实地推进构建人类命运共同体的进程。“高以下基，洪由纤起。”只要我们像雕刻金石一样锲而不舍地干下去，像愚公移山一样持之以恒地干下去，构建人类命运共同体的目标就会离我们越来越近。

二是明确了构建人类命运共同体的主要矛盾。要构建人类命运共同体，就必须消除阻碍、破坏构建人类命运共同体的因素。这些因素包括“世界经济增长动能不足，贫富分化日益严重，地区热点问题此起彼伏，恐怖主义、网络安全、重大传染性疾病、气候变化等非传统安全威胁持续蔓延”。霸权主义是构建人类命运共同体的最根本、最严重的威胁。因此，习近平总书记在阐发人类命运共同体思想时，多次强调反对霸权主义、冷战思维、强权政治、单边主义或新干涉主义。

三是明确了中国倡导的国际伦理原则。概括地说，这个原则就是共同生存、共同管理、共同发展。中国倡导国际关系民主化，主张国家不分大小、强弱、贫富，都是国际社会的平等成员，都有平等参与国际事务的权利，各国的事务由各国人民自己来管，世界上的事情由各国政府和人民共同商量来办，世界的命运由各国人民共同掌握。中国倡导彼此尊重，主张各国人民有自主选择发展道路的权利，反对把自己的意志强加于人，反对干涉别国内政，反对恃强凌弱。中国倡导发展成果共享，主张各个国家在谋求自身发展的同时，积极促进其他各国共同发展，反对“零和博弈”。中国倡导共享安全保障，主张各国同心协力，妥善应对各种问题和挑战，反对单打独斗和迷信武力。

四是明确了中国共产党和社会主义中国的国际方位。中国共产党是为中国人民谋幸福的政党，也是为人类进步事业而奋斗的政党，始终把

① 习近平：《共担时代责任 共促全球发展——在世界经济论坛 2017 年年会开幕式上的主旨演讲》，2017 年 1 月 17 日。

为人类作出新的更大贡献作为自己的使命。中国坚持走中国特色社会主义道路，中国发展为广大发展中国家走向现代化提供了成功经验、展现了光明前景，是促进世界和平与发展的强大力量。

五是明确了中国特色大国外交的基本方略。中国将永远高举和平、发展、合作、共赢的旗帜，率先恪守自己倡导的国际伦理原则，坚持在和平共处五项原则基础上发展同各国的友好合作，推动建设相互尊重、公平正义、合作共赢的新型国际关系。中国决不会以牺牲别国利益为代价来发展自己，也决不会放弃自己的正当权益。任何人都不要幻想让中国吞下损害自身利益的苦果。中国奉行防御性的国防政策，中国发展不对任何国家构成威胁。中国无论发展到什么程度都永远不称霸。

以上五个方面，是人类社会发展规律与世界人民意志的统一，中华民族复兴与全人类发展繁荣的统一，远大目标与阶段性使命的统一，斗争的原则性与策略的灵活性的统一。

人类命运共同体思想是对马克思主义国际战略思想的继承和发展

2017年9月，习近平总书记在党的十八届中央政治局第四十三次集体学习时指出："尽管我们所处的时代同马克思所处的时代相比发生了巨大而深刻的变化，但从世界社会主义500年的大视野来看，我们依然处在马克思主义所指明的历史时代。"这是一个极具历史感的科学论断，也是我们观察世界历史变化与马克思主义国际战略思想发展的逻辑起点。

那么，这个"历史时代"指的是什么呢？就是马克思、恩格斯在《共产党宣言》中所说的"资产阶级时代"，即资产阶级占统治地位的世界历史时代。生产的社会化与资本主义私人占有的基本矛盾将贯穿于这个历史时代的始终。社会主义与资本主义的斗争，实质上是生产的社会化与资本主义私人占有的斗争。但是在不同的具体阶段，这种斗争总是要表现出不同的特点和形式，因而马克思主义国际战略思想也总是呈现出不断发展的趋势。

19世纪中叶，尽管欧洲的多数国家尚未完成推翻封建制度的资产阶级民主革命，但是资本主义已经基本上形成世界体系，无产阶级已经作为自为的阶级登上世界政治舞台，进行反对封建主义、资本主义的斗争。而反对封建主义的斗争，则是反对资本主义斗争的直接序幕。从资产阶级时代的这样一些特点出发，马克思、恩格斯强调：在反对资本主义的斗争中，必须实现全世界无产者的联合，无产阶级与农民阶级、城市小资产阶级的联合；在反对封建主义的斗争中，无产阶级还必须实现与资产阶级的联合，从而创立了无产阶级国际主义的世界战略思想。在这一战略思想指导下，国际无产阶级的组织不断壮大，无产阶级领导的国际统一战线日益发展，社会主义运动从欧洲扩展到整个世界。

20世纪上半叶，列宁在考察资本主义的历史特别是它的新变化以后，又依据马克思、恩格斯的学说，把资产阶级时代划分为商业资本主义时代、工业资本主义时代和金融帝国主义时代（简称为帝国主义时代）。在帝国主义时代，“商品生产虽然依旧‘占统治地位’，依旧被看作全部经济的基础，但实际上已经被破坏了，大部分利润都被那些干金融勾当的‘天才’拿去了。这种金融勾当和欺骗行为的基础是生产社会化，人类历尽艰辛所达到的生产社会化这一巨大进步，却造福于……投机者”。[①]资本的高度集中和垄断，大大激化了资本主义的基本矛盾，导致帝国主义之间激烈争夺扩张资本的空间，爆发人类历史上的第一次世界大战。所以，列宁说帝国主义是腐朽的垂死的资本主义，或者资本主义的最高阶段。

在列宁领导的十月革命胜利以后，新生的工农苏维埃政权恰如一座

① 《列宁选集》第2卷，人民出版社1995年版，第594页。

孤岛，被包围在帝国主义的汪洋大海之中。面对异常险恶的国际环境，列宁始终把维护苏维埃国家安全、促进社会主义发展、推动世界革命作为国际战略的目标。为此，他提出不但要实现“全世界无产者和被压迫民族联合起来”，[①]还要联合次要敌人，打击主要敌人，建立最广泛的国际统一战线；他主张充分利用帝国主义列强之间已经白热化的矛盾，确保在帝国主义野兽身旁生存下来，进而争取在相互承认和尊重领土主权完整的基础上，与不同社会制度的国家和平共处，建立稳固的经济关系，尽快从资本主义国家获得机车、机器、电气材料等生产资料。这就是列宁为第一个无产阶级政权确立的国际战略思想。在这一战略思想指导下，社会主义苏联躲过覆灭的劫难，取得快速发展，同时有力地推动了世界社会主义运动。

历史的车轮滚动到20世纪中叶，帝国主义时代又出现了许多新的特点。由于科技进步、凯恩斯主义抬头、资本主义自我调节等因素的作用，资本主义的基本矛盾得到一定程度的缓和，资本主义出现了暂时的繁荣景象。与此同时，由于种种复杂的主客观因素，世界社会主义运动遇到了严重困难，甚至显示出危机的迹象。在这一阶段，美苏争霸、主宰世界，既激烈争夺又相互勾结，搅得世界很不安宁。西欧、日本等发达资本主义国家则具有两面性。出于保护和扩张本国资本的需要，它们对于霸权主义既有不满、防范、反对的一面，也有妥协、顺从、依傍的一面。而在美苏两霸中间，由于社会制度的同一性和核心利益的驱动，多数发达资本主义国家在一般情况下是靠向美国一边的，占世界人口大多数的发展中国家则处于国际社会的底层。为了争取自己的生存权、自主权和发展权，他们日益紧密地团结在一起，同霸权主义进行不同程度的斗争。依据帝国主义时代的这些变化，毛泽东在总结新中国外交实践的基础上提出三个世界划分的思想。

1974年2月，毛泽东在会见赞比亚总统卡翁达时，比较具体地谈到

① 《列宁全集》第40卷，人民出版社2017年版，第73页。

这一思想。同年4月，邓小平代表中国政府在联合国大会第六届特别会议上发言，就这一思想进行了公开、详细的阐述。

自20世纪八九十年代之交起，世界格局又发生了巨大变化。东欧剧变、苏联解体，美国一超独霸，国际垄断资本沾沾自喜、弹冠相庆，以为世界已经成为他们的一统天下，从此可以无拘无束、无忧无虑地饕餮天下的财富。但是，不到20年，资本主义的基本矛盾再一次发展到激烈对抗的程度，这就是2008年爆发至今依旧深不见底的国际金融危机。一方面是美国经济实力的衰减。美国经济自1894年超过英国以后，100多年间一直稳坐世界第一的宝座，然而到了20世纪的第17个年头，其世界经济总量的占比却由高峰时期的60%下降到了23%左右。另一方面是全球性的恶性两极分化。据国际慈善机构乐施会于2017年1月发布的报告，2016年，“全球贫富悬殊已达到历史最严重的地步。八大富豪身家竟等同于36亿贫穷人口的总财产”。在国际金融危机中被进一步剥夺的工人阶级及其他贫困群体忍无可忍，被迫发出反抗的怒吼。“占领华尔街”“愤怒者运动”“民主之春”等抗议活动此起彼伏，公务员大罢工、工人大罢工运动联翩爆发。对于资本主义的极度失望，必然催生对于社会主义的向往。纽约州立大学教授科克罗夫特指出：“民调显示，50%以上的千禧一代更喜欢‘社会主义’这个选择。”①

在这一阶段，经济全球化、社会信息化迅猛发展，各个国家和地区的联系和依存更加紧密。一大批新兴市场国家和发展中国家则走上发展的快车道，多个发展中心在世界各地区逐渐形成，世界权力在二战以后首次出现分散化趋势。

人类向何处去？世界上的事情应当怎么办？中国作为最大发展中国家应当有怎样的担当？人类命运共同体思想继承马克思主义国际战略思想的基本成果，坚持用马克思主义的宽广眼界观察世界，对这些关系人类命运的重大问题作出了深刻的科学的回答，充分表现了中国共产党人

---

① 西班牙《起义报》，2016年5月30日。

和中国人民出以公心、行以公道的磊落襟怀和崇高品格。

构建人类命运共同体的道路不可动摇

明确人类命运共同体思想的理论基础，是正确把握这一战略思想的前提。丢掉这个基础，也就等于丢掉了它的基因、它的本色。

有人把这一战略思想说成一种普世价值，因而欢呼中国共产党人放弃了马克思主义的立场。这完全是一种恶意的曲解。这种说法采用了唯心主义最为惯用的手法。一是阉割这一战略思想的理论内容。人类命运共同体思想是一个完整的国际战略思想，内涵相当丰富，具有鲜明的第三世界的归属性、被霸凌国家和民族利益的代表性和反对霸权主义的倾向性。然而有的人却仅仅提取人类命运共同体这一概念，并且把它抽象到近乎纯粹语言符号的程度。例如，有人说，要构建人类命运共同体啦，让我们不分剥夺者与被剥夺者、压迫者与被压迫者，一起相亲相爱热烈拥抱吧。这哪里是人类命运共同体思想呢？试问，有明确主张反对霸权主义、强权政治的普世价值吗？二是抽掉提出构建人类命运共同体的国际背景。判断一种主张是向着谁的，只有把它放到具体的现实情境中才能看得明白。比如在一个恶棍欺负一个无辜平民的时候，如果你在一旁喝道，人与人要和平相处，要讲秩序和规则，这对谁有利呢？相反，如果你在一旁劝道，勿以暴力抗恶呀，打你的左脸要把右脸也让过去呀，这又对谁有利呢？在当前的国际背景上，呼吁和平、发展、合作、共赢，会对谁有利呢？当然是被霸凌者而非霸凌者。说到底，有的人之所以要在人类命运共同体思想上煞费这样的苦心，就是要磨灭人类命运共同体思想的革命锋芒，从而消解它在国际社会的巨大影响力。对于这样的图谋，必须予以揭露和回击。

有人认为构建人类命运共同体不具备可能性，说羊和狼怎能共处呢？这是一种形而上学的绝对化的观点。不错，在一般情境下，羊和狼是不能成为共同体的。如果羊天真地以为可以高枕无忧地与狼共处，甚至把狼当作自己的朋友，那么等待它的一定是非常悲惨的结局。但是在特殊情境下，则完全可以是另外一种结果。从历史经验上看，这种特殊情境大致有两种：一是在羊与狼势均力敌时。如二战以后社会主义阵营与帝国主义阵营相互对立，但是并未爆发大规模的武装冲突。二是在羊处于相对弱势时，能够充分利用狼与狼之间的矛盾。比如20世纪70年代，在我国面临两霸的威胁时，我们党审时度势，与美国实现关系正常化，同时又不给美国当枪使，公开揭露美国在与苏争霸中想打“中国牌”的图谋，从而实现了战略平衡，有效保障了国家安全。

要实现羊与狼的共处，最根本的还是要靠斗争。和平与斗争既形同水火又相辅相成。所谓斗争，就是要通过发挥主观能动性，创造必要的条件，使力量的对比达到相对的平衡，迫使对方放弃进逼的图谋。实现和平共处要靠斗争，维系和平共处也要靠斗争，最终战胜、消灭敌人还是要靠斗争。但是，斗争绝不是暴虎冯河，绝不是像莽汉一样硬往敌人的枪口上撞。斗争要讲究策略和艺术，讲究迂回和周旋，有时还要进行必要的“妥协”。这种“妥协”是为了最终战胜敌人而作出的暂时退步，与“叛徒的妥协”（列宁语）、投降主义的妥协，是性质根本不同的两回事。在当前的国际局势下，只要不发生质的重大变故，我们还是要坚持斗而有理、斗而有利、斗而有节、斗而不破的原则。

有人对社会主义中国的外交路线提出质疑，说前30年实行“一边倒”，弄得“几经危机”；改革开放以后，“与发达国家为友”，结果是经济快速发展；现在搞“一带一路”，把开放的重点放到发展中国家一边，是像孟母起初那样择错了“邻居”。这是一种颠倒历史、倒颠是非的论点。在新中国成立初期，不是我们不愿向西方开放，而是西方对我们实行封锁，岂但封锁，简直必欲扼杀而后快。在这样特定的国际形势下，不实行“一边倒”的外交策略，不义无反顾地加入社会主义阵营，我们又能怎样呢？事实上，正是因为我们加入了社会主义阵营，才为新生的人民共和国赢得了相对安全的外部环境，而且得到了苏联及其他一些社会主义国家的宝贵经济援助，从而加快了我国工业体系建设的进程。此后，面对变化了的国际形势，我们党因势而谋，进行战略调整，为以后的改革开放创造了基础性的外部条件。怎么能把前30年说成“一边倒”呢？应当特别指出的是，即使在改革开放以后，我国也没有只“与发达国家为友”而抛弃第三世界的朋友，三个世界划分思想仍然是我国外交的指导思想。1984年，邓小平曾明确强调：“中国的对外政策，主要是两句话。一句话是反对霸权主义、维护世界和平，另一句话是中国永远属于第三世界。中国现在属于第三世界，将来发展富强起来，仍然属于第三世界。中国和所有第三世界国家的命运是共同的。中国永远不会称霸，永远不会欺负别人，永远站在第三世界一边。”①

党的十八大以来，以习近平同志为核心的党中央外交工作的重点从来没有忽视广大发展中国家：“一带一路”建设如火如荼，上海合作组织不断强化，中阿合作论坛、中非合作论坛成效显著，中朝友好得到巩固，出访众多发展中国家和发达国家硕果累累……所有这些正在为我国赢得国际斗争的更大主动权，正在为人类社会的和平发展开辟宽阔平坦的大道。

“得道多助，失道寡助。”如今，构建人类命运共同体的主张不仅得到广大发展中国家的热烈拥护，也为多数发达国家所认同，因而被写入联合国的数个文件，真正成为一种全球性的共识，又一次为社会主义中国赢得了伟大光荣和骄傲！构建人类命运共同体的道路不可动摇，构建人类命运共同体的潮流不可阻挡。展望人类的未来，必定是一个充满阳光的大同世界！

---

① 《邓小平文选》第3卷，人民出版社1993年版，第56页。

秉持人类命运共同体理念团结合作抗击疫情

经济全球化时代，各种传统安全和非传统安全问题不断带来新的考验。在层出不穷、传导联动的全球风险挑战中，重大传染性疾病对人类的威胁不可低估。这次新冠肺炎疫情来势汹汹，面对疫情凶猛冲击，人类社会更加需要科学认识、理性应对，绝不能借疫情搞污名化，甚至搞种族歧视，破坏全球合作抗疫的大局。

疫情面前，世界上越来越多的人以前所未有的直观方式，切身感受到人类休戚与共的命运共同体关系，认识到只有团结合作、同舟共济，才能最终战胜疫情。

突如其来的新冠肺炎疫情，以猝不及防的“突袭”方式给全世界上了一堂课，病毒传播速度之快、影响范围之广、防控难度之大，使国际社会普遍认识到，这是一次任何国家都无法置身事外的全球“大考”。这一方面深刻证明了人类社会之间联系的紧密性，交往之便利、融合之深入、关联之紧密前所未有；另一方面也集中凸显了人类社会应对公共危机的脆弱性，一种在显微镜下才能看见的病毒，也可以在极短时间内以极其剧烈的方式，搅起波及全世界的巨大“海啸”。

世界上绝大部分国家和地区在较短时间内都受到了病毒侵袭，大量生命因病毒而逝去。在应对这场全球公共卫生危机的过程中，国际社会更加深刻认识到，人类社会是休戚与共的命运共同体，重大传染性疾病防控和全球公共卫生应急管理需要凝聚全人类的智慧与力量，构建人类卫生健康共同体迫在眉睫。

中国抗疫及时、公开、透明、负责任

疫情发生以来，中国真诚秉持人类命运共同体理念，及时向世界分

享相关信息和经验，充分尊重和支持世界卫生组织的主导作用，与联合国有关机构等加强全球公共卫生治理合作，并通过提供国际援助等方式支持出现疫情的国家抗击疫情。这是发挥中国负责任大国作用、推动构建人类命运共同体的重要体现，是中国一贯的理念与主张，更是中国主动的作为与担当。

中国第一时间向世界卫生组织通报疫情，发布新冠病毒全基因序列信息，得到了国际社会高度评价。中国毫无保留同国际社会分享防控、治疗经验，将最新诊疗方案、防控方案等一整套技术文件，及时分享给国际社会，助力维护全球卫生安全；举办“分享防治新冠肺炎中国经验国际通报会”，全球77个国家和7个国际组织代表参会；搭建疫情防控和临床诊治领域的在线“知识中心”和国际合作专家库，通过远程视频的方式与100多个国家和地区举办多场技术交流会议。中国还对现有注册药物在抑制病毒活性方面进行了深入研究。中国科学家的工作为疫苗研发奠定了基础。

在疫情防控的国际合作中，中国坚定支持联合国和世界卫生组织为抗击疫情发挥的领导和协调作用，不断加强与世界卫生组织、二十国集团、联合国开发计划署等国际组织的多边协调与合作。

国际社会提供宝贵支持

“山川异域，风月同天”“同气连枝，共盼春来”“岂曰无衣，与子同裳”……在抗击新冠肺炎疫情的过程中，中国得到世界许多国家、国际组织和友好人士的无私帮助。这些温暖的举动和贴心的话语，既传达了国际社会对中国战“疫”的鼎力支持和诚挚慰问，也传达了必定战胜疫情的决心，更传达了人类是休戚与共的命运共同体的信念。

当疫情在中国蔓延之时，全球170多个国家领导人和50多个国际和地区组织负责人向中国领导人来函致电、发表声明表示慰问支持，对中国抗疫举措及其积极成效予以高度肯定。联合国、上海合作组织、金砖国家、东盟、非盟、阿盟、拉共体、七十七国集团等重要组织专门发表声明，表达对中国抗疫行动的信心与支持。各国通过多种方式表达愿与中国人民共克时艰。援助国（方）的大量物资抵运我国表明病毒无情人有情，雪中送炭见真心。众多国家自发地同中国站在一起，为中国抗击疫情提供坚定支持。他们跨越国界、超越语言为中国抗击疫情加油鼓劲。

全球一致行动，携手应对风险挑战

历史与实践已经充分证明，重大传染性疾病是全人类的敌人，人类的命运早就紧密联系在了一起。共克时艰的舞台上，人们为真诚的合作鼓掌，凝聚合作战“疫”的力量，共同抗击疫情。

增强战胜疫情的坚定信心。中国抗击疫情的努力和已经取得的阶段性成效深刻证明，新冠肺炎疫情虽然凶猛，但却是可防可控的，最终的结果不是病毒打败人类而是人类战胜病毒。中国抗疫立足自身、推进国际合作所取得的经验，为世界各国做好疫情防控工作增强了信心、提供了借鉴。比尔 · 盖茨说，中国是第一个着手抗击此次疫情的国家，往往面临的挑战最大，“中国现在已经基本复工，目前正参与供应一些关键物资，这将为全球抗疫带来重大转变”。日本首相安倍晋三表示：“日方高度评价中方抗疫积极成果，愿同中方加强信息共享、疫情防控等交流合作，向国际社会发出携手应对国际公共卫生安全挑战的积极信号。”哈萨克斯坦总统托卡耶夫在和习近平总书记通电话时表示：“在主席先生英明领导下，中国人民在疫情防控方面取得杰出成就，为世界各国人民注入了信心和希望。”英国48家集团俱乐部主席史蒂芬 · 佩里认为：“中国有防治流行病的经验，中国告诉世界，要协同合作，包括国家层面、政府层面以及人民的全力支持，这是非常重要的。我们可以战胜病毒，我们需要全世界共同努力。”

凝聚共同战“疫”的磅礴伟力。中国最早开始抗击疫情的斗争，对病毒的破坏力与疫情的严重性有着更加切身的感受，倡议推动全球合作抗疫的责任感与紧迫感也更加强烈——国际社会团结起来，就能够积聚起战胜疫情的强大力量。美国总统特朗普在与习近平总书记通电话时表示："中方在极短时间内就建成专门的收治医院，令人印象深刻，这充分展示了中方出色的组织和应对能力。"巴西瓦加斯基金会巴中研究中心负责人埃万德罗·卡瓦略说："中国在全球抗疫中一直扮演着主要角色，特别是向意大利、伊朗等疫情严重的国家提供支援，分享宝贵经验，为打好疫情防控全球阻击战贡献中国力量"，"疫情面前，中国再次成为国际合作的引领者"。挪威共产党主席埃文森和国际书记雅各布森联名表示，中国共产党、中国政府和中国人民的抗疫行动，凸显了社会主义国家将人民健康福祉置于首位、集中力量为人民服务的显著优势，中国以开放的态度同世界各国分享疫情防控经验，为国际社会树立了团结协作应对全球挑战的典范。

打好疫情防控的全球战争。疫情肆虐，世界各国只有团结协作，守望相助，携手应对风险挑战，才能打好这场疫情防控的全球战争，共同护佑世界各国人民的安宁。欧盟外交与安全政策高级代表博雷利呼吁："我们必须加强合作，现在是加强多边主义、携手抗击疫情的关键时刻，要共同努力才能应对这一全人类的威胁。"联合国副秘书长法布里齐奥·霍克希尔德表示："共同抗击疫情是加强国际合作重要性的又一个佐证。国际社会应当加强团结，同舟共济。只要大家共同努力，就一定能战胜疫情。"世界上110多个国家240多个重要政党和政党国际组织联合呼吁，各国应把人民生命安全和身体健康放在第一位，采取果断有力措施遏制疫情蔓延，秉持人类命运共同体理念，加强国际合作，相互支持和帮助，汇聚全球资源和力量，坚决打败病毒这一人类的共同敌人。

地球是人类的共同家园，人类文明史就是一部全球交融合作的进步史。全球战"疫"实践深刻昭示：团结合作，才能驱散病魔；命运与共，才能共克时艰。只要秉持人类命运共同体理念，推动世界各国一致行动、携手战斗，就一定能赢得全球战"疫"的最终胜利！

后 记

天地之大，黎元为先。人民是历史的创造者，是决定党和国家前途命运的根本力量。共产党人要有“我将无我，不负人民”的精神与担当，坚持人民主体地位，坚持立党为公、执政为民，践行全心全意为人民服务的根本宗旨，把党的群众路线贯彻到治国理政全部活动之中，把人民对美好生活的向往作为奋斗目标，依靠人民创造历史伟业。为了让广大党员、干部更深入地学习、领会、践行习近平总书记强调的“无我”精神，进一步推动习近平新时代中国特色社会主义思想的学习宣传贯彻，我们邀请陈继安、刘润为两位专家编写出版了《我将无我 不负人民》一书。本书共二十四篇，全面、系统、深入地阐释了共产党人如何以“无我”的精神做到以人民为中心、不负人民，是广大党员、干部学习领会习近平新时代中国特色社会主义思想并用这一思想武装头脑、指导实践、推动工作的重要读本。

在编写的过程中，我们参考了诸多专家的研究成果和权威观点，在此表示感谢。由于水平所限，不足之处在所难免，敬请批评指正。

编 者

2019年8月22日

参考文献

《马克思恩格斯选集》，人民出版社2012年版。

《列宁选集》，人民出版社2012年版。

《毛泽东选集》第1、2、3、4卷，人民出版社1991年版。

《邓小平文选》第1卷，人民出版社1994年版。

《邓小平文选》第2、3卷，人民出版社1993年版。

《习近平谈治国理政》第1卷，外文出版社2018年版。

《习近平谈治国理政》第2卷，外文出版社2017年版。

《之江新语》，浙江人民出版社2007年版。

《知之深　爱之切》，河北人民出版社2015年版。

《摆脱贫困》，福建人民出版社2014年版。

本书编写组:《梁家河》，陕西人民出版社2018年版。

中央党校采访实录编辑室:《习近平在正定》，中共中央党校出版社2019年版。

中央党校采访实录编辑室:《习近平的七年知青岁月》，中共中央党校出版社2017年版。

中共中央宣传部:《习近平新时代中国特色社会主义思想三十讲》，学习出版社2018年标准版。

中共中央宣传部:《习近平新时代中国特色社会主义思想学习纲要》，学习出版社2019年标准版。

《“我是人民的勤务员”：习近平总书记在四川看望慰问回访记》,《四川日报》2018年2月14日。

杨洁篪:《推动构建人类命运共同体》,人民网—《人民日报》,2017年11月19日。

《革命家故事小丛书》,广西民族出版社2005年版。

刘小飞:《毛泽东的110个故事》,中共党史出版社2005年版。

薛庆超:《邓小平与中国现代化》,山东人民出版社2017年版。

韩庆祥:《强国时代》,红旗出版社2018年版。

陈培永:《党性是什么》,广东人民出版社2016年版。

晓北、姜伟:《邓中夏》,中国青年出版社1994年版。

温瑞茂、王淼生:《王树声传》,当代中国出版社2004年版。

《雷锋》,北京军区政治部组织部翻印1973年版。

《张思德》,人民出版社1976年版。

《梁启超》,中华书局1962年版。

何金彝、马洪林著,张岱年主编:《康有为》,吉林文史出版社1997年版。

杨桂柱:《沂蒙红嫂第一人:明德英》,文化艺术出版社2009年版。

蒋曙晨:《百岁将军童陆生》,中国文联出版社2004年版。